U0949827

武大通识

WHU General Education Center

博雅弘毅

文明以止

成人成才

四通六识

珞珈博雅文库

通识教材系列

社会性别与妇女发展

主编　赵雪梅　丁俊萍　李燕萍

WUHAN UNIVERSITY PRESS

武汉大学出版社

图书在版编目(CIP)数据

社会性别与妇女发展/赵雪梅,丁俊萍,李燕萍主编．—武汉：武汉大学出版社,2021.10(2023.10 重印)
珞珈博雅文库. 通识教材系列
ISBN 978-7-307-22602-9

Ⅰ.社… Ⅱ.①赵… ②丁… ③李… Ⅲ.妇女学—高等学校—教材 Ⅳ.C913.68

中国版本图书馆 CIP 数据核字(2021)第 198343 号

责任编辑:徐胡乡　程牧原　　责任校对:李孟潇　　版式设计:韩闻锦

出版发行：**武汉大学出版社**　(430072　武昌　珞珈山)
(电子邮箱：cbs22@ whu.edu.cn　网址：www.wdp. com.cn)
印刷:武汉邮科印务有限公司
开本:787×1092　1/16　印张:16.75　字数:355 千字　插页:1
版次:2021 年 10 月第 1 版　2023 年 10 月第 2 次印刷
ISBN 978-7-307-22602-9　定价:49. 00 元

总　序

小而言之，教材是“课本”，是一课之本，是教学内容和教学方法的语言载体；大而言之，教材是国家意志的体现，是高校教学成果和科研成果的重要标志。一流大学要有一流的本科教育，也要有一流的教材体系。新形势下根据国家有关要求，为进一步加强和改进学校教材建设与管理，努力构建一流教材体系，武汉大学成立了教材建设工作领导小组、教材建设工作委员会，设立了教材建设中心，为学校教材建设工作提供了有力保障。一流教材体系要注重教材内容的经典性和时代性，还要注重教材的系列化和立体化。基于这一思路，学校计划按照学科专业教育、通识教育、创业教育等类别规划建设自成系列的教材。通识教育系列教材即是学校大力推动通识教育教学工作的重要成果，其整体隶属于“珞珈博雅文库”，命名为“通识教材系列”。

在长期的办学实践和教学文化建设过程中，武汉大学形成了独具特色的融“五观”为一体的本科人才培养思想体系：即“人才培养为本，本科教育是根”的办学观；“以‘成人’教育统领成才教育”的育人观；“厚基础、跨学科、鼓励创新和冒尖”的教学观；“激发教师教与学生学双重积极性”的动力观；“以学生发展为中心”的目的观。为深化本科教育改革，打造世界一流本科教育，武汉大学于2015年开展本科教育改革大讨论并形成《武汉大学关于深化本科教育改革的若干意见》《武汉大学关于进一步加强通识教育的实施意见》等文件，对优化通识教育顶层设计、理顺通识课程管理体制、提高通识教育课程质量、加强通识教育保障机制等方面提出明确要求。

早在20世纪八九十年代，武汉大学就有学者专门研究大学通识教育。进入21世纪，武汉大学于2003年明确提出“通专结合”，将原培养方案的“公共基础课”改为“通识教育课”，作为全国通识教育改革的先行者率先开创“武大通识1.0”；2013年，经过十年的建设，形成通识课程的七大板块共千门课程，是为“武大通识2.0”；2016年，在武汉大学本科教育改革大讨论的基础上，学校建立通识教育委员会及其工作组，成立通识教育中心，重启通识教育改革，以“何以成人，何以知天”为核心理念，以《人文社科经典导引》和《自然科学经典导引》两门基础通识必修课为课程主体，同时在通识课程、通识课堂、通识管理和通识文化四大层次全面创新通识教育，从而为在校本科生逾3万的综合性大学如何实现通识教育的品质提升和卓越教学探索了一条新的路径，是为“武大通识3.0”。

当前，高校对大学生要有效“增负”，要提升大学生的学业挑战度，合理增加课程难度，拓展课程深度，扩大课程的可选择性，真正把“水课”转变成有深度、有难度、有挑战度的“金课”。那么通识课程如何脱“水”冶“金”？如何建设具有武汉大学特色的通识教育金课？这无疑要求我们必须从课程内容设计、教学方式改革、课程教材资源建设等方面着力。

一门好的通识课程应能对学生正确价值观的塑造、健全人格的养成、思维方式的拓展等发挥重要作用，而不应仅仅是传授学科知识点。我们在做课程设计的时候要认真思考“培养什么人、怎样培养人、为谁培养人”这一根本问题，从而切实推进课程思政建设。武汉大学学科门类丰富，教学资源齐全，这为我们跨学科组建教学团队，多维度进行探讨，设计更具前沿性和时代性的课程内容，提供了得天独厚的条件。

毋庸讳言，中学教育在高考指挥棒下偏向应试思维，过于看重课程考核成绩，往往忘记了“教书育人”的初心。那么，应如何改变这种现状？答案是：立德树人，脱“水”冶“金”。具体而言，通识教育要注重课程教学的过程管理，增加小班研讨、单元小测验、学习成果展示等鼓励学生投入学习的环节，而不再是单一地只看学生期末成绩。武汉大学的“两大导引”试行“8+8”的大班授课和小班研讨，经过三个学期的实践，取得了很好的成效，深受同学们欢迎。我们发现，小班研讨是一种非常有效的教学方式，能够帮助学生深度阅读、深度思考，增加学生课堂参与度，培养学生独立思考、理性判断、批判性思维和团队合作等多方面的能力。

课程教材资源建设是十分重要的。老师们精心编撰的系列教材，精心录制的在线开放课程视频，精心设计的各类题库，精心搜集整理的与课程相关的文献资料，等等，对于学生而言，都是精神大餐之中不可或缺的珍贵元素。在长期的教学实践中，老师们不断更新、完善课程教材资源，并且教会学生获取知识的能力，让学习不只停留于课堂，而是延续到课后，给学生课后的持续思考提供支撑和保障。

“武大通识3.0”运行至今，武汉大学已形成一系列保障机制，鼓励教师更多地投入到通识教育教学中来。学校对通识 3.0 课程设立了准入准出机制，建设期内每年组织一次课程考核工作，严格把控立项课程的建设质量；对两门基础通识课程实施助教制，每学期遴选培训研究生和青年教师担任助教，辅助大班授课、小班研讨环节的开展；对投身通识教育的教师给予最大支持，在“351 人才计划”教学岗位、“教学业绩奖”等评选中专门设立通识教育教师名额，在职称晋升等方面也予以政策倾斜；对课程的课酬实行阶梯制，根据课程等级和教师考核结果发放授课课酬。

武汉大学打造多重通识教育活动，营造全校通识文化氛围。每月举行一期通识教育大讲堂，邀请海内外一流大学从事通识教育顶层设计的领袖性人物、知名教师、知名学者、杰出校友等来校为师生做专题报告；每学期组织一次通识教育研讨会，邀请全校通识课程主讲教师、主要管理人员参加，采取专家讲座与专题讨论相结合的方式，帮助提升教师的通识教育理念；不定期开展博雅沙龙、读书会、午餐会等互动式研讨活动，有针对性地选取主题，邀请专家做报告并研讨交流。这些都是珍贵的教学资源，有助于我们多渠道了解通识教育前沿和通识文化真谛，不断提升通识教育的理论素养，进而持续改进通识课程。

武汉大学的校训有一个关键词：弘毅。“弘毅”语出《论语》：“士不可以不弘毅，任重而道远。”对于“立德树人”的武大教师，对于“成人成才”的武大学子，对于“博雅弘毅，文明以止”的武大通识教育，皆为“任重而道远”。可以说，我们在通识教育改革道路上所走过的每一步，都将成为“教育强国，文化复兴”强有力的步伐。

“武大通识 3.0”开启以来，我们精心筹备、陆续推出“珞珈博雅文库”大型通识教育丛书，涵盖“通识文化”“通识教材”“通识课堂”和“通识管理”四大系列。其中的“通识教材系列”已经推出“两大导引”，这次又推出核心和一般通识课程教材十余种，以后还将有更多优秀通识教材面世，使在校同学和其他读者“开卷有益”：拓展视野，启迪思想，融通古今，化成天下。

周叶中

前　　言

妇女是人类文明的开创者、社会进步的推动者，在各行各业书写着不平凡的成就。当前，新冠肺炎疫情还在全球蔓延，对各国生产生活、就业民生带来了严重冲击，妇女则面临更大挑战，过去几十年性别平等领域取得的成果正面临退步风险。建设一个妇女免于被歧视的世界，打造一个包容发展的社会，还有很长的路要走，还需要付出更大努力。

武汉大学妇女与性别研究中心（以下简称“中心”）是武汉大学跨学科的人文社科科研机构，自1993年成立以来，凝聚了一批热心妇女发展研究的专家学者，始终致力于性别平等与妇女发展研究，从历史与现实、理论与实践等多个维度探讨如何保障妇女权益，提高妇女参与国家和经济文化社会事务管理水平，并积极促进妇女发展，取得了一系列有影响力的原创性成果。同时，中心还积极关注世界妇女事业发展进程中的新情况、新特点，以推动教育资源惠及更多妇女、加快国际妇女教育融合等切入点，积极发出武汉大学的声音。2018年4月，中心承办了第八届世界大学女校长论坛主论坛，来自51个国家和地区的150余位大学女校长、专家、学者出席，联合国教科文组织原总干事伊琳娜·博科娃和性别平等部主任克拉特不远万里出席论坛并发表演讲，中国第十一届全国人大常委会副委员长陈至立、第十二届全国政协副主席林文漪以及教育部、科技部、湖北省的相关领导莅会指导。2020年11月，武汉大学党委副书记、中心主任赵雪梅应邀出席第九届世界大学女校长论坛，并作题为《凝聚合力 共创未来》的演讲，提出“在推动疫后妇女事业发展上做更多的工作”“在推动教育融合交流上更好地发挥作用”“在全面提升国际影响力上做更多的尝试”三点倡议，受到了与会者的高度关注。

为更好推动科研成果转化为教学内容，通过教育教学渠道广泛传播性别平等理念，中心从2007年起连续14年在武汉大学面向全校学生开设“社会性别与妇女发展”通识课程，以系列专题讲座为主要授课方式，注重理论与实践的结合，从社会性别角度探讨女性发展问题，受到了历届学生特别是女大学生的青睐。2020年3月，该课程入选了“武大通识3.0”课程。为进一步加强通识课程中的课程思政建设，提升教育教学质量，中心决定组织编写《社会性别与妇女发展》通识课教材。

全书由前言、正文、附录、后记四部分构成。其中正文部分为八章，第一章阐述了妇女发展基本理论和基本问题；第二至第七章分别探讨经济、政治、文化、社会、生态、法治、健康与妇女发展的关系，深入剖析了社会性别视野下的女性发展问题，提出了许多具有现实意义的思想观点。附录考察了中西方文学视野中的女性文学。同时，为便于学生进一步学习和思考，每一章的最后都列出了基本概念、思考题，在教材的最后列出了推荐阅读文献。各章的主要内容如下：

第一章妇女发展基本理论和基本问题，主要概述了马克思主义妇女发展理论，并探讨了妇女发展的基本问题，共两节。第一节马克思主义妇女发展理论，概要介绍了马克思、恩格斯、列宁和中国共产党领导人毛泽东、邓小平、江泽民、胡锦涛关于妇女解放和发展的理论，特别是习近平关于妇女发展的重要论述；第二节妇女发展的基本问题，分析了生理性别与社会性别、性别歧视与性别平等、性别建构与妇女发展三个基本问题。

第二章经济与妇女发展，主要探讨了妇女发展在经济发展中的地位和作用，对新中国成立以来妇女参与经济建设的成就、经验等进行了历史考察。同时，对新时代妇女在就业创业、脱贫攻坚和乡村振兴中的作用、路径等进行了分析，共四节。第一节妇女发展在经济发展中的地位和作用，分析了妇女发展与经济发展的关系，论述了妇女参与经济建设对妇女发展的重要意义，介绍了妇女参与经济建设的内容；第二节新中国妇女参与经济建设的历史考察和成就，对新中国成立以来妇女参与经济建设的成就、经验等进行了历史考察；第三节妇女参与就业创业及其发展，强调了就业创业对妇女发展的重要作用，介绍了新时代妇女就业创业的实践及其经验，分析了新时代妇女就业创业面临的主要问题，给出了提高妇女就业创业质量的对策思考；第四节脱贫攻坚和乡村振兴中的妇女发展，论述了妇女在脱贫攻坚和乡村振兴中的地位与作用，考察了妇女参与脱贫攻坚的实践及其经验，分析了新时代妇女防止返贫的路径选择，提出要以乡村振兴为契机促进农村妇女发展。

第三章政治与妇女发展，主要探讨了妇女发展在政治发展中的地位和作用，考察了中国妇女参政的历史进程及其经验，并就进一步促进妇女参与决策和管理的政策举措和路径进行了探讨，共三节。第一节妇女发展在政治发展中的地位和作用，探讨了妇女发展与政治发展的关系，论述了妇女参政对妇女政治发展的重要意义，分析了妇女参政的内容和实质；第二节中国妇女参政的历史进程，考察了民主革命时期和新中国成立以来妇女参政的历史进程，总结了妇女参政的历史经验；第三节进一步促进妇女参与决策和管理，分析了妇女参与决策管理面临的问题及其原因，提出了促进当代中国妇女参与决策和管理的政策举措建议，阐述了进一步推进当代中国妇女政治发展的路径。

第四章文化与妇女发展，主要探讨了思想文化、道德文化与妇女发展的关系，提出了妇女发展的教育路径，共三节。第一节思想文化建设与妇女发展，分析了妇女思想文化建设的必要性和主要内容，阐述了新时代妇女思想文化建设的实践路径；第二节道德文化对妇女发展的作用，指出了传统和非主流道德文化对妇女发展所产生的重要影响，给出了妇女道德修养的现实路径选择；第三节妇女发展的教育路径，分析了教育政策、教育理念对破除妇女发展困境的作用，阐述了职业教育、高等教育对女性职业发展的影响，探讨了多学科交叉加强妇女/社会性别学研究的问题。

第五章社会与妇女发展，主要探讨了婚姻家庭、社会组织、社会保障体系对妇女地位、发展、权益的影响，共三节。第一节婚姻家庭与妇女地位，分析了不同婚姻家庭形态与妇女地位之间的关系，探讨了“走出”与“回归”家庭之争及其意义；第二节社会组织与妇女发展，指出了社会组织对妇女发展所产生的影响，介绍了社会组织中的妇女力量；第三节社会保障与妇女权益，介绍了社会保障与妇女发展的关系，提出了健全妇女社会保障体系的对策建议。

第六章生态与妇女发展，主要探讨了生态问题与妇女发展之间的关系，阐明了生态问题对妇女的制约，以及妇女对生态问题的关注和回应，共三节。第一节生态问题对妇女的影响，分析了生态问题对妇女生存的约束、对妇女发展的牵制；第二节妇女对生态问题的关注，介绍了西方妇女对生态问题的关切，以及中国妇女对生态问题的回应；第三节促进生态文明推动妇女发展，指出了生态文明建设和妇女发展之间的紧密联系，对“既要发挥妇女作用促进生态文明，也要建设生态文明推动妇女发展”进行了探讨。

第七章法治与妇女发展，主要探讨了妇女发展的法治保障，共三节。第一节权利与妇女权利，在指出权利的内涵和特征的基础上，分析了妇女权利保护的当然性及对妇女特殊权利保护的正当性；第二节妇女权利与法律保障，分析了国内及国际方面妇女权利的法律保护体系，从法律规定出发探讨了妇女享有的权利种类及内容；第三节妇女权利的法律救济，从广义的法律救济维度，结合案例分析了对妇女权利的保护，阐述了通过法律手段实现妇女权利的方式。

第八章健康与妇女发展，主要探讨了妇女健康的评价标准，介绍了妇女所面临的疾病风险和常见疾病防治方法，提出了保障妇女健康的建议，共三节。第一节妇女健康与疾病风险，给出了妇女健康的标准及其评价方式，介绍了妇女生理、心理方面所面临的疾病风险和常见病防治方法；第二节妇女健康与健康保障，阐明了健康保障和健康保障制度对于妇女健康的重要意义，阐述了促进妇女健康的方法路径；第三节妇女健康促进与发展，强调健康是妇女发展的前提和基础，提出要为妇女全面发展提供有效的健康保障。

附录女性文学，分别对中国古代文学、中国当代文学、西方文学、大众文化视域中的女性形象进行了考察，分析了其中蕴含的性别意识，共四节。第一节中国古代文学视域中的女性文学，梳理了古代对妇女提出的从“德言容功”到“德才色艺”的要求，介绍了明清妇女文学的繁荣及其表现，分析了古代妇女文学创作活动及其特征；第二节中国当代文学中的女性写作，指出女性写作是中国当代文学中的重要部分，其内在特征区别于缺乏性别意识的男性作家的写作，并介绍了“朦胧诗”和“第三代”诗人代表；第三节西方女性文学，分别介绍了早期的西方女性文学、19 世纪的西方女性文学、20 世纪的西方女性文学；第四节大众媒介中的女性形象塑造，分析了大众媒介中社会性别的呈现方式和特点。

我们希望借此教材勾勒不同阶段、不同地区、不同领域妇女所展现出来的立体形象，引导大学生特别是女大学生对社会性别与妇女发展进行多维度的思考，牢固树立自尊自信自立自强的信念，以行动建功新时代，以奋斗创造美好生活，在祖国改革发展的伟大事业中实现自身发展，在人民创造历史的伟大奋斗中赢得出彩人生。

目 录

第一章
妇女发展基本理论和基本问题

性别不仅有生理性别，还有社会性别，社会性别对人的制约和影响，特别是对妇女发展的影响不可小觑。在社会性别的建构中，如何促进性别平等与妇女发展是国家和社会都应该关注的课题。“性别平等与妇女发展是人类追求公平、正义与平等的永恒主题，是社会文明进步的衡量尺度，是人类实现可持续发展的重要目标。”①在社会性别的平等追求中，以马克思主义理论和中国化马克思主义理论为指导，才能真正找到妇女解放和发展的科学道路。

第一节　马克思主义妇女发展理论

马克思主义的妇女解放理论是社会性别研究和促进妇女发展的指导思想。中国共产党人把马克思主义妇女解放理论和中国妇女运动的实践相结合，形成了中国化马克思主义妇女发展思想，也是当代妇女发展的指导理论。

一、马克思恩格斯列宁的妇女解放理论

马克思列宁主义的妇女发展观，是运用辩证唯物主义和历史唯物主义的世界观、方法论，对妇女社会地位的历史发展、妇女的社会作用、妇女的社会权利和妇女争取解放的途径等基本问题作出的科学分析和概括的科学理论。马克思列宁主义的妇女解放理论不仅对世界妇女争取平等的社会运动和实践产生重大影响，对新时代中国社会妇女地位的提高和

① 中华人民共和国国务院新闻办公室：《中国性别平等与妇女发展》，北京：人民出版社 2015 年版，第 1 页。

促进社会发展也有指导作用。

(一)马克思恩格斯的妇女解放理论

马克思恩格斯立足于唯物史观，从生产力与生产关系、经济基础与意识形态的关系中，揭示了妇女受压迫的社会根源和争取妇女解放的社会条件。

1. 揭示妇女受压迫的社会根源

马克思主义从唯物史观出发，揭示了妇女受歧视和剥削的社会历史根源，指出妇女被压迫是人类历史发展到一定阶段的产物，其根源是私有制。从人口生产和社会生产的角度出发，马克思主义指出人类最初的原始社会由于生产力低下，男性和女性承担着相同的社会生产劳动，因此，这个时期男女在社会地位上是平等的。恩格斯曾指出，“大家都是平等、自由的，包括妇女在内”。① 但由于人口增长在氏族社会是非常重要的任务，妇女在维系氏族的生存和繁殖方面的作用就更为突出，所以妇女在氏族公社里占有重要地位，并普遍受到重视。正如恩格斯所指出的：“在共产制家户经济中，大多数或全体妇女都属于同一氏族，而男子则来自不同的氏族，这种共产制家户经济是原始时代普遍流行的妇女占统治地位的客观基础。”②马克思主义认为，妇女从来都不是一直处于被压迫的地位，妇女的地位是随着生产力和生产关系的矛盾变化而变化的。随着社会生产力的提高，男子逐渐从渔猎活动转入农牧业生产，加强了男性在农业生产中的地位，从而男权逐步取代女权，妇女地位日益下降。即“从前保证妇女在家中占统治地位的同一原因——妇女只限于从事家务劳动，——现在却保证男子在家中占统治地位：妇女的家务劳动现在同男子谋取生活资料的劳动比较起来已经相形见绌；男子的劳动就是一切，妇女的劳动是无足轻重的附属品”。③ 从此以后，男子开始占据社会主导地位，标志着母权世界的结束，妇女陷入被压迫、被剥削的不平等境地。在这种情况下，出现了人类历史上第一个人剥削人的形式，即奴隶占有制。从此，妇女成为奴隶和被剥削者，社会地位发生了翻天覆地的变化。马克思主义深刻地指出，私有制的产生和阶级的出现，是妇女受压迫的社会根源。随着社会分工和阶级的出现，随着私有制的产生，妇女日益被排斥在社会生产关系之外，经济地位也逐渐下降，妇女的社会地位随之下降。因此，马克思主义认为妇女要获得解放，必须消灭不平等的阶级压迫的社会制度。

马克思主义对妇女受压迫地位的分析与探讨，不仅揭示了妇女不平等的社会经济根

---

① 《马克思恩格斯选集》第4卷，北京：人民出版社2012年版，第109页。

② 《马克思恩格斯选集》第4卷，北京：人民出版社2012年版，第57页。

③ 《马克思恩格斯选集》第4卷，北京：人民出版社2012年版，第178页。

源、阶级根源，也说明了妇女受压迫的社会根源和制度根源，为消除妇女压迫、寻求妇女解放提供了理论基础。

2. 肯定妇女在社会历史中的作用

马克思主义非常重视妇女在社会发展中的作用，认为妇女是社会生产、革命斗争和社会建设中的一支重要力量，并从人口生产理论出发，对妇女在社会历史中发挥的重要作用给予了肯定。马克思主义认为，“全部人类历史的第一个前提无疑是有生命的个人的存在。因此，第一个需要确认的事实就是这些个人的肉体组织以及由此产生的个人对其他自然的关系”,①为此，马克思主义并不是把人口生产只限于自然生产的角度去理解，而是认为人口生产是社会关系的一部分。“这样，生命的生产，无论是通过劳动而生产自己的生命，还是通过生育而生产他人的生命，就立即表现为双重关系：一方面是自然关系，另一方面是社会关系。”②马克思主义不仅肯定了妇女对社会生产、社会关系发展的积极作用，还从阶级斗争理论出发，对妇女在社会革命斗争中的地位也做了肯定。马克思主义认为，在阶级社会中，阶级斗争是推动历史进步的重要动力，无产阶级革命是争取自身权利的重要手段。妇女在阶级社会中更是处于受剥削、受压迫的境地，因此妇女要摆脱受奴役的地位，必须通过革命的手段，在争取自己权利的解放的斗争中发挥作用。正是在马克思主义者的倡导下，广大妇女不仅认识到自己的地位和作用，更是积极参与到社会经济生活和政治生活中去，在社会建设中发挥着自己的聪明才智。

3. 指明妇女解放的正确道路

马克思主义把妇女解放运动看作无产阶级革命的组成部分，并为妇女解放指明了前进的道路和方向。马克思主义认为，妇女解放的首要条件就是消灭剥削制度，争取经济权利的解放。恩格斯说：“我深信，只有在废除了资本对男女双方的剥削并把私人的家务劳动变成一种公共的行业以后，男女的真正平等才能实现。”③恩格斯指出：“只要妇女仍然被排除于社会的生产劳动之外而只限于从事家庭的私人劳动，那么妇女的解放，妇女同男子的平等，现在和将来都是不可能的。妇女的解放，只有在妇女可以大量地、社会规模地参加生产，而家务劳动只占她们极少的工夫的时候，才有可能。而这只有依靠现代大工业才能办到，现代大工业不仅容许大量的妇女劳动，而且是真正要求这样的劳动，并且它还力求把私人的家务劳动逐渐溶化在公共的事业中。”④所以，“妇女解放的第一个先决条件就

---

① 《马克思恩格斯选集》第1卷，北京：人民出版社2012年版，第146页。
② 《马克思恩格斯选集》第1卷，北京：人民出版社2012年版，第160页。
③ 《马克思恩格斯选集》第4卷，北京：人民出版社2012年版，第577页。
④ 《马克思恩格斯选集》第4卷，北京：人民出版社2012年版，第178~179页。

是一切女性重新回到公共的事业中去；而要达到这一点，又要求消除个体家庭作为社会的经济单位的属性”。① “只有现代的大工业，才又给妇女——只是给无产阶级的妇女——开辟了参加社会生产的途径。”②在马克思主义看来，消除经济地位不平等的根源，并使妇女参加生产劳动是妇女解放的一个根本条件。

妇女解放的核心是要争取妇女在政治、法律等方面的解放，实现男女两性在法律上和事实上的平等。由此，马克思主义批判资产阶级平等的虚伪性，主张通过政治解决、法律平等来实现女性解放。恩格斯认为，“在现代家庭中丈夫对妻子的统治的独特性质，以及确立双方的真正社会平等的必要性和方法，只有当双方在法律上完全平等的时候，才会充分表现出来”。③ 马克思主义还十分强调教育在女性解放中的作用，鼓励妇女接受教育。马克思认为，“生产劳动同智育和体育相结合，它不仅是提高社会生产的一种方法，而且是造就全面发展的人的唯一方法”。④ 恩格斯在谈到傅立叶时指出，“他第一个表述了这样的思想：在任何社会中，妇女解放的程度是衡量普遍解放的天然尺度”，⑤ 充分肯定了妇女解放在历史中的地位。

4. 主张婚姻自由

马克思主义认为婚姻自由也是衡量女性解放的重要尺度。恩格斯指出，“当事人双方的相互爱慕应当高于其他一切而成为婚姻基础的事情，在统治阶级的实践中是自古以来都没有的。至多只是在浪漫故事中，或者在不受重视的被压迫阶级中，才有这样的事情”。⑥ “因此，结婚的充分自由，只有在消灭了资本主义生产和它所造成的财产关系，从而把今日对选择配偶还有巨大影响的一切附加的经济考虑消除以后，才能普遍实现。到那时，除了相互的爱慕以外，就再也不会有别的动机了。”⑦马克思主义指出，真正的婚姻自由只有在消除阶级对立、经济不平等地位的前提下才能真正实现。特别是建立在爱情基础上的婚姻自由，女子处于同男子同样平等的地位才能真正成为现实。马克思主义一直倡导有爱情的婚姻关系，认为“如果说只有以爱情为基础的婚姻才是合乎道德的，那么也只有继续保持爱情的婚姻才合乎道德”。⑧ 从这个意义上讲，历史上的婚姻自由还不具有普遍的女性解放的含义，只是一些浪漫的故事和少数人的行为，真正以爱情为基础的婚姻自由是建立

① 《马克思恩格斯选集》第 4 卷，北京：人民出版社 2012 年版，第 85 页。
② 《马克思恩格斯选集》第 4 卷，北京：人民出版社 2012 年版，第 85 页。
③ 《马克思恩格斯选集》第 4 卷，北京：人民出版社 2012 年版，第 85 页。
④ 《马克思恩格斯选集》第 2 卷，北京：人民出版社 2012 年版，第 230 页。
⑤ 《马克思恩格斯选集》第 3 卷，北京：人民出版社 2012 年版，第 784 页。
⑥ 《马克思恩格斯选集》第 4 卷，北京：人民出版社 2012 年版，第 90 页。
⑦ 《马克思恩格斯选集》第 4 卷，北京：人民出版社 2012 年版，第 93 页。
⑧ 《马克思恩格斯选集》第 4 卷，北京：人民出版社 2012 年版，第 94 页。

在男女双方经济地位、政治地位、法律地位平等上的。

马克思主义指明了妇女解放的道路，也强调“每个了解一点历史的人也都知道，没有妇女的酵素就不可能有伟大的社会变革。社会的进步可以用女性的社会地位来精确地衡量……”。① 在马克思主义的指导下，在社会主义的中国，妇女获得了前所未有的经济地位、政治地位和法律地位，拥有了真正的社会劳动的权利、受教育的权利、婚姻自主的权利。一大批妇女在社会各个领域发挥着自己的才干，为社会做出了应有的贡献。

(二) 列宁的妇女解放理论

列宁特别强调在妇女解放运动过程中的阶级属性问题，认为阶级利益高于性别利益。他认为，妇女要先和无产阶级联合进行革命，妇女只有在实现整个人类社会的彻底解放后，才能获得自身的彻底解放。

1. 强调妇女解放是无产阶级解放的重要组成部分

列宁认为妇女解放是无产阶级解放的重要组成部分，因为妇女的解放与人类的解放是一致的。如果没有妇女的解放，无产阶级和全人类也不可能获取最终的解放，妇女的解放与整个无产阶级的胜利是紧密联系在一起的。“无产阶级如果不争得妇女的完全自由，就不能得到完全的自由。”②他指出：“从一切解放运动的经验中可以看到，革命的成败取决于妇女参加解放运动的程度。”③在《论面目全非的马克思主义和“帝国主义经济主义”》中，列宁分析道：“在资本主义制度下，离婚权多半是不能实现的，因为被压迫的女性在经济上受压迫，因为在资本主义制度下，不管有什么样的民主，妇女始终是‘家庭女奴’，是被关在卧室、育儿室和厨房里的女奴。”④只有社会主义，才能使妇女们真正独立起来，摆脱这种经济依附关系。

2. 指明了妇女彻底解放的道路

列宁认为妇女要获得彻底的解放，必须从政治、法律地位上确立男女平等的方针，吸引广大妇女参加苏维埃的工作。他曾提到，“拿妇女状况来说吧。在这一方面，世界上任何一个最先进的资产阶级共和国内的任何一个民主政党，几十年中也没有做出我们在我国政权建立后第一年内所做到的百分之一。我们真正彻底废除了那些剥夺妇女平等权利、限制离婚、规定可恶的离婚手续、不承认私生子、追究私生子的父亲等等卑鄙的法律，这种

---

① 《马克思恩格斯选集》第 4 卷，北京：人民出版社 2012 年版，第 480 页。

② 《列宁全集》第 38 卷，北京：人民出版社 2017 年版，第 178 页。

③ 《列宁全集》第 35 卷，北京：人民出版社 2017 年版，第 181 页。

④ 《列宁全集》第 28 卷，北京：人民出版社 2017 年版，第 166 页。

法律的残余在各文明国家内还大量存在，而这正是资产阶级和资本主义的耻辱。我们有充分的权利以我们在这方面所做的一切而自豪”。[①] 列宁还指出：“法律上的平等还不是实际生活中的平等。我们要使女工不但在法律上而且在实际生活中都能同男工平等。要做到这一点，就要使女工愈来愈多地参加公有企业的管理和国家的管理。”[②]只有实现真正的政治平等才能有法律的平等。列宁强调要吸引广大妇女参加苏维埃的工作，“要吸引群众参与政治就不能不吸引妇女参与政治，因为占人类半数的妇女在资本主义制度下受着双重的压迫”。[③] 这说明，妇女只有参与到社会生产和公共生活中去，像男性一样能够参与企业管理和国家管理，才会在真正意义上实现男女平等，妇女才能从压迫中解放出来。

3. 鼓励妇女参加生产劳动

列宁还认为要使女子与男子真正的平等，必须让妇女参加共同的生产劳动。妇女只有从琐碎的家务中走出来，参加社会经济建设，才能获得真正的解放。列宁指出，“尽管颁布了种种解放妇女的法律，妇女仍然是家庭奴隶，因为琐碎的家务压在她们身上，使她们喘不过气来，变得愚钝卑微，把她们禁锢在做饭管孩子的事情上，用完全非生产性的、琐碎的、劳神的、使人愚钝的、折磨人的事情消耗她们的精力。只有在大规模地开始为消除这种琐碎家务而斗争(在掌握国家权力的无产阶级领导下)，更确切地说，大规模地开始把琐碎家务改造为社会主义大经济的地方和时候，才会开始有真正的妇女解放，真正的共产主义”。[④] 为了广泛吸收妇女参加新经济建设，列宁还提出了保护妇女政治权利和经济利益的一系列措施，如创办公共食堂、托儿所等设施帮助妇女摆脱家务，并认为“正是这些平凡的、普通的、既不华丽、也不夸张、更不显眼的设施，在实际上能够解放妇女，减少和消除她们在社会生产和社会生活中的作用方面同男子的不平等”。[⑤]

二、中国共产党人的妇女发展理论

在马克思主义与中国革命和建设的结合过程中，形成了毛泽东思想、邓小平理论、“三个代表”重要思想、科学发展观、习近平新时代中国特色社会主义思想等马克思主义中国化的理论成果。中国共产党人关于妇女解放和妇女发展的论述，是马克思主义妇女理论不可分割的重要组成部分。

---

① 《列宁选集》第4卷，北京：人民出版社2012年版，第18页。
② 《列宁全集》第38卷，北京：人民出版社2017年版，第177页。
③ 《列宁全集》第40卷，北京：人民出版社2017年版，第383页。
④ 《列宁选集》第4卷，北京：人民出版社2012年版，第18~19页。
⑤ 《列宁选集》第4卷，北京：人民出版社2012年版，第19页。

（一）毛泽东的妇女解放理论

毛泽东运用历史唯物主义和辩证唯物主义的世界观和方法论，对妇女受压迫的根源、妇女争取自身解放的途径等问题进行了深入的分析和思考，是马克思主义妇女解放理论与中国的妇女解放运动实践相结合的理论成果。

1. 揭露妇女受压迫的根源

毛泽东认为，妇女受到压迫是因为旧中国的封建礼教和妇女经济地位的缺失。1919年11月，毛泽东在《女子自立问题》一文中写道："盖我国因数千年不正当的礼教习俗，女子在任何方面，都无位置。从政治、法律、教育，以至职业、交际、娱乐、名分，一概和男子分开做两样，退处于社会的暗陬。于不得幸福之外，还领受着许多不人道的虐待。"①毛泽东还就长沙女子赵五贞自杀事件发表了《对于赵女士自杀的批判》《"社会万恶"与赵女士》《非自杀》等文章，揭露旧中国家庭制度和婚姻制度对人的禁锢，抨击了封建礼教和封建社会的黑暗与罪恶。"吾们试想女子何以被男子欺负，至于数千年不得翻身呢？关于此点，吾们要研究女子到底有何缺陷？…… 求根本缺陷于女子生理，便是唯一的生育问题了。"②那时的中国社会闭塞落后，妇女们大多在家中从事家务劳动，几乎没有实际的社会生活，由于缺乏对生产资料的占有，她们的社会地位和家庭地位也微乎其微。

2. 重视保障妇女的各项权益

毛泽东也一贯重视发挥妇女在生产劳动、经济建设中的伟大作用。1940年毛泽东在延安纪念"三八"妇女节大会上发表的讲话中指出："妇女的力量是伟大的。我们现在打日本要妇女参加，生产要妇女参加，世界上什么事情，没有妇女参加就不能成功。"在社会主义建设时期，毛泽东更是形象地指出妇女"能顶半边天"，认为中国的妇女是一种伟大的人力资源，必须发掘这种资源。毛泽东深刻认识到保障妇女经济权利对于妇女解放的重要性。中国共产党在井冈山进行革命斗争时颁布的《井冈山土地法》中就规定，土地"以人口为标准，男女老幼平均分配"。1931年的《中华苏维埃共和国劳动法》中明确规定男女工人实行同工同酬，如"女工青工与成年男工做同样的工作领同等的工资"，"女工青工及童工，除享受本劳动法各章的普通权利之外，并规定下列的特别保护女工青工童工之条文"等，都是保障女工权利的条例。毛泽东也十分重视保障广大妇女的政治权利和培养妇女干部。在1954年颁布的《中华人民共和国宪法》中就明确了妇女有同男子平等的选举权和被选举权。

① 《毛泽东早期文稿》(1912.6—1920.11)，长沙：湖南出版社1990年版，第421页。
② 《毛泽东早期文稿》(1912.6—1920.11)，长沙：湖南出版社1990年版，第421~422页。

毛泽东指出，要领导中国妇女运动，尤其是在广大农村，没有一批能干而专职的妇女干部是不行的。1939 年，延安创办了第一所中国女子大学，毛泽东在开学典礼上说道："女大的成立，在政治上有着非常重大的意义。它不仅要培养一大批有理论武装的妇女干部，而且要培养一大批做实际工作的妇女运动的干部。"延安女子大学的成立，为党培养了一批优秀的妇女干部。毛泽东对妇女的家庭地位和婚姻自由也是持续关注的，他十分注重对妇女婚恋权利的保障。他指出："有一个彻底的觉悟。你们自己的婚姻，应由你们自己去办。父母代办政策，应该绝对否认。恋爱是神圣的，是绝对不能代办，不能威迫，不能利诱的！"①1950 年 5 月 1 日制定的《中华人民共和国婚姻法》是新中国颁布的第一部法律，其中明确规定要废除男尊女卑的封建思想和轻视妇女利益的包办强制婚姻的封建制度，要实施一夫一妻和保护妇女儿童利益的新民主主义婚姻制度，保证男女婚姻自由、男女权利平等。

3. 把妇女解放与阶级解放相联系

毛泽东在继承马克思主义妇女解放理论的基础上，与中国妇女解放运动实践相结合，肯定中国妇女在中国革命中所发挥的作用。毛泽东揭露妇女受压迫根源的目的就是要发动妇女起来反抗阶级压迫。

1929 年，毛泽东在主持召开的红四军第九次党代表大会的决议中，就明确提出，"中国妇女占人口的半数，劳动妇女在经济上的地位和她们特别受压迫的状况，不但证明妇女对革命的迫切需要，而且是决定革命胜败的一个力量"。毛泽东积极肯定妇女参加农民运动，认为妇女参加革命是对夫权的极大动摇，"农民运动一起，许多地方，妇女跟着组织了乡村女界联合会，妇女抬头的机会已到，夫权便一天一天地动摇起来"。② 在抗日战争时期，不仅鼓励女子投身到抗日的斗争中去，还积极肯定妇女在抗战中的贡献。"在中国解放区内，一切青年、壮年的男人和女人，都在自愿的民主的和不脱离生产的原则下，组织在抗日人民自卫军之中。"③毛泽东对女性在革命战争中作用的肯定，使广大妇女积极投身到革命斗争中去，以各种方式为民族独立、阶级解放和社会革命做出自己的努力。毛泽东认为，中国妇女要想实现最终的自身解放，必须与整个无产阶级的社会解放联系起来，并指出："离开了社会解放运动，妇女解放是得不到的；同时，没有妇女运动，社会解放也是不可能。因此，要真正求得社会解放，就必须发动广大的妇女群众来参加；同样，要真正求得妇女自身的解放，妇女们就一定要参加社会解放的斗争。"④毛泽东明确指出，只

---

① 《毛泽东早期文稿》(1912. 6—1920. 11)，长沙：湖南出版社 1990 年版，第 418 页。

② 《毛泽东选集》第 1 卷，北京：人民出版社 1991 年版，第 32 页。

③ 《毛泽东选集》第 3 卷，北京：人民出版社 1991 年版，第 1040 页。

④ 《毛泽东文集》第 2 卷，北京：人民出版社 1993 年版，第 169 页。

有阶级的解放，才有妇女的解放。1955年，毛泽东同志首次作出了“中国的妇女是一种伟大的人力资源。必须挖掘这种资源，为了建设一个伟大的社会主义国家而奋斗”①的批示。这一批示肯定了中国妇女在革命和建设中的重要作用，并激励广大中国妇女为积极建设新中国而奋斗。毛泽东十分重视领导妇女参加社会生产劳动，认为在社会主义建设时期，“从妇女本身来说，建设社会主义的过程，也就是妇女彻底解放的过程。只有在消灭了阶级剥削和贫困的根源之后，在社会技术和社会风气得到根本改变的基础上，才能实现真正的完全的男女平等”。②

(二)邓小平关于妇女发展的论述

邓小平在马克思列宁主义、毛泽东思想的妇女解放理论指导下，结合社会主义初级阶段中国妇女发展的实践，不断探索丰富了社会主义初级阶段的妇女理论，在改革开放时期开拓了妇女发展的新境界。

1. 重视培养妇女干部

邓小平特别强调建立和健全基层组织，要配备好基层妇女干部。1961年12月，全国妇联召开各省市自治区妇联主任会议，邓小平亲自参加会议，听取汇报，发表了重要讲话。他指出：“大多数的公社设专职妇女干部，人数少的公社可以兼职，兼要真正的兼，总要配备一个女同志，主要做妇女工作。”③改革开放后，邓小平强调党必须用很大的决心培养和提拔妇女干部，帮助和鼓励她们不断前进，因为她们是党的干部的最大来源之一，并且党还应当特别加强对妇女群众的工作，注意吸收妇女群众中的先进分子入党。

2. 强调做好妇女工作

邓小平一直强调发挥妇女的才能优势和巨大力量，男女协力把社会主义事业推向前进。1957年8月，邓小平主持中央书记处会议时，讨论了即将在1957年9月召开的中国妇女第三次全国代表大会的相关事项。会议的主题是进入建设社会主义时期的妇女工作的方针任务。他明确指出，根据中共八大精神，社会主义建设时期的妇女工作方针，应该是勤俭建国、勤俭持家，为建设社会主义而奋斗。这不是一个时期的方针，而是建设社会主义时期妇女工作长期的根本方针。关于如何做好妇女工作，邓小平提出最重要的是做好经常性的工作。“妇女工作的经常工作是什么？就是妇联要特别负责做的特殊工作。勤俭持

---

① 《毛泽东主席论妇女》，北京：人民出版社1978年版，第20页。

② 毛泽东：《充分发挥妇女在社会主义建设中的伟大作用》，《人民日报》1956年3月8日。

③ 《邓小平文选》第1卷，北京：人民出版社1994年版，第296页。

家就是这样的工作。勤俭建国、勤俭持家一定要联起来，只提一个不够。有了强盛的国，家才会富起来。首先是勤俭建国，其次是家要管好。现在搞十年计划，这个口号十年不变，坚持到底，因为我们国家的物质基础就是这么个状况。这就是妇联的特殊工作。当然男同志也要勤俭持家，但宣传以妇联为主，你们向男同志宣传，大姐向大哥宣传。勤俭建国、勤俭持家应经常提倡，是长期要做的工作。家庭和睦也是经常要做的工作。要处理好的，一是夫妻关系，二是婆媳关系，三是妯娌关系，四是父母子女关系等等。这是我们长期以来妇女工作中的经常工作。这样的问题，就是妇女的特殊问题，就是妇联的特殊工作。”①邓小平同时强调，强调经常工作并不一概拒绝突击运动这种形式。他认为：“妇女工作某个时候、某项事情采取一下突击的形式不是不可以，但经常工作是基础。群众运动只是群众路线的一种形式，不是一年到头全运动，不是一律的这里运动什么那里也运动什么。不能照搬，只能实事求是。如果一年到头运动就没有劲了，就变成浮夸、形式主义了，实际上违反了群众意志，脱离了群众。因此，归根到底要把经常工作建立起来。大量的日常工作是基础，突击运动只有建立在这个基础上才最可靠，没有长期的群众工作基础不行。”②

（三）江泽民关于妇女发展的论述

江泽民在“三个代表”重要思想中的妇女发展观体现和代表了新时期的广大妇女群众的根本利益，是新时期妇女工作的指导思想。

1. 提出男女平等基本国策

江泽民将男女平等作为基本国策提出来，是促进男女平等的一个重大突破，也是马克思主义妇女解放理论与中国妇女运动的具体实际相结合的科学结晶。江泽民指出：“妇女和男子同是人类历史前进的推动者，同是社会物质文明和精神文明的创造者，应该具有同等的人格和尊严、同等的权利和地位。在人类自身生产中，妇女更具有特殊的价值，作出了特殊的贡献。尊重妇女，保护妇女，是社会进步的一个重要标志，是文明社会应有的法律规范和道德风尚。”③同时他也强调，“推翻人压迫人的社会制度，建立人民当家作主的国家政权，为实现妇女解放、实现男女平等提供了根本保证。但是，由法律上的男女平等达到事实上的男女平等，任务仍然十分艰巨”。④ 并提出我们将继续努力，为促进妇女事业的发展作出贡献。

---

① 《邓小平文选》第1卷，北京：人民出版社1994年版，第294页。
② 《邓小平文选》第1卷，北京：人民出版社1994年版，第295页。
③ 《江泽民文选》第1卷，北京：人民出版社2006年版，第107页。
④ 《江泽民文选》第1卷，北京：人民出版社2006年版，第107页。

2. 重视保障妇女权益

江泽民指出妇女只有能够获得应有的保障、获得受教育和就业的机会，才能真正成为生活的主人。江泽民强调："新中国的成立，使全国妇女获得了历史性解放。中国人民政治协商会议第一届全体会议通过的具有临时宪法性质的《共同纲领》，明确宣告'废除束缚妇女的封建制度'，并且规定'妇女在政治的、经济的、文化教育的、社会的生活各方面，均有与男子平等的权利。实行男女婚姻自由'。此后，我国历次颁布的宪法和有关法律法规，对妇女的权利作了更加明确和完善的规定。党和国家还采取了一系列政策措施，为广大妇女参加社会生产、参政议政、接受教育、实现婚姻自由等，不断创造良好的条件。"①还指出妇女要成为生活的主人，真正掌握自己的命运，不仅要有平等的政治地位，还必须有平等的经济地位。

3. 强调妇女不可替代的作用

江泽民着重强调了中国妇女在我国社会发展中的重要作用。他指出："在社会主义制度下，我国各族妇女曾被禁锢的聪明才智极大地释放出来。她们发挥国家主人翁精神，积极投入铲除封建残余的斗争，广泛参加社会主义建设和其他社会劳动，在工农业生产和教育、科学、文化、卫生等各项事业中，发挥了不可替代的作用。妇女劳动者队伍不断壮大，女干部、女学者、女专家大量涌现。妇女作为我国社会主义建设的一支生力军，越来越得到社会的公认和称赞。"②肯定了我国广大女性在社会建设和发展中起到的极为重要的作用，女性和男性一样能够从事很多职业，为社会发展做出重要贡献。中国妇女在社会主义制度下，也可以发挥自己的聪明才智和长处，为国家和社会的发展贡献自己的力量。

(四)胡锦涛关于妇女发展的论述

胡锦涛强调，我们要坚持落实科学发展观，在推动经济社会发展的进程中促进妇女事业发展。科学发展观关于妇女发展的论述的核心是以人为本，不断改善妇女的生存条件、提高妇女的社会地位、促进妇女的全面发展。

1. 贯彻男女平等的基本国策

胡锦涛强调我国将坚持贯彻男女平等基本国策，保障妇女合法权益，促进妇女全面发

① 《江泽民文选》第1卷，北京：人民出版社2006年版，第107~108页。

② 《江泽民文选》第1卷，北京：人民出版社2006年版，第108页。

展。胡锦涛指出："党和国家高度重视妇女和妇女工作，运用法律、行政、教育手段，努力消除对妇女的各种歧视，切实保障妇女在国家政治、经济、文化、社会和家庭生活中的平等地位和各项权利，充分发挥妇女'半边天'作用，为妇女解放和进步创造了良好条件，保证了我国妇女运动朝着正确方向不断发展。"①指出中国始终高度重视发挥妇女作用，积极推动妇女事业发展，并强调我们将坚持贯彻男女平等的基本国策，不断促进性别平等和两性和谐发展，并将充分关注妇女发展中的不平衡、不充分、不和谐现象，抓住脱贫、就业、教育、健康等重点领域和重点问题，加大政策支持力度，充分保障妇女的合法权益，不断提高妇女自身发展的能力。提出，"妇女解放、男女平等实现的程度，归根到底取决于社会生产力发展水平。在社会主义初级阶段，尤其要把发展社会生产力作为妇女运动的一项基本内容，紧紧围绕经济建设这个中心开展妇女工作，引导广大妇女在为解放和发展社会生产力作贡献的过程中实现自身进步与发展"。② 强调，"要一如既往贯彻男女平等基本国策，认真研究解决改革开放新形势下的妇女问题，切实保证广大妇女充分享受到经济社会发展成果。要加大培养选拔妇女干部工作力度，促进更多优秀妇女人才脱颖而出"。③

2. 维护妇女的具体利益

胡锦涛强调面对新形势新任务，妇女工作者应贯彻落实中央重大战略部署，切实维护广大妇女群众的具体利益。他指出："必须在维护全国人民总体利益的同时切实维护妇女具体利益。把广大妇女群众利益实现好、维护好、发展好，是党全心全意为人民服务的宗旨在妇女工作中的集中体现，也是妇女工作的根本出发点和归宿。在我们国家，全体人民利益在根本上是一致的，但总体利益同具体利益之间也有可能产生某些矛盾。维护总体利益是维护妇女具体利益的前提，维护好妇女具体利益有助于总体利益实现。"④"要严厉打击侵害妇女权益的违法犯罪行为，坚决扫除影响妇女身心健康的社会丑恶现象，为妇女发展进步创造良好社会环境。"⑤

3. 加强妇联组织的工作

胡锦涛提出要加强妇联组织的工作，要求各级妇联组织更加紧密地联系广大妇女，竭诚为妇女群众服务。他指出："必须支持妇联组织依照法律和章程独立自主、创造性

① 《胡锦涛文选》第1卷，北京：人民出版社2016年版，第352页。
② 《胡锦涛文选》第1卷，北京：人民出版社2016年版，第354页。
③ 《胡锦涛文选》第1卷，北京：人民出版社2016年版，第357页。
④ 《胡锦涛文选》第1卷，北京：人民出版社2016年版，第354页。
⑤ 《胡锦涛文选》第1卷，北京：人民出版社2016年版，第357页。

开展工作。妇联作为各族各界妇女在党的领导下为争取进一步解放而联合起来的社会群众团体，有着自己独特的工作内容和工作方法。只有支持妇联组织在党的领导下依照法律和自己的章程独立自主、创造性开展工作，才能把广大妇女紧紧团结在党的周围，把她们的智慧和力量更好凝聚到实现党的任务上来。”①并要求各级妇联组织“要更加密切地联系群众，抓住广大妇女最关心的问题、反映最强烈的问题、要求最迫切的问题，把工作做到基层去、做到千家万户去，特别是要在扶贫攻坚、促进下岗女职工再就业等方面多做实实在在的工作，竭诚为广大妇女群众服务。要更加扎实推进自身建设，坚持继承和创新的统一，用改革精神研究和解决妇联工作中遇到的新情况新问题，不断探索妇联工作新路子”。②

4. 提高妇女的自身素质

胡锦涛强调在新的历史条件下，我国广大妇女要胸怀祖国、志存高远，自觉承担起时代赋予的崇高使命，努力为坚持和发展中国特色社会主义作出新的更大的贡献，要勇挑重担、奋发有为，为全面建成小康社会、加快推进社会主义现代化充分发挥“半边天”的作用。他希望广大妇女能自觉承担社会责任，“积极践行男女平等、尊老爱幼、互爱互助、见义勇为的社会风尚”，“推动形成人人相互关爱、家家幸福安康、社会和谐发展的良好局面”。③ 要求广大妇女做“四自”的新女性，指出，“我国广大妇女要勤奋学习、刻苦求知，做自尊、自信、自立、自强的时代女性。妇女素质状况不仅决定着妇女自身发展进步，而且直接影响着国民素质提高”。④ 他要求广大女性，“要以积极向上的精神风貌投身改革开放和社会主义现代化建设火热实践，在为祖国和人民真情奉献中增长才干，到祖国和人民需要的地方去砥砺风节，让人生在无悔的奋斗中绽放出更加绚丽的光彩”。⑤

(五) 习近平关于妇女发展的重要论述

习近平十分重视我国妇女事业的发展，关心中国女性权益的保障，就妇女儿童和妇联工作作出了一系列重要论述。

1. 强调妇女发展的根本遵循

习近平一直强调妇女发展的根本遵循是坚持中国共产党领导。2013 年 10 月 31 日，他

① 《胡锦涛文选》第 1 卷，北京：人民出版社 2016 年版，第 355 页。
② 《胡锦涛文选》第 1 卷，北京：人民出版社 2016 年版，第 357 页。
③ 《胡锦涛文选》第 3 卷，北京：人民出版社 2016 年版，第 367 页。
④ 《胡锦涛文选》第 3 卷，北京：人民出版社 2016 年版，第 367 页。
⑤ 《胡锦涛文选》第 3 卷，北京：人民出版社 2016 年版，第 368 页。

在全国妇联第十一届领导班子成员集体谈话时强调："坚持党的领导，紧紧围绕党和国家工作大局谋划和开展工作，这是妇联组织发挥作用的根本遵循，是妇联工作不断前进的重要保障。妇联组织要把工作放到大局中去部署、去开展，把党的主张转化为广大妇女的自觉追求和实际行动。"①2018 年 11 月 2 日，习近平在同全国妇联第十二届领导班子成员集体谈话时指出，坚持党的领导，是做好党的妇女工作的根本保证。习近平指出，妇联要承担好代表和维护妇女权益、促进男女平等和妇女全面发展的重要任务。要坚持男女平等基本国策，维护妇女儿童合法权益。他强调，"要把握妇女对美好生活的向往，有针对性地做好联系妇女、服务妇女各项工作，把更多注意力放在最普通的妇女特别是困难妇女身上，格外关心贫困妇女、残疾妇女、留守妇女等困难妇女，为她们做好事、解难事、办实事"。②

2. 切实保障妇女权益

习近平始终强调，在妇女发展的道路上要切实保障妇女权益。各级党委和政府要充分认识发展妇女事业、做好妇女工作的重大意义，加大重视、关心、支持力度。要抓好妇女发展纲要实施，改善发展环境，解决发展中的突出问题，依法维护妇女权益，严厉打击侵害妇女权益的违法犯罪行为。习近平提出要推动妇女和经济社会同步发展；积极保障妇女权益；努力构建和谐包容的社会文化，消除一切形式的针对妇女的暴力，打破有碍妇女发展的落后观念和陈规旧俗；创造有利于妇女发展的国际环境。坚定和平发展和合作共赢理念，积极维护和平，开展妇女领域国际发展合作，缩小各国妇女发展差距。并表示，中国将更加积极贯彻男女平等基本国策，发挥妇女"半边天"作用，支持妇女建功立业、实现人生理想和梦想。中国妇女也将通过自身发展不断促进世界妇女运动发展，为全球男女平等事业作出更大贡献。2013 年，习近平在同全国妇联第十一届领导班子成员集体谈话时指出："联系和服务广大妇女是妇联组织的根本任务。做好新形势下妇联工作，一定要把工作重心放在基层。各级妇联组织干部特别是领导干部，要坚持走出机关、走向基层，沉下身子，拓宽工作渠道，创新工作手段，用自己的眼睛看最真实的情况，用自己的耳朵听最真实的声音，帮助广大妇女排忧解难，通过实实在在的服务把党和政府的关怀、妇联'娘家人'的温暖送到广大妇女心中，使妇女工作常做常新、充满活力。"③

---

① 习近平：《坚持男女平等基本国策 发挥我国妇女伟大作用》，《人民日报》2013 年 11 月 1 日。

② 习近平：《习近平在同全国妇联新一届领导班子成员集体谈话时强调 坚持中国特色社会主义妇女发展道路 组织动员妇女走在时代前列建功立业》，《人民日报》2018 年 11 月 3 日。

③ 习近平：《坚持男女平等基本国策 发挥我国妇女伟大作用》，《人民日报》2013 年 11 月 1 日。

3. 推动妇女全面发展

习近平十分重视推动妇女的全面发展。2015 年 7 月 6 日，他在中央党的群团工作会议上指出："我们必须根据形势和任务发展变化，加强和改进党的群团工作，把工人阶级主力军、青年生力军、妇女半边天作用和人才第一资源作用充分发挥出来，把 13 亿多人民的积极性充分调动起来。"①他强调要切切实实地保障妇女权益、推动广大妇女的全面发展。习近平还强调，中国妇女解放和发展事业与世界范围内妇女解放和发展是协同共向的。2020 年 10 月 1 日，习近平在联合国大会纪念北京世界妇女大会 25 周年高级别会议上强调，要帮助妇女摆脱疫情影响；让性别平等落到实处。保障妇女权益必须上升为国家意志；推动妇女走在时代前列。要坚持在发展中保障妇女权益，靠发展改善妇女民生，实现妇女事业和经济社会同步发展；加强全球妇女事业合作。中国共产党在领导妇女发展进程中始终坚持与世界妇女发展事业接轨，重视中国妇女事业的发展和世界妇女事业的合作。

马克思主义关于妇女解放的理论和中国共产党人关于妇女发展的理论和重要论述，是新时代妇女发展的理论指南和方向指引。

第二节　妇女发展的基本问题

妇女发展作为全球经济和社会发展的重要组成部分，受到国际社会的普遍重视。从社会性别研究的视角来看妇女发展的基本问题，主要包括生理性别与社会性别、性别歧视与性别平等、性别建构与妇女发展的关系问题。

一、生理性别与社会性别

生理性别与社会性别是一对相互对应的概念。生理性别是指生理学意义上的性别，社会性别是指由社会文化建构的性别。社会性别的建构与分析是建立在生理性别基础之上的，生理性别与社会性别在妇女发展中是相互交织起作用的。

(一)生理性别

生理性别指的是男女生理结构方面的差异，是生物或生理学意义上的性别，是与生俱来的

① 《习近平谈治国理政》第 2 卷，北京：外文出版社 2017 年版，第 307 页。

一种含有自然属性的性别特征。男女的生理性别差异是人的一种自然属性、一种客观存在。

男女两性在生理上的区别主要表现为生理结构和生理机能上的不同。从生理结构上来说，主要表现为性染色体、性激素和生殖器官的不同。性染色体是指决定性别的染色体。根据遗传学的研究，人类的男女两性是由遗传带来的性染色体的差别决定的。在正常的人体细胞中，共有 46 条染色体，其中 44 条染色体是两两相同的，男性与女性都具有，因而这 22 对染色体也称为常染色体。第 23 对染色体是性染色体，它们与性别密切相关。在人类的每个细胞中，女性有两条 X 染色体，男性则有 1 条 X 染色体和 1 条 Y 染色体。如果染色体为 22+X 的精子与卵子结合，受精卵的染色体为 44+XX，胚胎的遗传性别为女性。如果染色体为 22+Y 的精子与卵子结合，受精卵的染色体为 44+XY，胚胎的遗传性别为男性。性激素是指主要由性腺分泌、负责第二性征的发育和副生殖器官发育的一类激素。女性性激素是由卵巢分泌的雌性激素和黄体酮，男性性激素则是由睾丸所分泌的睾酮。从生殖器官来说，男女两性有着很大的差异，无论是外在的形状，还是内在的结构，都有着明显的区别。从生理机能来说，男女两性的发育过程和生理历程存在着显著的差异。就发育过程来看，婴儿时期，女性在身体和神经系统上的发展比男性要快。青春期时，女性比男性进入青春期的时间要早两年，一般女孩从 9~10 岁开始，男孩从 10~12 岁开始。由于女性发育的时间较早，这个时期女性的身高、体重等身体指标会超过男性。“就生理历程来看，从青春期发育开始，男女两性在生理机能上的区别日渐明显，男子有遗精，女子有经期。至性发育成熟，两性器官的不同构造更是决定了两性在性生活与生育功能上的分工与合作。女性所具有的怀孕和分娩的独特功能更使女性与男性迥异。”①

生理因素对男女两性行为的影响是复杂的，我们既不能忽视自然生理性别的差异，也不能夸大男女两性在生理性别上的差异。

（二）社会性别

“社会性别泛指社会对两性及两性关系的期待、要求和评价，社会性别常常在社会制度中及个人社会化的过程中得到传递和巩固。社会性别作为社会关系的一种，它表现在社会组织和社会机构中，如家庭、亲属关系、社会分工、教育和政体中，也表现在两性对自己身份的主观认同中。”②社会性别在英文中是“gender”，在英文词典中，这个词本身的含义为“性”，主要是指语言学中名词和代词的词性，后来经过女性主义的发展，被用来指称人的社会性别。

20 世纪 40 年代，法国作家西蒙娜·德·波夫娃（Simone de Beauvoir）指出，“女人并

① 孙桂燕：《社会性别视角下中国妇女权利》，南昌：江西人民出版社 2013 年版，第 34 页。

② 逯改：《社会性别视角中的两性平等》，《兰州学刊》2008 年第 4 期。

不是生就的，而宁可说是逐渐形成的”，[①] 强调女人是被社会塑造成“他者”的人，是社会文化建构的产物，将生理上的性别与后天获得的性别身份区别开来。波夫娃虽然没有明确提出社会性别的概念，但是她指出了自然性别和女性意识之间的非对称关系，为社会性别概念的提出奠定了基础，之后的学者进一步发展和完善了她的观点。凯特·米利特(Kate Millett)也指出：“性别之间的统治深深扎根于我们的社会结构之中。”[②]安·奥克利(Ann Oakley)在著作《性、性别与社会》中将性与性别区分开来，强调性(sex)是生物学的，是指生物学意义上男性和女性的解剖学和心理学特点，而社会性别(gender)是文化的，是社会建构的男性气质和女性气质。[③] 社会学家杜伯曼(Lucile Duberman)认为“生理性别是一种在出生时被认为拥有的身份，而被认为适合于某一特定生理性别身份的社会性别角色是习得的”。[④] 美国学者盖尔·卢宾(Gayle Rubin)第一次将社会性别作为专业术语提了出来。她将社会性别定义为“是一种获得的地位，这一地位是通过心理、文化和社会手段建构的”。[⑤] 社会性别并非二元，除了男性和女性，“第三类性别”人群在部分文化中得到认可。例如，在北美洲西南地区的原住民文化中，存在着名为“berdache”、后来改称为“双灵人”(two-spirit)的社会性别，指的是拥有男人身体，但社会地位更接近于女性的人群。[⑥] 此外，一些国家对个人认同为非男女性别的社会性别亦予以承认。例如，澳大利亚在出生证的性别一栏增加了空白选项，这使得性别模糊群体有了选择性别身份的自由，并且澳大利亚在护照上新增了第三种性别选择“X”，即为性别不确定，居民不管是否经过变性手术或激素治疗都可以做出第三种选择。[⑦]

社会性别是建立在生理性别基础上的性别构建过程，社会性别的构建不仅与经济和政治发展、社会制度、福利政策等外在因素有密切的联系，还与阶层、种族、宗教、文化等有一定关系。社会性别的固定和强化，进而成为一种社会期待、规范和评价，这个过程就是社会性别角色塑造的过程。

---

① ［法］西蒙娜·德·波夫娃：《第二性》(全译本)，陶铁柱译，北京：中国书籍出版社 1998 年版，第 309 页。

② ［美］凯特·米利特：《性的政治》，钟良明译，北京：社会科学文献出版社 1999 年版，第 31 页。

③ 参见 Oakley A. *Sex*, *Gender*, *and Society*, Gower Publishing Company Limited, 1985, p. 158.

④ Duberman L. *Gender and Sex in Society*, New York: Praeger, 1975, p. 27.

⑤ Rubin G. "The Traffic in Women: Notes on the 'Political Economy' of Sex, Toward An Anthropology of Women," *Monthly Review Press*, 1975, *p*. 179.

⑥ 参见陈文益：《论北美印第安人的性别跨界与多元文化》，《深圳大学学报(人文社科版)》2016 年第 3 期。

⑦ 参见联合国开发规划署、中华女子学院：《跨性别者性别认同的法律承认：中国相关法律和政策的评估报告》，2018 年，第 57 页。

（三）生理性别与社会性别的关系

生理性别与社会性别之间既有区别又有联系。生理性别是社会性别构建的基础，社会性别是生理性别的升华和塑造。

一方面，社会性别以生理性别为基础。当个人感受到的社会性别与其在出生时被指派的性别即生理性别一致时，称为性别顺应；当个人内心认同的社会性别与其出生时被指派的性别即生理性别不匹配时，则称为性别跨越。从心理学的角度来说，如果个人因感到自身体验到的或表达的社会性别与生理性别不一致而产生压力，可能会陷入性别不安，导致焦虑、抑郁、滥用药物等后果。也就是说，女性在社会中学习生活时，如果自己的生理性别与社会对个体所要求或期望的性别不一致时，会产生性别认同障碍，损害个人的身心健康。同时，因社会性别身份不同而遭到不公平的对待、歧视甚至暴力，也是一种常见的现象。例如，在人际关系里处于弱势地位的年轻女性经常会受到年长男性的欺压，也存在因缺乏女性气质等情形而受到欺凌等。在当今社会中，性别偏见和有失公允的社会规范使社会中某些性别比其他性别拥有更多的权利和机会，由此会造成性别剥削和压迫，导致女性不能得到和男性同样的教育资源、工作机会、政治权利等。

另一方面，社会性别的建构是对生理性别的顺应或再造。基于生理性别形成的社会性别，常常会出现性别的刻板印象。性别的刻板印象就是指“基于社会性别规范、角色和关系而产生的关于特定社会群体的形象、看法和臆断，这种刻板印象会导致偏见和不平等”。[①] 例如，社会中常见的一种社会性别刻板印象就是人们通常认为女性是温柔、善解人意、顾家、整洁的，而男性是独立、勇敢、坚强、专注于事业的。这种社会性别刻板印象会极大地阻碍女性的就业和个人发展。由于社会性别刻板印象一经形成便具有较强的稳定性，很难随现实的变化而发生变化，它往往会阻碍人们接受新事物、新观念，成为社会成见。因此，性别偏见与性别歧视是十分顽固的定型观念，社会性别刻板印象将女性定位为“主内”，看不到女性发展的优势，阻碍着女性追求事业，是一种不正确的性别心理与意识，它不能公正、客观地看待女性的发展。人们心中的成见是一座大山，如果社会普遍认为女性就应该照顾家庭、相夫教子，而不是参与社会大生产、参与政治和经济事务的决策，那么女性在社会中的求职就会屡屡碰壁，政治参与的效能感会大大降低，女性群体的利益诉求就无法得到表达。

此外，基于生理性别和社会性别的差异，在妇女发展中就要求国家和社会不仅要重视男女生理性别的差异，更要认识社会性别在建构中存在的制度和政策的问题。政府不仅要

---

① World Health Organization. *Gender Mainstreaming for Health Managers: A Practical Approach*, WHO Press, 2011, p. 136.

帮助女性解决具体的权益受损问题，更要积极改变根深蒂固的社会性别结构，从而改变不公平的社会性别秩序，才能真正促进女性的良好发展。

二、性别歧视与性别平等

性别歧视与性别平等是两个对立的概念，代表着社会对男女两性关系的两个截然不同的态度。性别歧视现象自古有之，有着深厚的历史文化渊源。随着社会的发展，性别歧视的观念被人们所鄙夷，但这种观念的惯性依然延宕不绝，仍然体现在现代经济活动、政治参与、文化教育等各个场域中。因此，追求性别平等，实现男女两性和谐发展仍是当今社会发展的重要目标。

(一)性别歧视

性别歧视是指关于在性别上存在的偏见，指一种性别成员对另一种性别成员的不平等对待。性别歧视即基于性别而作的任何区别、排斥或限制，妨碍或否认妇女在男女平等的基础上享有或行使在政治、经济、社会、文化、公民或任何其他方面的人权和基本自由的观念或行为。目前，女性在社会中遇到的性别歧视主要表现为教育歧视、就业歧视以及消费歧视等。

教育歧视以往主要表现在不发达地区的困难家庭，在孩子教育中男孩子往往优先，而忽视或剥夺女孩子的教育权。随着社会经济的不断发展，扶贫攻坚战取得决定性的胜利，以及法治的不断完善，在教育方面的男女不平等现象日渐减少。目前比较突出的是就业歧视，这是女性在就业中经常会面临的一个问题。我国《劳动法》明确规定："劳动者就业，不因民族、种族、性别、宗教信仰不同而受歧视。""妇女享有与男子平等的就业权利。在录用职工时，除国家规定的不适合妇女的工种或者岗位外，不得以性别为由拒绝录用妇女或者提高对妇女的录用标准。"但是在现实生活中，女性在就业和工作中受到歧视的问题还有待进一步解决。企事业单位在招聘员工时会有意无意地录用男性员工，女性的平等就业权利受到一定的侵害。国内有关学者对女性受到的就业歧视进行了研究和探讨。有学者认为就业歧视类型主要包括职业性别隔离论、天然分割论、偏见与垄断论、晋升中的歧视等，将女性在就业中受到歧视的原因归为三个层面：人力资本层、市场体制层、立法实践层。① 有学者认为就业中的性别歧视主要表现为女性就业的边缘化倾向和不公平倾向，强调要制定就业机会均等及反歧视法律法规、建立性别平等运作机制以及建立制裁歧视和赔偿制度来

---

① 但佳丽、蒋雨潇、杨荣宗、杨从会、张春连：《大学生就业性别歧视研究综述》，《中国集体经济》2021 年第 5 期。

抵制就业中的性别歧视。[①] 有学者从传统性别角色观念角度对中国性别收入差距进行了研究，指出以“男主外女主内”为核心的传统性别角色观念对女性的工资收入具有直接的抑制作用，对男性收入则没有显著影响。男女收入差距由此形成，并通过教育获得、劳动参与、工作时间及职业地位等中介因素对两性间收入不平等产生广泛影响。[②] 还有学者对大学生招聘性别歧视及其社会影响进行了分析，指出招聘性别歧视不但增加了女大学生就业难度，还使女大学生自信心受到打击、产生不公平感和悲观厌世等不良情绪，给家庭幸福与社会和谐稳定带来了潜在风险。[③] 学者们都从机会歧视及因歧视所造成的收入差距方面进行了研究，对女性在就业过程中存在的歧视问题进行了探讨。

此外，随着科学技术的发展，现实生活中的性别歧视延伸到消费歧视，特别是在人工智能虚拟场景中，性别歧视现象普遍存在。有学者指出人工智能消费场景中的性别歧视主要表现为：女性化的机器与机器化的女性、大数据精准营销中的性别歧视、智能算法歧视、人形机器人的性别化与角色危机及虚拟世界中对有色人种女性的歧视等。而造成性别歧视的原因主要是“女性缺乏人工智能行业的话语权，科技女性比例低，使得科技行业弥漫的性别偏见难以打破、人工智能产品折射出来的男尊女卑的‘女性观’得不到纠偏，而这种物化女性、加固性别刻板印象的趋势则进一步打击了女性进入科技界的意愿”。[④] 同时，利益的驱动以及机器伦理和法律法规的不健全进一步助推了性别歧视现象的发生。

性别歧视是建立在男女生理差别基础上的，在社会参与程度、获得资源机会以及工资报酬和福利等方面存在的差异和偏见。要克服性别歧视，除了女性自身要不断争取自己的合法权益外，还需要社会从文化、教育和制度安排上消除性别歧视滋生的土壤。

（二）性别平等

性别平等是指“男女两性的平等，即女性享有与男性平等的人格和尊严，男女两性在经济、政治、文化、社会、家庭等各个方面享有权利和机会的平等，以及在经济社会发展过程中男女发展结果的平等”。[⑤]

随着社会的发展以及在女性主义的推动下，传统的男尊女卑观念已经逐渐退出历史舞台，性别平等已经成为不言而喻的伦理规范。但是在现实生活中，性别平等的观念以及相关政策还有待进一步深化和落实。在思想观念领域，社会性别意识还没有真正主流化，女

---

① 刘建中、孙中欣、邱晓露：《社会性别概论》，上海：复旦大学出版社 2010 年版，第 197 页。

② 卿石松：《中国性别收入差距的社会文化根源——基于性别角色观念的经验分析》，《社会学研究》2019 年第 1 期。

③ 杨慧：《大学生招聘性别歧视及其社会影响研究》，《妇女研究论丛》2015 年第 4 期。

④ 汪怀君：《人工智能消费场景中的女性性别歧视》，《自然辩证法通讯》2020 年第 5 期。

⑤ 陈晖：《性别平等与妇女发展：理论与实证》，北京：中国民主法制出版社 2018 年版，第 30 页。

性的弱者心态和依附心理比较明显；在性别文化领域，有损女性独立人格和社会价值的“女性商品化”现象仍然大量存在；在婚姻家庭领域，妇女家务劳动的社会价值未得到社会的广泛承认。这些问题的存在影响了男性与女性间的性别平等。我们主张的性别平等，“既不是要把男性的地位降下来，拉低到与女性相同的水平，也不是把女性作为弱势群体保护起来，硬性提高到与男性相同的水平，而是将女性视为一种人力资源，向女性提供发展的机会，使女性在得到充分发展的基础上实现自身的社会价值，达到男女平等，而且这种平等不是等同、划一，而是一种在认同生理差异基础上的公正和公平”。① 实现性别平等是一个系统工程，需要多主体、多方面、多维度共同努力，久久为功。

从客观上看，生产力的高度发展以及女性深层次地参与社会大生产是实现性别平等的基础。在资本主义社会，有的妇女比女奴、女农民有更多的自由，这是因为机器大生产使得部分妇女有机会参与社会生产，在经济上能够摆脱对男性的依赖。因此，实现妇女解放的前提是妇女能够参与社会大生产，实现经济的独立。所以，大力发展社会主义市场经济，提高物质水平，是实现性别平等的经济前提。

从主观上看，女性自我意识的觉醒程度、发展水平是实现性别平等的关键。女性只有意识到自己是具有独立主体地位的人，意识到自我与男性是平等的，才能有效地发挥作为人的主体作用，最大限度地激发和挖掘自身的内在潜力。② 因此，要提高女性的主体意识，增强女性自尊、自信、自立、自强的情感体验，不断提高其自我实现的效能感。“自尊就是女性要尊重自己的人格，维护自己的尊严，反对自轻自贱；自信就是女性要相信自己的能力，坚定自己的信念，反对自卑自弱；自立就是女性要树立独立自主意识，坚定地开拓自身价值，反对依赖顺从；自强就是女性要顽强拼搏、奋发进取、自强不息、奋斗不止，不能妄自菲薄。女性具备了‘四自’意识，就能树立我们时代需要的自我意识、主体意识、参与意识，以及竞争意识、成功意识，最终实现自身的发展以及性别平等。”③

（三）性别歧视与性别平等的关系

性别歧视与性别平等是相互对立的观念。从概念上来说，性别歧视也就意味着不平等，意味着女性在政治、经济、文化、家庭、教育、社会保障等方面与男性存在着差距，意味着女性的平等发展权利受到侵害。所以，为了保障妇女的合法权益，平等享有受教育的权利和机会，平等获得经济资源和参与经济发展，平等参与国家和社会事务的管理，平等享有社会保障，我们就要努力实现性别平等，实现男女两性的平等发展。

① 吕红平：《性别文化建设与两性和谐发展》，《河北大学学报（哲学社会科学版）》2007 年第 1 期。
② 逯改：《社会性别视角中的两性平等》，《兰州学刊》2008 年第 4 期。
③ 俞湛明、罗萍：《社会性别与女性发展》，武汉：武汉大学出版社 2010 年版，第 66 页。

性别歧视与性别平等统一于妇女发展的过程中。正如上面所论述的，女性在就业的整个过程中都会受到性别歧视，从开始的简历筛选，到起薪的性别差异，再到职业晋升的限制，每个环节都或多或少地体现着对女性的不平等。随着技术的发展，物化女性的智能产品出现在大众视野，损害了女性的形象，造成传统性别刻板印象的进一步加深，性别歧视现象进一步加剧，阻碍着妇女的发展。我国出台了一系列政策措施及法律文件以推动妇女发展，实现性别平等，包括推行男女平等的基本国策，贯彻全面发展、平等发展、协调发展、妇女参与等基本原则，完善相关法律制度，有力地推动了妇女的就业、教育、医疗水平的上升。性别歧视是女性在发展中所必须面对的一个问题，性别平等是女性在发展中所追求的，二者统一于女性发展的全过程。

此外，性别歧视与性别平等是一种破与立的关系。性别歧视根源于父权制和传统的不平等的社会性别文化，是阻碍女性发展、影响社会和谐稳定的观念因素和现实难题，是当前我们急需解决和予以破除的，是“破”的一面。随着社会的发展以及女性主体意识的觉醒，实现性别平等、追求平等的发展权利成为女性的共同诉求，是当前我们努力实现和营造的，是“立”的一面。

三、性别建构与妇女发展

社会对于两性都有社会期待，社会期待某类性别的人应该从事某种活动，就是社会性别的建构。这种性别建构既可以推动妇女自身的发展，也可能阻碍妇女的发展。

（一）性别建构

社会性别是可以被建构的，社会性别本质上是社会建构的结果。有学者认为，性别建构主要包括社会角色的建构以及性别的文化建构，其中社会角色的建构是指由于男女社会分工的不同而导致的社会角色的差异，性别的文化建构是指男性和女性的行为规范按照当时的社会文化、权力结构、习俗等被建构起来。①

社会性别理论认为语言的建构是造成社会性别差异的因素之一。在西方社会，公共领域一直是男人独占的领地，女性在公众生活中是历史性的沉默。在现实中，广泛运用的英语也存在有差异地对待女性和性别角色的语言结构模式。体现在语言使用中就是以男性为人类的标准，男性被当成人类规范的或标准的成员，如用“man”来表示所有人类。这类以男性为语言使用标准的习俗，造成了语言使用的混乱，而其实质就是“把女性当成例外”。

---

① 参见[美]朱迪斯·巴特勒：《性别麻烦：女性主义与身份的颠覆》，宋素凤译，上海：上海三联书店2009年版，第2页。

而在这些人一旦是女性的情况下，似乎就必须把她们作为绝无仅有的例外予以指明。在言语词序上往往男性在先，而女性居后。这种男性用语是主体，而女性用语是附属的状况，正是语言结构上性别差异的反映。尽管在许多方面，男女两性在本质上都是运用相同的语词和语法，但在全世界的各种文化中都仍然能发现两性在语言运用中的差异现象，这种语言差异表现在语音、语调、词汇、句法结构和语言规则等方面。同时，语言交际中也会表现出差异，如在话题选择、话语量大小、话语方式和交际策略等方面也体现出两性的差异。此外，在非语言沟通中的身体语使用上，男女差异也是明显的，在身体触摸技巧上呈现出男性抚弄女性多于女性抚弄男性，地位高、占支配地位的人倾向于抚摸地位低、处于依附地位的人的状况。在人际距离方面，男人愿意与他人保持稍远的距离，而女人则倾向于和他人靠得近些；在微笑方面，妇女总是比男子更爱笑，微笑是女性重要的身体语，成了女性角色的一部分。

文化也是社会性别建构的重要影响因素。社会性别指在某一既定社会、社区或人群中，被人们所认定的女性或男性的行为，因为文化给男女分配了不同的角色和机会，所以，人们的角色也被打上了文化的烙印。如中国传统文化对女性的塑造，就是以男权文化为中心对女性的社会角色的强化。如现在的日本，在文化上依然受中国儒家文化的影响，遵从“男主外、女主内”，对女性依然有着固有文化模式的期待。

在现代社会，制度更是社会性别塑造的关键要素。女性主义人类学家盖尔·卢宾提出了“性政治经济学”的理论，她认为，首先是亲属制度作为人类组织性活动的制度对女性造成束缚。她指出，亲属制度“使女人不可能从自己的流通中获益。只要这种关系规定由男人交换女人，那么男人一定是这个交换的产物——社会组织的受惠者”。① 是亲属制度把女人配置在受压迫的位置，它的存在并不是“自然的”，而是人类社会有目的的组织活动之一。同时人类社会还有经济制度、政治制度等根本性的制度，更是社会将生物的性转化为人类活动的产品的一整套组织安排。制度对性别的需求，在组织制度安排中得到满足。当然，社会性别角色一边被社会定型强化，一边也会随着社会的发展而不断地发生变化。制度的变革、技术的进步、经济的增长、政治的进步、文化的创新、教育的公平等，都会引起社会性别角色和劳动分工的变化，女性的传统性别模式也不断被打破。特别是在现代社会，女性已走出家庭，成为社会发展的一支生力军，妇女能顶半边天已是社会的现实图景。

社会性别的建构是一个社会学习和社会教育的社会化过程，社会性别的建构常常在社会制度以及个人社会化的过程中得到传递、巩固和复制。随着社会的发展，传统的性别观念已被重新建构。同时我们也要看到，“传统性别文化的影响力日渐微弱，但是作为代代

---

① 王政、杜芳琴：《社会性别研究选译》，北京：生活·读书·新知三联书店 1998 年版，第 38 页。

相传的概念与思想，它仍然以强大的惯性影响着当代人的思维方式和行为方式，成为阻碍妇女发展的文化壁垒”。① 由于传统性别文化所带来的性别角色刻板印象也深深地影响着妇女的政治参与及就业，所以建构性别平等的道路还是任重道远。

(二) 妇女发展

妇女发展不仅包含自身的发展与进步，也包含妇女全体的解放与发展。“既包括妇女的权利、就业、政治参与、受教育程度和健康水平等经济发展指数，还应该包括妇女的精神环境、价值观念、行为方式、主体意识和道德责任等人文发展状况。”②

关于妇女发展的内涵，不同学者有着不同的理解。有学者认为，女性发展不应基于一般人的发展理论，也不应是男性发展模式的复制与重现，而应是与女性生活本质相吻合的，从女性特点出发的，显现女性精神风貌的发展。③ 有学者认为，妇女发展属于人的发展的子系统，要从人的发展角度来思考妇女发展，确定促进妇女发展需要做的事情，强调妇女发展必须关注妇女作为主体的人应该发展什么、如何发展。④ 暨南大学副教授陈晖对妇女发展是这样阐述的，首先，妇女发展是妇女自身的全面发展。衡量妇女发展的程度不能仅仅从某一方面、某一指标体系来进行，而更应该强调妇女自身全面、全方位、持续的、整体的发展。其次，妇女发展是妇女参与并促进发展。妇女通过参与经济、政治、社会生活获得独立地位，摆脱对男性的依赖，从而提高自己的家庭和社会地位，一方面有利于改善妇女的现实境遇，另一方面能够为自身的发展创造更好的条件。再次，妇女发展是妇女公平地享有发展成果。妇女通过自身的努力参与到社会发展的进程中，以平等的机会获得发展资源，平等地享有发展的成果。最后，妇女发展是妇女与男性的和谐发展。妇女发展并不是说女性的发展会对男性的权益造成损害，而是说在平等的基础上达到两性的互补和合作，实现两性的和谐和共同发展。⑤

国际上衡量妇女发展水平的指标主要有两个，一是性别发展指标，二是性别赋权指标，主要从三个方面比较男女两性的发展，即两性预期寿命、受教育程度和收入水平。我国衡量妇女发展水平的指标主要包括八个方面，即法律权利、生育与健康、教育、劳动就业、社会参与和政治参与、婚姻家庭、自我认知和社会认同、生活方式，从具体的层面对

---

① 孙桂燕：《社会性别视角下中国妇女权利》，南昌：江西人民出版社 2013 年版，第 242 页。

② 祝平燕、莫文斌：《社会性别视野中的女性发展》，《湖北社会科学》2004 年第 12 期。

③ 参见杨晓宁、李萍：《女性的“全面发展”与人的“全面发展”》，《辽宁师范大学学报》2004 年第 6 期。

④ 参见李静之：《论妇女解放、妇女发展和妇女运动》，《妇女研究论丛》2003 年第 6 期。

⑤ 参见陈晖：《性别平等与妇女发展：理论与实证》，北京：中国民主法制出版社 2018 年版，第 14~17 页。

妇女地位与发展水平进行评价。① 上述评价指标都与社会性别的建构、社会对女性性别角色的期待有着密切的关系。

(三)性别建构与妇女发展的关系

性别建构与妇女发展是一种双向的关系，性别建构对妇女发展既有积极影响，也有消极影响。也就是说，在传统性别文化、社会习惯、权力结构、历史传统影响下建构出的女性社会性别角色是一种服从、依赖、社会地位低下的形象，阻碍着妇女的发展；而在先进的性别文化、平等的政治参与以及性别平等观念下建构出的女性社会性别角色是一种独立自主，具有自尊、自信、自立、自强意识的形象。在男尊女卑、三纲五常、三从四德、“女子无才便是德”的传统性别文化的影响下，女性的言谈、举止、服饰、思想观念都有着全面而严格的规定，女性的一生都被束缚和禁锢在一个依赖他人的毫无自我、泯灭自我的整体“牢笼”中，严重阻碍着女性参与政治生活、接受教育以及参与社会大生产，阻碍着女性自我价值的实现。而在先进性别文化的影响下，女性能够积极参与社会大生产，在实现个人价值的同时实现自身的社会价值。因此，社会性别的重新建构成为推动妇女发展的重要举措。

实现社会性别的重新建构，推动妇女的全面发展，要从以下几个方面着手：一是要大力发展生产力。社会存在决定社会意识，不平等的社会性别观念是落后经济时代的产物。只有大力发展生产力，才能铲除现实生活以及思想观念中性别不平等观念滋生的土壤，最终实现性别平等。二是要建设政治文明。要实现性别平等，需要构建民主、平等的政治文明，让女性进行平等的政治参与，表达自身的利益诉求，发出女性这一群体的声音，行使女性应有的政治权利。三是要构建先进的性别文化。先进的性别文化是指“与社会发展相适应的，有利于性别平等、公正、和谐生存与发展的文化”。“这种性别文化以男女平等为其核心理念，在尊重男女两性差异的基础上，承认男女尊严、价值平等，以及男女的权利、机会、责任平等。女性不再成为男性的压制对象，而是充分享有独立、自由的个体。”②只有建构以性别平等、两性和谐发展为理念的先进的性别文化，才能根绝“男尊女卑”“男外女内”的传统社会性别意识。构建先进的性别文化，需要发挥国家对先进性别文化的引导和规制作用，协调有关党政部门和群众组织，共同落实构建先进性别文化的各种举措。同时，构建先进性别文化是一项有利于社会和谐发展的社会系统工程，需要充分发挥大众传媒的宣传、引导和监督作用。一方面，媒体应该积极主动地与政府部门和非政府

---

① 参见陈晖：《性别平等与妇女发展：理论与实证》，北京：中国民主法制出版社2018年版，第22页。

② 杨凤：《当代中国女性发展研究》，北京：人民出版社2007年版，第285页。

组织合作，承担起宣传和倡导先进性别文化的社会责任，并主动接受政府的审查和非政府组织的监督。另一方面，大众传媒应监督落后和腐朽的性别文化在政治、经济、社会、文化及家庭生活中的反映，包括对宣传不平等的性别观念的其他媒体进行监督。

◎ 基本概念

生理性别　社会性别　性别歧视　性别平等　性别建构　妇女发展

◎ 思考题

1. 如何坚持以马克思主义理论为指导推进妇女解放运动?
2. 如何理解生理性别与社会性别的关系?
3. 如何在性别建构中促进妇女发展?

第二章
经济与妇女发展

在新中国成立以来的70多年历程中，中国在促进女性经济参与、保障女性职业权益方面取得众多成就，不断激发女性主体意识，增强女性就业创业安全感、幸福感。妇女通过参与经济建设获得劳动报酬，有利于其家庭决策权的获得，促进其政治参与和社会地位的提升；同时，中国经济高质量发展为妇女发展提供物质基础和稳定环境，妇女发展和经济发展相互作用。本章将阐述经济发展及其具体实践与女性发展的关系，在此基础上回顾新中国成立以来，中国在促进妇女参与经济建设过程中取得的成就并分析现阶段妇女面临的机遇和挑战，探讨促进女性长远发展的路径和对策。

第一节　妇女发展在经济发展中的地位和作用

妇女发展与经济发展紧密联系、相互作用。本节主要围绕两者之间的关系展开，在分析妇女发展与经济发展的辩证统一关系的基础上，进一步论述参与经济建设对女性群体的作用，意图说明女性参与经济建设的重要性。

一、妇女发展与经济发展的关系

《中国大百科全书》指出，妇女发展，在中国是指妇女享有与男子平等的机会参与社会发展，包括社会为妇女发展创造环境和条件。经济发展，通常是指包括质量与数量在内的经济高质量、持续发展。妇女发展与经济发展是相互依存、相互促进的关系。一般而言，妇女发展有利于推动经济发展，妇女是经济发展的重要力量，而经济发展是妇女发展的物质前提。处理好妇女发展与经济发展的关系是做好妇女工作的关键。

(一)妇女发展有利于推动经济发展

妇女作为人力资源重要组成，妇女发展是经济发展的重要力量，主要体现在以下两个方面。

1. 为经济发展奠定人力资源基础

治国之要，惟在得才。人才不仅是国家赢得国际竞争主动权的战略资源，也是经济发展的第一资源，而占总人口半数的妇女作为人力资源的重要组成部分，是推动经济不断发展和进步的重要力量。党和政府高度重视保障妇女的经济权利，多次在重大会议和重要文件中加以强调。习近平在2015年全球妇女峰会上提出“推动妇女和经济社会同步发展”等四点主张，提出既要考虑各国国情、性别差异、妇女特殊需求，又要创新政策手段、创新政策举措，推动妇女平等参与经济发展，平等分享发展成果。① 我国于2021年颁布实施《中国妇女发展纲要(2021—2030)》，确定妇女在经济领域发展的九大目标，基于这些发展目标，党和政府通过一系列重要举措支持妇女在经济建设中的发展。2019年，我国女性就业人员占全社会就业人员的43.2%；城镇单位女性从业人员达6684.2万人，比2010年增长37.5%；执行《女职工劳动保护特别规定》的企业占69.6%，女职工劳动安全得到保障；农村妇女贫困程度明显降低，贫困发生率的性别差异不显著；对贫困妇女的保障力度持续加强，尤其是我国在脱贫攻坚战中更加重视妇女的受益，出台了拓展就业渠道、提升技能水平、加强健康保障等一系列政策和扶持措施，为贫困妇女脱贫和可持续发展提供了有力保障。② 特别是随着女性接受高等教育人数的增加，妇女不断参与到经济活动中。因而，大力推动妇女发展，有利于充分挖掘妇女人力资源，促使妇女更好地参与经济建设，从而推动经济高质量发展。

2. 为经济发展提供稳定的社会环境

鼓励和引导妇女做和谐家庭建设的推动者是我国妇女在社会领域的发展目标之一。经济发展离不开和谐稳定的社会环境。家庭是社会的基本细胞，家庭的和谐稳定是构建社会和谐稳定的基石。要推动经济的持续稳定发展就必须营造一个和谐稳定的社会环境。而家庭是否和谐稳定又直接会影响到社会的和谐稳定状态，促进妇女发展对于稳定夫妻关系、保持家庭和谐稳定，进而维持社会的和谐稳定至关重要。可见，妇女发展可以为经济发展

---

① 习近平：《促进妇女全面发展 共建共享美好世界——在全球妇女峰会上的讲话》，《人民日报》2015年9月28日。

② 《2019年〈中国妇女发展纲要(2011—2020年)〉统计监测报告》，http://www.gov.cn/xinwen/2020-12/19/content_5571135.htm，2020年12月19日。

提供和谐稳定的社会环境。

(二)经济发展是妇女发展的物质前提

经济发展可以为妇女发展提供物质前提，其意蕴有两层意思。

1. 经济发展可为妇女发展提供坚实的物质基础

促进妇女全面发展和男女平等是新时代中国特色社会主义的重要组成部分。党和政府始终高度重视妇女事业发展，把新时代经济社会发展同促进妇女全面发展紧密结合，为妇女事业发展提供了强有力的政治保障和制度机制保障。经济发展为妇女发展提供了广阔的空间。具体而言，近年来，全国妇联组织推动开展了妇女小额担保财政贴息贷款、农村留守妇女儿童关爱行动、农村和社区"妇女之家"建设等系列项目，以及2021年7月19日科技部、全国妇联、教育部等13个部门联合印发的《关于支持女性科技人才在科技创新中发挥更大作用的若干措施》，这些都得益于经济巨大发展所带来的物质条件的极大改善，同时又精准地解决了妇女最关心最现实的切身利益问题，为妇女发展提供了不可或缺的条件保障，在推动经济社会发展中促进妇女发展。此外，经济发展还直接推动妇女在教育、医疗卫生、就业等领域的发展，为妇女的全面发展打下了基础。

2. 经济的繁荣发展并不必然带来妇女发展

单纯的经济增长并不等于社会公正和可持续的社会发展，经济增长中仍可能存在弱势群体。市场经济的无情竞争，往往会使素质低的妇女受到极大影响，因此，妇女发展不能单靠市场看不见的手，还需靠政府看得见的手。当代国际社会发展的实践早已证明，即使是性别中立的发展政策在其执行过程中，也会对男女产生不同的影响；在资源分配过程和社会发展计划中不讨论性别问题是对妇女发展最不利的政策基础。因此，在推动经济发展中坚持男女平等的基本国策，在社会经济发展决策中将社会性别观念纳入主流，是中国社会经济发展长期坚持的一个基本原则。①

二、妇女参与经济建设对妇女发展的重要意义

妇女参与经济建设对提高妇女地位、实现妇女人生价值至关重要，是妇女发展的重要标志，也是妇女发展与经济发展有机统一的重要体现。妇女地位是衡量一个国家文明程度和现代化进程的重要标志。恩格斯在《家庭、私有制和国家的起源》中指出，"妇女解放的

① 浙江省妇女问题研究会课题组：《妇女发展与经济发展、社会发展的关系研究》，《中共浙江省委党校学报》2003年第4期。

第一个先决条件就是一切女性重新回到公共的事业中去”①；列宁进一步指出，“要彻底解放妇女，要使她们同男子真正平等，就必须有公共经济，必须让妇女参加共同的生产劳动。这样，妇女才会和男子处于同等地位”②。毫无疑问，妇女参与经济建设、取得经济独立是其获得自身发展的最根本的重要路径，妇女的社会地位归根到底是由其经济地位来决定的。

(一)提升妇女经济地位是妇女解放的重要任务

在我国两千多年的封建社会中，男尊女卑的男权主义伦理观念根深蒂固，男性是谋取生活资料和生产资料的主导者，处于绝对的领导和支配地位。而妇女一直处于从属地位，自幼即被囿于传统中国社会女性典范之中，活动范围仅限于家庭范围之内，没有在社会上自由参加社会劳动的权利。这种把妇女排斥在社会生产之外、使其丧失生产资料所有权的境遇，直接导致其经济不独立，也无法依靠自身力量立足于社会。经济上不独立是妇女生活艰难的重要原因。妇女只有实现经济上的独立，才能取得独立的人格，才能改变自身的弱势地位，才能赢得最终的解放。为此，中国共产党从成立之日起，就把提升妇女的经济地位视为妇女解放的重要任务之一。毛泽东曾指出：“妇女的伟大作用第一在经济方面，没有她们，生产就不能进行。”③2015 年，习近平在全球妇女峰会上指出：“在中国人民追求美好生活的过程中，每一位妇女都有人生出彩和梦想成真的机会。中国将更加积极贯彻男女平等基本国策，发挥妇女‘半边天’作用，支持妇女建功立业、实现人生理想和梦想。”④妇女进入社会生活不但能发挥聪明才智，也可以实现人生价值，即获得尊严和尊重。

(二)推动妇女参加经济活动能有效提高妇女地位

一直以来，党和政府始终围绕各个时期的经济发展目标开展妇女发展工作，让妇女发展事业深度融入经济发展之中。事实一再证明，妇女只有不断提升其认知观念，摒弃弱者的身份，将自身发展融入经济发展的各个领域中，才能在经济社会中发挥与男子平等的作用，才能实现其真正的发展。诚如习近平在 2015 年全球妇女峰会上讲话所指出的，“推动妇女参加社会和经济活动，能有效提高妇女地位，也能极大提升社会生产力

---

① 《马克思恩格斯选集》第 4 卷，北京：人民出版社 2012 年版，第 85 页。

② 《列宁选集》第 4 卷，北京：人民出版社 2012 年版，第 47~48 页。

③ 中华全国妇女联合会：《毛泽东周恩来刘少奇朱德论妇女解放》，北京：人民出版社 1988 年版，第 46 页。

④ 习近平：《促进妇女全面发展 共建共享美好世界——在全球妇女峰会上的讲话》，《人民日报》2015 年 9 月 28 日。

和经济活力”①。这充分体现了党和国家推动妇女参与经济与社会发展的坚定信念。同时，妇女提高参与经济社会发展的能力，就必须把自我发展融入经济社会发展中，消除家庭事务的牵绊对自身发展的不利影响，主动摒弃社会性别文化对其参与经济社会发展的歧视，利用多种场合和途径来转变自身在经济社会发展中制度性话语权弱化的局面，提升自身在经济社会发展中新规则制定的能力。新时代在新发展理念的引领下，妇女发展不仅要提高其教育水平、改善其生存环境、享有基本就业机会等，更要确立妇女在经济社会发展中的平等对话与决策地位，全面发挥妇女在经济、政治、文化、社会、生态文明建设中的“半边天”作用。②

三、妇女参与经济建设的内容

随着新中国的建立，改革开放、脱贫攻坚等国家方针政策的出台与落实，越来越多的妇女投身于经济建设中。农村和城市地区的妇女以不同方式参与并为经济发展做贡献。

（一）农村地区妇女参与经济建设的实践

始于20世纪70年代末的农村经济体制改革，极大地解放了妇女劳动力，使占农业劳动力半数以上的妇女成为农村生产活动的主力。1994年《中国妇女的状况》报告显示，农、林、牧、渔、水利业劳动者中的女性劳力占半数以上；产棉区的棉田管理大部分由妇女承担；农村商业服务业的个体从业人员约1/3是女性，商品经济比较发达的地区的从商农民中约1/2是妇女；农村妇女创造的产值占农业生产总值的50%～60%。此外，在食品、服装、编织、玩具、电子产品、传统工艺和服务等行业的乡镇企业中，女性从业人数更多，其创造的产值占总产值的65%左右；女职工占主体的纺织、丝绸、茶叶、编织、刺绣、玩具等行业的乡镇企业，也是出口创汇最多的企业，而且，不少女性担任了乡镇企业领导职务。

随着我国农村改革不断深入和农村经济的快速发展，广大农村妇女积极参与文化、技术培训，科技水平大幅度提高，在参与农村经济建设中也促进了自身素质的提高，为农业发展做出突出贡献。据统计，1998年我国农村劳动力中，妇女劳动力占60%以上，乡镇企业女性从业人员占40%。随着农村男性外出打工人数增加，农村妇女成为农业生产的主力军，很大一部分农村妇女的经济收入占到了家庭收入总数的一半。

① 习近平：《促进妇女全面发展 共建共享美好世界——在全球妇女峰会上的讲话》，《人民日报》2015年9月28日。

② 柯晓扬：《以新发展理念引领妇女发展》，《成都理工大学学报（社会科学版）》2017年第4期。

党的十八大以来，我国在脱贫攻坚战中更加重视妇女的参与和受益，出台了一系列扶持妇女脱贫的政策和举措，为贫困妇女脱贫致富提供强有力的保障。据2015年《中国性别平等与妇女发展》报告，我国农村妇女约占农业劳动力的70%。广大农村妇女撑起了农业发展和农村建设的半边天。我国针对不同妇女群体就业创业中面临的困难，通过出台支持性政策措施，促进了妇女就业创业。“阳光工程”的实施促进了农村女性劳动力素质和就业技能提高，为农村女性劳动力向非农产业和城镇转移创造了条件。全国共建立20多万所“妇女学校”，近2亿人次妇女参加农业新技术、新品种培训，150万名妇女获得农业技术员职称和绿色证书，创办5.3万个妇女专业合作组织。妇女参与农村经济建设实践的广度和深度得到进一步拓展。新时代，我国妇女在农村经济建设中大显身手，并涌现出了一批优秀的巾帼榜样。如“时代楷模”“全国脱贫攻坚模范”黄文秀，荣获“全国脱贫攻坚楷模”“感动中国2020年度人物”“全国优秀共产党员”“时代楷模”及“七一勋章”等荣誉的张桂梅。我国实施乡村振兴发展战略，通过推进农业与教育、旅游、养生等产业的深度融合，推动农村妇女就业创业，一批农村女能人、巾帼“双创”人、致富女能手产生，广大妇女不仅有机会参与乡村振兴，也将基于其自身的贡献获得发展和受益的机会。

(二)城市地区妇女参与经济建设的实践

我国妇女为推动经济的改革与发展做出了重要贡献。女职工积极参与企业管理，为企业发展献计献策。一大批女厂长、女经理在经济改革与开放的浪潮中脱颖而出。1994年《中国妇女的状况》报告显示，1982—1990年，在金融、文教、广播电视、卫生、体育、社会福利、商饮供储、机关团体等行业中，女职工人数增长速度分别超过男性21~78个百分点。1993年，全国企事业单位专业技术人员中女性占36.8%。2019年《平等发展共享：新中国70年妇女事业的发展与进步》报告显示，2017年，本专科在校女生占在校生总数52.5%，高等教育性别结构的不断平衡为女性事业发展奠定了坚实基础；全国女性就业人数3.4亿，占总人数43.1%，比1978年翻了一番，女性就业选择更加多元化；公有经济企事业单位女性专业技术人员1529.7万，占比48.6%，比1982年提高了9.5个百分点，女性就业层次不断提升；女企业家群体不断壮大，约1/4的企业家是女性，互联网领域创业者中女性占比达55%，女性积极参与到“大众创业万众创新”的时代浪潮中。

党的十八大以来，在以习近平同志为核心的党中央坚强领导下，亿万妇女更加坚定不移地走中国特色社会主义妇女发展道路，参与经济社会建设的热情更加高涨。各行各业优秀女性大量涌现，在经济社会发展中建功立业、在科技创新求索中尽展风采。① 中国女科

① 富东燕：《构建制度化长效机制　助力妇女与经济社会共腾飞》，《中国妇女报》2020年9月23日。

学家屠呦呦获诺贝尔生理学或医学奖，成为首位获诺贝尔奖科学类奖的中国本土科学家，并被授予“共和国勋章”；在全国抗击新冠肺炎疫情表彰大会上，中国工程院院士、军事医学研究院生物工程研究所所长陈薇获得“人民英雄”国家荣誉称号，其他众多女性身影荣光闪耀，据统计，在援鄂的4.2万名医务人员中，女性占比2/3。还有我国首位飞入太空的女航天员刘洋、文物有效保护的探索者樊锦诗、高铁装备行业唯一女总工程师梁建英等，这些优秀女性是亿万妇女为全面建成小康社会、实现中华民族伟大复兴的中国梦而不懈奋斗的生动写照。

第二节　新中国妇女参与经济建设的历史考察和成就

自新中国成立以来，促进妇女参与经济建设一直被中国政府所关注。中国共产党结合不同时代背景提出相应的政策方针，从解放女性劳动力到促进女性高质量参与经济建设，逐步提升妇女参与经济建设的规模和质量。本节主要梳理新中国成立以来妇女参与经济建设的发展历程，旨在为妇女发展提供经验。

一、新中国成立以来妇女参与经济建设的历史考察

妇女参与经济建设是实现妇女发展与经济发展相统一的根本路径。回顾新中国成立以来妇女参与经济建设的历史，大体可划分为以下三个阶段。

(一)社会主义革命与建设时期妇女参与经济建设的考察

新中国成立之初，以毛泽东为主要代表的中国共产党人高度重视发挥妇女的作用，积极推动妇女参与经济建设。在社会主义革命和建设中，我国妇女解放取得了前所未有的进步。这些进步和变化为后来温饱问题的解决、总体小康目标的实现、全面小康社会的建成等提供了重要保障，更为当代中国妇女事业的进步和发展奠定了重要基础。毛泽东不仅指出“发动广大的妇女群众参加生产活动，具有极大的意义”①，而且指出要真正实现男女平等，广大妇女就必须积极地参加社会主义经济建设。中国妇女第一次全国代表大会于1949年3月24日至4月3日在北平召开，这是中国妇女有史以来第一次全国规模的盛大会议，周恩来为大会题词“努力生产，打破封建”。全国民主妇联于1952年11月20日至12月4日召开全国妇女工作会议，将当前妇女工作的总任务确定为“发动和组织妇女积极参加工

① 《毛泽东文集》第2卷，北京：人民出版社1999年版，第452~453页。

农业生产和文化学习，积极参加祖国建设的各项工作，从而积极地有步骤地解决妇女特殊的切身利益问题”。中国妇女第二次全国代表大会于 1953 年 4 月 15 日至 23 日在北京召开，会议指出：“把生产作为压倒一切的中心任务，作为妇女工作的长期任务。”①邓颖超在会上做了题为《四年来中国妇女运动的基本总结和今后任务》的报告，强调要发动和组织妇女参加生产，使广大妇女成为新中国的建设者，这既符合全国人民的共同利益，又能不断提升妇女的经济地位。“妇女运动的中心也就是动员妇女积极参加工农业生产。”②动员广大妇女积极参加社会生产是“妇女解放运动的长期的根本任务”③。在一系列的政治动员中，我国妇女从传统的“女主内”的性别角色中走出来，挑起农业劳动的重担，开始了中国农村妇女大规模参与经济建设的历史。

在土地改革中，党和政府一直把妇女作为重要的劳动对象，积极鼓励其参与社会主义经济建设，在分配土地过程中坚持男女平等的基本原则，按人口分配土地，妇女拥有和男性一样的土地权益。同时，广大妇女进一步提高思想政治觉悟，学习科学文化技术的愿望也日益迫切，为其提升自身思想文化素质和政治地位奠定了坚实的基础。同时，随着工业生产迅速发展，对劳动力需求进一步加大，这使妇女走出家庭投身工业化生产成为可能。“1953 年，全国工业领域女工人数比 1949 年增加了 3 倍，在全国铁路运输方面，女职工比 1952 年增加了 20%……在钢铁、土木工程等女工很少或者从没有女工的工业部门，女工人数也在迅速增加。”④在此基础上，妇女的职业领域不断拓展，其经济地位实现了前所未有的提升。女司机、女瓦工、女炼铁员、女车床工、女电气工等迅速增加。“不论在炼钢炉旁、机器车间、电器室里、建筑工地上以及祖国的水、陆运输线上，都可以看到新中国妇女在熟练而紧张地从事着创造性的劳动。”⑤此后，经历了“文革”十年和两年多的拨乱反正，妇女参与经济建设的实践伴随党和国家的历史转折，结束了徘徊中的局面，进入了改革开放的新时期。⑥

(二) 改革开放新时期妇女参与经济建设的考察

改革开放以来，伴随农村实行家庭联产承包责任制和在城市进行经济体制的改革，以及社会主义市场经济体制的逐步建立，广大妇女积极参加改革开放实践，并在实践中不断

① 顾秀莲：《20 世纪中国妇女运动史》(中卷)，北京：中国妇女出版社 2013 年版，第 57 页。
② 顾秀莲：《20 世纪中国妇女运动史》(中卷)，北京：中国妇女出版社 2013 年版，第 57 页。
③ 顾秀莲：《20 世纪中国妇女运动史》(中卷)，北京：中国妇女出版社 2013 年版，第 57 页。
④ 顾秀莲：《20 世纪中国妇女运动史》(中卷)，北京：中国妇女出版社 2013 年版，第 63 页。
⑤ 《我国女工队伍日益壮大成为工业生产上一支重要力量》，《人民日报》1954 年 3 月 8 日。
⑥ 赵会娜：《马克思恩格斯妇女理论及其在当代中国的发展研究》，电子科技大学博士学位论文，2014 年。

改造自己的主观世界、改造自身的认识能力，使自身与社会改革开放同步发展，妇女解放运动与社会改革开放同步前进，造就了千千万万具有改革开放意识和能力的新妇女，并为妇女提供了施展才能的广阔舞台和良好的就业环境，我国妇女参与经济建设的基本状况有了长足的发展。

随着社会的进步和发展，妇女已成为国民经济各部门各行业中的重要劳动力资源，在工业领域、服务行业、城市公用事业、文教卫生和社会福利事业中占有重要位置。据统计，2005 年，在计算机、通讯、金融、教育、卫生、社会保障等国民经济 6 大行业中，城镇单位就业的妇女达 1645.1 万人，比 2003 年增长 6.8%。其中卫生、社会保障和社会福利业行业中妇女就业比重最大，达到 59.1%。2010 年，16~59 岁农村妇女就业率为 81%，城镇就业人口中妇女占比为 42.4%。随着科学技术进步及其在生产中的广泛应用，体力劳动越来越被智力劳动所代替，意味着农业文明时期男性的体力优势已大为削弱，妇女体力上的弱势在逐步淡化。生产的自动化、信息化及日益智力化缩小了男女体能上的差异，社会上出现了越来越多的适合妇女、有利于妇女发挥其优势的职业领域，为妇女提供了更为广阔的活动空间。同时，由于生产力发展的革命性变化，现代产业发展呈现的国际化、高科技化趋势，使劳动者的智力和创造力日益成为事业成功的关键所在，也为妇女参与生产、参与经济建设提供了良好的外部环境。

改革开放以来，妇女在就业方面取得了巨大的发展，突出表现在两个方面：一是就业人数巨大增加。从 1978—1987 年 10 年间，妇女就业速度一直增长。1990 年年底，我国女职工有 5260 万人，占全国职工总数的 37.6%。实践再次证明，改革开放促进了妇女就业规模的扩大，极大地提高了妇女的经济地位。二是妇女就业领域的不断扩大，就业层次不断提高。随着妇女文化素质的不断提高和社会开放程度的加深，越来越多的妇女开始进入科技、管理、教育等以前以男性为主的就业领域。据统计，我国妇女科技人员总数为 141.13 万人，占总人数的 32.15%。① 20 世纪末，我国不同领域、不同层次的女科技工作者 988 万人，占科技人员总数的 36.91%。② 习近平在 2011 年 11 月 9 日妇女与可持续发展国际论坛开幕式上的致辞中指出："目前中国女科技工作者共 1400 多万人，占全国科技工作者总数 40%，在具有高级专业技术职务的科技工作者中妇女已占 1/3。"③2016 年，我国女科技工作者已逾 2400 万，其数量和在科技人力资源中的占比都位居世界前列，是我国

---

① 姜玮、张燕、马爽、李文艳：《我国普通高等学校女性科技工作者的发展变化研究》，《科技风》2019 年第 9 期。

② 《中国青年妇女科学家奖正式推出》，http://news.sina.com.cn/c/2004-07-21/18413157853s.shtml，2004 年 7 月 21 日。

③ 习近平：《在妇女与可持续发展国际论坛开幕式上的致辞》，《人民日报》2011 年 11 月 10 日。

科技大军中一支不可或缺的重要力量，是建设创新型国家和世界科技强国的宝贵财富。① 高层次就业妇女群体的崛起与壮大，表明我国妇女参与社会主义现代化建设的程度在不断加深。妇女在就业领域的巨大进步，极大地提升了妇女在社会和家庭中的经济地位。②

(三)党的十八大以来妇女参与经济建设的考察

党的十八大首次将男女平等作为基本国策写入报告，妇女参与经济建设的能力不断增强，而且参与的广度与深度不断拓展，成为社会经济发展的重要推动力量。

2013 年 10 月，中国妇女第十一次全国代表大会召开，习近平与全国妇联第十一届领导班子集体谈话时强调，必须坚持男女平等基本国策，充分发挥我国妇女伟大作用。2015 年，习近平在全球妇女峰会上进一步指出："妇女是物质文明和精神文明的创造者，是推动社会发展和进步的重要力量。没有妇女，就没有人类，就没有社会。"③新时代，我国从妇女与经济社会同步发展、积极保障妇女权益、努力构建和谐包容的社会文化、创造有利于妇女发展的国际环境等方面，促进妇女解放事业不断前进。把妇女发展与国家发展融为一体，提出了我国妇女解放的时代主题是实现中华民族伟大复兴的中国梦，我国妇女参与经济建设的伟大实践取得了跨越性的发展。许多妇女在国有企业、外资企业、私营企业，以及科技、教育等各条战线展现巾帼风采，联合国等国际组织中也不乏中国妇女的身影。据 2018 年《中国妇女发展纲要(2011—2020 年)》统计监测报告显示，全社会就业人员中妇女占比达 43.7%，实现了"妇女就业水平超过 40%"的基准目标。习近平在 2021 年 3 月 6 日看望参加全国政协十三届四次会议的医药卫生界、教育界委员时指出，"我国广大妇女积极投身新时代中国特色社会主义事业，以巾帼不让须眉的豪情和努力，起到了'半边天'的重要作用。特别是在决胜全面建成小康社会、决战脱贫攻坚、抗击新冠肺炎疫情等各个战线上，广大妇女奋勇争先、顽强拼搏，充分展现了新时代女性风采"。④

进入新时代，"妇女消费经济"俨然成为社会经济发展的重要推动力量。科学技术突飞猛进的发展，解放和发展了社会生产力，现代妇女拥有了更多的教育培训机会和就业机会，更多的妇女走向职场，拥有独立的经济来源，妇女的整体消费水平和消费能力得到极

① 《我国女科技工作者已逾 2400 万》，http://news.sciencenet.cn/htmlnews/2016/9/357398.shtm，2016 年 9 月 28 日。

② 赵会娜：《马克思恩格斯妇女理论及其在当代中国的发展研究》，电子科技大学博士学位论文，2014 年。

③ 习近平：《促进妇女全面发展 共建共享美好世界——在全球妇女峰会上的讲话》，《人民日报》2015 年 9 月 28 日。

④ 习近平：《习近平在看望参加政协会议的医药卫生界教育界委员时强调 把保障人民健康放在优先发展的战略位置 着力构建优质均衡的基本公共教育服务体系》，《人民日报》2021 年 3 月 7 日。

大的提升。如今妇女既是重要的消费者也是重要的劳动生产者，通常还掌握着家庭消费支出的决策权。据《2019“她经济”研究报告》显示，我国女性经济市场规模现已突破4万亿，领先于世界其他主要消费市场。随着女性消费需求的持续升级，不断丰富的消费方式、不断增强的消费意愿和不断提升的消费能力，女性消费者已成长为新经济中的“她力量”，极大地激发了各类市场主体经济发展活力，也激发了许多新模式、新业态，如微商、直播带货等“新零售业”迅速发展。①

二、新中国妇女参与经济建设的历史成就和经验

经过多年的发展，妇女参与经济建设的规模和质量均显著提升。我国有针对性地完善妇女劳动保障措施，切实维护妇女权益，在脱贫攻坚、就业创业等方面取得卓越成就。

（一）妇女参与经济建设的历史成就

妇女是国家经济建设的重要参与者。党和政府将男女平等纳入顶层设计和决策主流，出台了一系列的法律制度与政策措施，充分保障妇女的经济权益特别是平等就业权利，实行男女同工同酬，消除就业性别歧视。尤其是党的十八大以来，我国更加重视促进男女平等就业，推动妇女实现更高质量、更加充分就业，妇女参与经济社会建设的热情更加高涨。

1. 妇女脱贫攻坚中充分参与、广泛受益

我国高度重视妇女扶贫脱贫。《中国农村扶贫开发纲要（2011—2020年）》《中国妇女发展纲要（2011—2020年）》等都把缓解妇女贫困程度、减少贫困妇女数量作为优先事项，保障贫困妇女的资源供给，帮助、支持贫困妇女实施扶贫项目。我国的脱贫攻坚行动更加重视妇女的参与和受益，通过实施“贫困母亲‘两癌’救助”“母亲安居工程”“母亲健康快车”等公益慈善项目，帮助患病贫困妇女、贫困单亲母亲等改善生存发展状况；开展全国家政服务劳务对接扶贫行动和“百城万村”家政扶贫行动，帮助农村建档立卡的贫困妇女实现就业；大力实施“巾帼脱贫行动”，积极探索“连环扶贫”“小额信贷扶贫”“基地+贫困妇女”等扶贫模式，助力妇女精准脱贫。

2. 保障平等土地权益，调动农村妇女生产积极性

从土地改革、农村家庭联产承包到农村承包地确权登记颁证与农村土地“三权分置”，

① 《女性消费助推新经济发展》，https://m.gmw.cn/baijia/2020-03/09/1301030361.html，2020年3月9日。

我国始终重视从法律制度上保障妇女土地权益。2014 年开展的农村承包地确权登记颁证，明确要求将农村妇女土地承包经营权记载到权属证书上，广大农村妇女实现了“证上有名、名下有权”。2018 年修订的农村土地承包法明确规定，农户内家庭成员依法平等享有承包土地的各项权益，确保农村妇女平等享有土地承包经营权。2016 年，中共中央、国务院印发《关于稳步推进农村集体产权制度改革的意见》明确提出，切实保护农村妇女的合法权益。2019 年的《中共中央国务院关于坚持农业农村优先发展做好“三农”工作的若干意见》在“深入推进农村集体产权制度改革”中指出，“指导农村集体经济组织在民主协商的基础上，做好成员身份确认，注重保护外嫁女等特殊人群的合法权利”。这是保护外嫁女权益首次在中央一号文件中明确提出，为解决农村妇女因结婚、离婚、丧偶而失去土地承包经营权益的问题提供了新思路。农村妇女的土地权益和经济利益得到有效保障，她们踊跃投入乡村振兴，积极为农业农村现代化建设做贡献。

3. 加强劳动保护，激励女职工岗位建功

我国政府高度重视从制度上保障女职工劳动保护的各项权利，激发她们的工作热情。从 1988 年颁布《女职工劳动保护规定》到 2012 年《女职工劳动保护特别规定》出台，女职工劳动保护程度不断提高。越来越多的企业重视女职工劳动保护。2017 年，落实女职工劳动保护的企业占比 71.2%。① 全国总工会编发的《促进工作场所性别平等指导手册》推动了用人单位贯彻落实法律法规，维护女职工的合法权益和特殊利益。各项劳动保护工作深入推进，为女职工参与经济社会发展创造了条件。各行各业女职工以高度的主人翁责任感和历史使命感，在国家经济发展和社会进步中发挥着越来越重要的作用。

4. 极大拓展妇女的就业领域

党的十八大以来，我国实行就业优先战略，积极推动男女平等就业。2019 年，人力资源社会保障部等九部门印发《关于进一步规范招聘行为促进妇女就业的通知》，明确了不得实施的六种就业性别歧视行为，建立健全多部门联合约谈、市场监管、司法救济三条救济渠道，为保障妇女平等享有就业权提供有力支持。据国家统计局在 2019 年发布的相关数据监测报告，《中国妇女发展纲要（2011—2020 年）》实施进程总体进展顺利，多数指标已提前实现。2018 年，企业董事会中女职工董事占职工董事的比重为 39.9%，企业监事会中女职工监事占职工监事的比重为 41.9%。

---

① 《全国女性就业人数 39 年翻一番》，http://app.hxrc.com/services/NewsDetail_107782.html，2019 年 9 月 25 日。

（二）我国妇女参与经济建设的基本经验

中国妇女参与经济建设取得了巨大的成就得益于中国共产党的领导，得益于妇女经济参与能力增强，得益于法律政策对妇女的保障等。

1. 坚持中国共产党的领导

党领导制定了新中国第一部宪法、婚姻法、选举法，保障了妇女和男子平等的权利和妇女的婚姻自由、家庭平等地位。改革开放以后，男女平等成为促进社会发展的一项基本国策，党制定了中国妇女发展纲要，明确了妇女发展经济领域和其他领域的奋斗目标与措施，妇女事业发展取得了显著成就。新时代，我国妇女事业又掀开了历史新篇章。中国共产党始终把妇女事业放在中国改革开放和现代化建设的重要位置，把促进妇女发展纳入国民经济和社会发展总体规划，加强顶层设计和长远规划；把新时代经济社会发展同促进妇女全面发展紧密融合，使妇女事业更具时代性。在党的坚强领导下，中国妇女主体地位日益彰显，精神面貌焕然一新，妇女事业发展成就巨大，妇女群众的获得感、幸福感、安全感与日俱增，“半边天”的力量充分释放，社会影响力不断增强。

2. 坚持通过发展教育来提升妇女经济参与能力

我国坚持不断通过发展教育来提升妇女的经济参与能力。我国的宪法、义务教育法都规定女童享有平等受教育的权利；此外，《中华人民共和国妇女权益保障法》也明确指出，“各级人民政府和有关部门应当采取措施，组织妇女接受职业教育和技术培训”。近年来，不仅是接受义务教育、职业教育的水平在不断提升，我国妇女接受高等教育的水平也大幅提高。2019 年，高等教育在校生中女研究生人数为 144. 8 万人，占全部研究生的 50. 6%，与 2010 年相比提高了 2. 7 个百分点。[①] 伴随妇女受教育水平的提高，妇女参与经济建设的能力不断得到提升，妇女在高科技职业中所占的比重日益增多。妇女教育事业的发展，既为我国的社会主义现代化建设事业提供了积极的智力支持，又为妇女自身的可持续性发展产生了积极的影响。

3. 坚持完善法律政策保障妇女经济参与机会

1950 年，新中国第一部法律《中华人民共和国婚姻法》公布实施，打破了几千年来以夫权为中心的封建婚姻制度对妇女的压迫，婚姻自由、男女平等的思想普遍树立起来。

---

① 《〈中国妇女发展纲要（2011—2020 年）〉统计监测报告》，http://www.gov.cn/xinwen/2020-12/19/content_5571135.htm，2020 年 12 月 19 日。

1954 年，我国颁布的第一部宪法中明确规定了妇女在政治、经济、文化、社会和家庭生活各方面享有同男子平等的权利，男女平等以最高的法律形式写入国家根本大法。此后，我国立足妇女本位、妇女需求，促进男女平等和妇女全面发展，包括法律在内的公共政策持续实施，保障妇女权益的法治网络越织越密。1992 年，我国第一部促进男女平等、保障妇女权益的基本法《中华人民共和国妇女权益保障法》出台；2005 年，修订后的《中华人民共和国妇女权益保障法》确立了男女平等基本国策的法律地位。还有劳动法、人口与计划生育法、就业促进法、反家庭暴力法、农村土地承包法等多部涉及妇女权益的法律法规出台或修改，为妇女撑起了法治的保护伞。① 我国建立了包括 100 多部法律法规在内的全面保障妇女权益的法律体系，② 被世界卫生组织列为妇幼健康高绩效的 10 个国家之一。一系列法律政策的出台与实施使我国妇女平等参与经济发展、平等享受经济发展成果的权利不断得到保障，妇女参与经济建设的实践不断拓展。

第三节　妇女参与就业创业及其发展

就业创业是女性参与我国经济建设的主要途径，促进女性就业创业一直是我国政策关注的重点。随着互联网、社交媒体等数字技术迅猛发展，我国妇女信息获取渠道增加，就业创业途径和形式得到前所未有的丰富，女性就业创业呈现新局面。本节在阐明就业创业与妇女发展关系的基础上，探讨新时代妇女就业创业成果与存在的问题，并提供对策思考。

一、就业创业对妇女发展的重要作用

妇女通过就业创业提升自身能力，并在此基础上增加其家庭内外的经济和社会资源的决策权，对整体社会文化产生一定作用，为女性的后续发展奠定基础。

(一)提升个人能力素质

妇女为达到就业条件、完成工作任务就要掌握一定技能。参与培训计划和经验积累是妇女高效获取经验知识的主要手段。培训是提高妇女的个人能力素质的主要途径，一般可以通过导师制度和培训两种途径。导师是具有丰富经验和知识的人员，致力于指导妇女为其职业发展提供支持。创业导师是具有丰富创业经验或者创业成功的创业者，能为妇女学

① 张园园：《优化生存发展环境 推动妇女与经济社会同步发展》，《中国妇女报》2019 年 9 月 27 日。

② 《中国共产党尊重和保障人权的伟大实践(2021 年 6 月)》白皮书，《人民日报》2021 年 6 月 25 日。

员提供职业发展指导和社会心理方面的支持：导师通过帮助妇女学员了解社会或企业规则，提供具有挑战性的任务，为妇女学员晋升和发展提供机会，为她们提供多方面指导，如多种途径帮助妇女提高人际交往能力和自我效能感。导师制度可以为创业参与者提高能力、提升机会，也有利于参与者综合素质的提升。培训会议主要是通过事先搜集相关信息，明确女性企业家或员工缺少哪些技能，然后设计课程，以有效解决这些不足。尤其是随着数字经济和数字技术的不断发展，使现有的培训课程形式多样，包括线上培训、线下研讨等模式，这为妇女解决了许多的现实问题。

对于处于快速发展变化时代的妇女或创业者而言，其在工作中不可避免会遇到复杂或缺乏先前经验参照的情况，因此只能在实践中摸索。企业中“反向指导”的形式证明，经验、知识积累构成个人能力素质，也是个人竞争力的体现。当创业者的业务环境(如全球化)发生根本变化时，一线或基层女性员工更容易搜集、总结新变化和新知识，使其有条件向上级提供有效的信息。无论是学习他人经验还是自我总结经验，妇女在就业创业实践中都能不断提升能力素质，促进自身的全面发展。

(二)助力妇女赋权

性别平等和赋予妇女与女孩权力是联合国可持续发展目标之一。所谓赋权是妇女自力更生以主张自己的独立选择和控制资源的权利，从而挑战和消除其从属地位的过程。女性通过就业创业获得经济收入，稳定的收入使其经济地位提升，并对女性心理产生影响，进而影响女性社会和政治地位。

增强妇女权能包括三个维度：一是个人赋权，即与个体相关的赋权，如自我效能感、决策权等；二是关系赋权，即女性在婚姻或家庭关系中其权能水平的表现，包括讨价还价能力、关系质量(如行动自由、亲密伴侣暴力)等；三是社会赋权，即妇女在社会上的宏观地位，通过妇女劳动力参与率或企业女性领导人数等方面体现。在个人赋权方面，就业创业培训尤其是参加技能和社会意识的培训，有利于提高女性在家庭内部的决策权。同时，通过技能培训可提高女性个人能力，有利于提高个人控制感。即使女性不参与技能培训，但只要投身就业创业实践并取得收入，女性的自我效能感也会提升，以促进女性个体层面的赋权。在关系赋权方面，妇女在就业创业中的收入有利于提高其在家庭经济中的议价能力，这意味着妇女在对家庭资产分配，尤其是控制家庭支出，例如消费、健康、教育或商业投资等支出方面掌握更多话语权。① 在社会赋权方面，通过参与就业创业实践发挥女性

---

① Kim J C, Watts C H, Hargreaves J R, Ndhlovu L X, Phetla G, Morison L A, Busza J, Porter J D, Pronyk P. “Understanding the Impact of a Microfinance-based Intervention on Women's Empowerment and the Reduction of Intimate Partner Violence in South Africa,” *American Journal of Public Health*, 2007, pp. 1794-1802.

主观能动性，使女性在地区公共决策中有更多话语权。已有研究表明，女性在就业创业中更有可能因性别不平等而受到限制，而在此过程中，妇女不断寻找机会、进行谈判和创造变革，试图突破传统思想观念对女性从事相关工作的限制。妇女在创业过程中通过开拓新的业务领域证明自身的能力和创收能力，不仅拥有发言权，而且已成为社区整体决策结构的重要组成部分。

(三)促进下一代女性发展

在就业创业实践中，成功的优秀女性从个体到社会层面对新一代妇女及其创业产生深刻影响。

1. 优秀妇女为其他妇女提供角色榜样

角色榜样是其行为、个人风格和特定属性被他人模仿的个人，在身份建构中起着重要的作用。创业成功的妇女及女性高管是年轻妇女直接参考借鉴的榜样，因为她们可能面临更多妇女特有的职业障碍，如妇女工作家庭平衡问题、“玻璃天花板”现象等。这意味着年轻妇女有更多机会选择观察和复制角色榜样在事业和生活上成功有效的特征，从中汲取经验，促进自身职业发展。

2. 就业创业领域的妇女能增加为其他妇女提供社会支持的能力

根据“相似—吸引”理论，相似个体往往互相吸引，具有相似特征(如性别、国籍、教育背景等)的个体更容易产生友谊和其他资源交换。① 妇女作为创业和管理实践中的群体更容易团结一致，构建妇女间的社交网络，有利于社交网络内妇女的相互支持。此外，女性在企业高层领导职位中人数增加，也能促进女性职业晋升和发展。一方面，女性领导者能充当其下属女性员工的指导者，积极培训她们掌握公司特定的人力资本和成功所需的技能，提高她们晋升为最高管理职位的可能性。另一方面，女性所表现出的性别歧视较少。有研究发现，企业中的女性管理者在招聘和绩效评价中对女性雇员的评分更加公正，更少受到性别歧视的影响。

3. 优秀女性代表有利于促进社会规范和文化的变革

优秀女性代表能为后续妇女就业创业创造良好的环境。有研究发现女性创业能促进社会变革，主要体现在四个方面：一是家庭成员对妇女有偿工作的态度变化，因女性收入对

① McPherson M, Smith-Lovin L, Cook J M. “Birds of a Feather: Homophily in Social Networks,” *Annual Review of Sociology*, 2001, pp. 415-444.

家庭收入的贡献，家庭成员对妇女有偿工作从抵制到积极支持；二是家庭内基本权力关系的变化，在获得额外收入后，超过60%的女性在家庭支出决策中增强了话语权，表明她们在家庭中的权力不断增强，其角色从无力改变家庭状况变为决策家庭经济事务；三是对性别歧视的态度转变，尤其是在女性适龄儿童接受教育上，通过创业提高女性在家庭中的地位，增强其为女儿创造更美好未来的能力，提高女童入学率；四是男人在家庭中作用的变化，创业项目使男性在传统和父权文化中的态度和行为产生变化，一些男性开始从事家务劳动以支持女性参与工作和会议。①

二、新时代妇女就业创业的实践及其经验

新时代背景下，更多主体被纳入促进女性就业创业的生态系统中，为女性就业创业增添活力。国家顶层设计关注女性劳动力群体，政策扶持激发女性就业创业潜能；互联网等通讯技术的快速发展打破物理边界限制，使女性足不出户也能创造经济价值；电商平台的迅速崛起创造和谐友好的生态环境，为女性摆脱传统束缚提供机会，女性个体在此背景下进一步被激发潜能，发挥主观能动性。

（一）国家政策促进妇女就业创业

在促进妇女就业创业进程中，我国政策从宏观层面上为各级政府部门、相关组织提供发展方向，各类政策的落实为妇女就业创业营造更好的社会环境，提供更多支持，促进劳动市场中男女平等。

政府通过制度规范保护女性职工劳动权益；政府通过立法的方式保障其土地权益，通过修订土地承包法确保农村妇女平等享有土地承包经营权。在女性成长方面，全国妇联根据《国家中长期人才发展规划纲要(2010—2020 年)》要求，开展“女性高层次人才成长状况研究与政策推动项目”，以更好地了解女性高层次人才现状，为培育女性高层次人才政策的出台奠定基础。妇联组织和全国妇联也通过培训会议、建立阅读基地等方式促进女性人才终身学习和素质提升。在创业方面，全国妇联 2015 年全面落实《国务院关于进一步做好新形势下就业创业工作的意见》精神，引领广大妇女顺应“互联网+”新趋势，在广大城乡妇女中开展“创业创新巾帼行动”，并从以下三个方面开展工作：一是提升女性就业创业能力，为女性提供电子商务培训，推动女性创业网络化进程。同时，各地开展丰富的职业技能大赛、“互联网+”创新创业大赛，提升包括女性大学生、农村妇女等不同女性群体的创

① Haugh H M, Talwar A. “Linking social entrepreneurship and social change: The mediating role of empowerment,” *Journal of Business Ethics*, 2016, pp. 643-658.

业水平。二是为女性创新创业提供服务，充分宣传女性创业政策，通过小额信贷、贴息贷款、税率优惠等政策措施减少女性创业障碍；做好女性创业企业孵化，搭建企业孵化平台，助力女性创设企业可持续发展。三是为女性创业创造良好的社会环境，通过线上线下政策宣传、新思想传播打破女性及其家庭成员对创业的误解，激发女性内生动力。在创业政策的支持下，已有巾帼电商带头人10万多名，辐射带动1500多万妇女增收致富。

(二)数字经济丰富妇女就业创业选择

数字经济发展对妇女就业创业产生深刻影响。一是数字技术为妇女就业创业提供便利。一方面，大数据、互联网应用到企业实践和日常生活中，有了更多发布招聘信息的渠道，如线上招聘平台、社交网络、第三方在线劳动力平台等，招聘信息和需求成指数级上升；另一方面，妇女就业者寻找工作的方式日渐多样，高校搭建就业信息大数据平台为应届毕业生精准匹配工作岗位,① 而且企业校友网络搭建也有利于妇女通过社会关系网络获得求职机会。此外，数字技术发展促进新型平台经济发展，丰富妇女的就业选择。目前妇女可利用自身技能通过灵活就业的方式创造收入。同时，互联网也成为妇女创业的主要信息渠道，不仅有利于妇女在海量信息中捕捉创业的机会，而且对妇女的正规融资意愿产生作用，使妇女更愿意承担风险进行创业。二是数字技术方便妇女之间的社交联系，扩展妇女的社交网络。信息通信技术的使用可以降低与他人联系的成本，使女性能便捷地维持群体间联系，不断发展的通信软件(如微博、Facebook、知乎等)使女性可与优秀女性沟通交流，通过使用这些信息通信软件，当她们遇到问题时可与其他女性联系以寻求建议和支持。三是数字技术还方便妇女扩展客户网络。平台经济的兴起改变了传统的销售模式，妇女有更多与客户沟通的机会，以介绍和销售产品的方式，扩展女性销售渠道。而且，女性自身具有亲和力、善于沟通的特性有利于女性在数字经济背景下开展业务，女性对客户需求有更好的洞察力，对维护客户群体更有优势。②

三、新时代妇女就业创业面临的主要问题

尽管新时代为妇女就业创业提供了充分发展的机会，但社会文化环境和社会规范对妇女的影响根深蒂固，对妇女劳动参与产生负面作用，直接影响妇女在就业创业中的资源获取和参与就业创业活动热情与就业创业活动。

---

① 宋天华、邹大勇：《高校大学生精准就业方法探究》，《学校党建与思想教育》2017年第5期。

② 肖薇、李成彦、罗瑾琏：《赋能：互联网双重嵌入对女性创业能力的影响》，《科技进步与对策》2019年第14期。

(一)性别刻板印象与歧视阻碍妇女发展

性别刻板印象和性别歧视都是对妇女群体的非客观认识，性别刻板印象有可能导致性别歧视的产生，两者均对妇女的就业和创业产生负面影响。性别刻板印象是关于男人和女人应该具有的特质以及他们应该在社交场合中表现出的行为的看法①，主要由社会规范和长期商业实践积累而形成。传统性别刻板印象在性别上存在显著差异，如男性应在工作中表现出自利、独立、具有竞争性等；女性应在工作中表现出利他、善良、合作、乐于助人、同情、温柔。

性别刻板印象对妇女员工和企业家尤其不利。在行业发展早期，不论是创业者还是管理者都以男性为主，创业者和管理者特征多与男性特质相联系，即产生"想到领导者即想到男性"的思维惯性。在这种思维方式中，女性领导者和创业者的温柔、合作的特质与男性的自利、果断的特质相违背，使妇女被评价为缺乏领导能力，严重影响女性领导力的提升和发展。此外，性别刻板印象限制妇女创业者筹集资金，主要因为贷款审批人员认为女性企业家不符合传统企业家形象，认为妇女所领导的企业的绩效不如男性，更有可能拒绝其贷款审批。

性别歧视和不平等被联合国视为其可持续发展目标中存在的重大全球性问题。性别歧视不仅不符合道德规范，还导致经济损失和创新减少，扼杀企业和国家的增长潜力和竞争力。② 世界各国采取大量措施防止性别歧视，但工作中的性别歧视仍屡见不鲜。传统意义上的性别歧视是女性个体认为她们因性别而在工作中被剥夺平等待遇的感觉。妇女感知的性别歧视对其工作态度、身体健康、心理健康以及与工作有关的结果(如工作态度、工作绩效、职业成功等)产生消极影响。目前工作中的性别歧视更具隐蔽性，甚至其负面的影响常被妇女所忽视，被称为善意的性别歧视。善意的性别歧视即对妇女表现出更积极的态度，经常将妇女置于必须由男性保护和支持的地位上。③ 因其隐蔽性，有些妇女可能更认可有善意性别歧视的男性，而忽视不存在性别歧视的男性。善意性别歧视的主观积极性可掩盖其加剧性别不平等的负面作用，以善意的性别歧视方式对待妇女和损害女性的认知能力，有善意性别歧视的管理者更有可能在工作中给妇女分配挑战性较小的任务，这并不利于妇女职业的长远发展。

---

① Eagly A H, Karau S J. "Role Congruity Theory of Prejudice Toward Female Leaders," *Psychological Review*, 2002, pp. 573-598.

② George G, Howard-Grenville J, Joshi A, Tihanyi L. "Understanding and Tackling Societal Grand Challenges Through Management Research," *Academy of Management Journal*, 2016, pp. 1880-1895.

③ Glick P, Fiske S T. "Hostile and Benevolent Sexism: Measuring Ambivalent Sexist Attitudes Toward Women," *Psychology of Women Quarterly*, 1997, pp. 119-135.

(二)女性职业与性别身份冲突

在不同场景中人们会有多种身份，如母亲、管理者、女性等，但人们不可能平等地对待所有身份。研究表明，在定义一个成功的企业家时，妇女倾向于将其与男性特征相联系，并认为企业家精神与妇女的性别角色不一致。① 此外，性别认同和社会角色的期望值会影响女性企业家身份的形成。有较高性别认同的妇女更倾向于使其行为、特征符合妇女特征，而这与典型的企业家身份特征相违背。同时，有较强意愿满足社会对妇女性别角色期望的妇女也会感受到更为强烈的身份冲突。这种身份冲突也同样存在于妇女管理者身上。

身份冲突会限制妇女职业发展。一方面，妇女如果选择忽略身份冲突，不论选定职业身份还是性别身份作为日常工作中的主要身份，妇女都会因此受到惩罚。妇女如果以偏向男性特质处理日常工作会被理解为“男子气概”，而不被女员工接受；妇女如果以女性身份处理工作则会被认为不符合领导者特质，影响妇女的绩效评价。另一方面，在外界压力下，妇女还可能对其领导身份的合法性产生怀疑。这是因为创业领域和高管仍以男性为主，妇女会认为其行为不符合男性特征，从而不符合领导者和创业者身份。这无疑对那些具有强烈性别认同的妇女产生较大的负面影响，从而导致妇女将其成功归因于运气，而不是其能力和辛勤工作。

(三)工作家庭平衡问题

工作家庭关系包括工作家庭冲突和工作家庭增益。妇女被赋予母亲和妻子的社会身份，是家务劳动的主要承担者，大量研究证明妇女比男性更易出现工作冲突。通常，工作和家庭需求是相互矛盾的，个人精力、时间是有限的，工作家庭之间存在矛盾，且一个领域中的负面情绪、消极行为会溢出延续到另一个领域。通常有三种不同类型的工作与家庭冲突：一是时间的冲突，因工作家庭都处于有限的时间而导致的；二是应对冲突，发生在一个领域的压力扩散到另一个领域时；三是行为冲突，当一个领域中的行为与另一领域中的行为不相容时就会导致这种冲突。②

为解决工作家庭冲突，妇女往往倾向于选择灵活的工作时间，甚至通过辞职创业的方

① Gupta V K, Turban D B, Pareek A. “Differences Between Men and Women in Opportunity Evaluation as a Function of Gender Stereotypes and Stereotype Activation,” *Entrepreneurship Theory and Practice*, 2013, pp. 771-788.

② Greenhaus J H, Beutell N J. “Sources of Conflict Between Work and Family Roles,” *Academy of Management Review*, 1985, pp. 76-88.

式以获得工作上更大的灵活性，更好平衡工作与家庭问题。但成为创业者并不能解决这一问题，甚至有可能加剧这一矛盾。一是女性创业者工作时间灵活性不如男性，因为女性大多是投身零售和服务业这类以客户为中心的行业，其工作时间受限于客户，灵活性较低，创业会加剧工作角色的压力，并减少可用于满足家庭角色需求的时间。二是即使成为创业者，妇女仍要花费更多的时间从事家务工作。如果承担家庭责任的时间减少，可用于工作的时间就会增加，这又导致妇女创业者感到更多的工作家庭冲突。三是妇女的性别角色期望使其被期望承担更多家庭责任，优先满足家庭成员的需求，导致妇女面临更大的工作家庭冲突。如果妇女将更多的时间和资源分配给企业将违背角色期望，而外部压力和女性内部心理压力也都将加剧工作家庭冲突。

工作家庭冲突无疑会对妇女的职业发展产生负面影响。就客观结果来讲，在组织中，工作与家庭之间的冲突会增加旷工、降低组织承诺，同时，家庭对工作的干扰会降低工作绩效。在创业领域，妇女的家庭责任会影响其工作时间，从而影响企业发展。在主观方面，工作家庭冲突会增加妇女的压力，从而降低妇女对工作、家庭或生活的满意度。

(四)可利用社会资源有限

妇女的社会资源受限主要是由于在网络创建和加入社交网络中遇到障碍以及在利用社交网络获取资源的过程中遇到阻碍。

在网络创建与加入阶段，首先，妇女无法加入以男性群体为主导的非正式网络。通常，不论在创业领域还是企业高级管理层，妇女仍是少数派。男性高管和创业者更容易建立联系，通过各种活动建立起社交网络，而妇女则被排斥在网络之外，通过非正式网络的联系，男性能获得更多晋升和发展机会。其次，妇女受制于性别角色期望，男性建立社交网络符合其性别角色，人们对男性的性别角色期望认为男性应优先考虑其工作和职业，而妇女则应该优先考虑家庭和家庭责任。与男性相比，与性别角色相关的期望会限制妇女在职业关系发展方面投资的机会。最后，受限于家庭责任，女性所建立和发展的社交网络主要以家庭成员、同事为主，社会网络结构同质性强。

在社会网络利用阶段，网络中成员向其他成员分享自己拥有的知识，同时也在和其他成员交流的过程中获取信息和资源。妇女在这一过程中处于劣势地位。首先，因担心获得职业发展资源的要求不公平、不适当或可能危及她们的关系，妇女会怀疑从社交网络获取资源的合法性，使其通常不太会利用她们的网络。其次，受刻板印象影响，人们对妇女的绩效和成绩的看法存在偏见，对妇女的领导和管理能力产生怀疑，并认为妇女没有能力进行资源交流，从而降低和妇女交流的可能性，进而降低主动为她们提供资源的意愿。最后，女性在社会网络中寻求资源的类型使其无法充分利用社交网络中的资源。男性倾向于利用其网络获取战略资源，这些资源能直接而迅速使其职业受益(如知名度提高、晋升、薪酬、代言，与重要联系人的介绍)。相比之下，妇女更可能寻求缓慢而间接地受益于其职业成功的资源，主要包括如何克服工作中障碍的信息(如歧视、性骚扰、工作家庭冲突等)。因此，社会网络可以为男性提供更有价值的资源和机会，因为他们可以更直接、更快速地使自己的职业生涯受益。

四、提高妇女就业创业质量的对策思考

新时代妇女参与就业创业面临机遇和挑战并存的情景，需要政策制定者从政策设计、制度安排、教育培训和区域生态系统建构等方面自上而下为妇女创造良好的就业创业环境，帮助妇女克服现有问题，使其更好地把握新时代发展机遇，赋能妇女就业创业活动。

(一)将性别意识纳入政策设计中

首先要充分认识到妇女所面临的特殊挑战，以提升对妇女劳动者的支持程度。同时，应审慎检验各项政策的实施效果，根据各地区实际发展状况及时调整方向，促进妇女劳动者长远发展。例如，对于企业中妇女的高管人数，一些国家采取强制配额手段，要求企业增加妇女的董事人数，即妇女董事占所有董事的比例未达到标准的上市公司，政府将通过行政手段惩罚相关企业。因此，一些国家提出让企业自主设定妇女配额目标，对完成目标的企业通过政府订单的方式进行奖励，已取得不错成效。①

(二)通过职业教育和创业教育促进妇女技能提升

妇女想要获得就业机会，就要在劳动市场中获得竞争优势，妇女必须掌握必要的劳动技能。当前，人工智能、大数据、云计算和移动机器人技术领域的新发展对现有工作提出了新要求，也为妇女提供了参与市场劳动的新机会。这对女性劳动者提出新技能的要求，在自动化和数字化转型时期对劳动者工作的需求也必定发生改变。一方面，机器人和算法可能会取代流水线生产、机器操作、文书等职业中的许多工作。同时，也对管理、研究、工程、法律服务、卫生保健等领域的工作提出更多需求，女性要在劳动市场上产生竞争优势就必须学习市场所需要和要求的技能。另一方面，数字服务领域的创新，包括移动货币、以数据为基础的金融科技服务，丰富了妇女可利用的资源，因此培养妇女的数字素

① de Cabo R M, et al. "Do 'Soft Law' Board Gender Quotas Work? Evidence from a Natural Experiment," *European Management Journal*, 2019, pp. 611-624.

养，促进基于数字技术、网络的女性企业家精神是十分重要的。

（三）优化制度设计助力妇女工作家庭平衡

政府和企业应设计相关政策或制度帮助女性平衡工作和家庭问题。2016 年世界经济论坛公布的数据显示，妇女平均每天有 4.8 个小时从事无偿家庭工作，而男性则是 1.5 个小时。妇女在家务劳动中的时间付出较大限制了妇女追求职业发展的时间和精力，不利于妇女追求职业晋升和创业绩效增长。对政府而言，可从养老、育儿设施的完善以及倡导分担妇女家庭劳动等方面减轻妇女压力。一是通过各种媒体平台宣传倡导家庭成员协助妇女分担家务。二是通过发展养老、育儿机构，促进家务劳动的社会化，同时，通过专业技能培训，培育专业家政人才，为居民提供优质、能满足其个性化需求的服务。三是为保障雇主和家政人员双方的利益，政府需要探索一套有效的监督机制，包括对服务价格、服务质量等方面的全面监督。在企业层面，企业可探索有利于缓和妇女工作家庭冲突的制度，包括弹性工作制度、远程办公（在家办公）等。

（四）构建创业生态系统以增加女性就业创业资源可得性

创业生态系统是由许多独立参与者（如政府、大学、投资者、导师、服务提供商、媒体和大公司）组成的社区，对在特定地理位置的企业家活动的发展和水平提供关键作用。① 在创业生态系统中，妇女创业能够得到来自不同主体的更多支持，解决女性创业过程中可能面临的问题。政府是创业生态系统中的重要主体，为妇女创业者提供多方位的帮助。

一方面，政府可通过行政、财政手段等政府行为减轻妇女的创业负担，减少妇女创业过程中的障碍。例如，政府可通过税收政策减轻妇女创立企业的发展负担，激励企业创新，还可通过小额贷款形式为妇女提供创业资金。另一方面，政府可整合创业生态系统中的资源，提高妇女创业者的利用效率。例如，政府可通过商业培训计划和技能培训为企业家提供支持，这有利于增强妇女创业者的人力资本。政府计划通过纠正市场无法满足此类需求的能力来弥补能力差距。如果存在支持企业家精神的强大环境，则应提高男女的企业家精神水平。

大学和科研机构为妇女创业者提供创业机会和技术支持。大学和科研机构往往是前沿领域的研究机构，有利于以创造力、创新以及新技术的发展为基础，通过创业实现技术转移和落地，将知识转变为高收入知识经济。大学和科研机构中的专家学者为妇女创业提供技术支持，可通过专业技术和管理咨询为企业生产经营提供帮助。大学是创业人才的储备基

① Candida B, et al. "The Gender Gap in Venture Capital-progress, Problems, and Perspectives," *Venture Capital*, 2018, pp. 115-136.

地，在创业生态系统中的高等院校能让在校女性学生充分了解创业过程和相关行业，有利于培育创业人才。创业生态系统中的专业服务机构则有利于为新创企业提供专业的服务。①

第四节　脱贫攻坚和乡村振兴中的妇女发展

脱贫攻坚和乡村振兴是中国实现全面建成小康社会、全面建设社会主义现代化国家的历史任务的重要战略部署，是推进社会经济可持续发展的重要行动。妇女既是脱贫攻坚和乡村振兴的重点对象也是重要参与者，妇女发展与脱贫攻坚、乡村振兴相互促进。本节将总结妇女参与脱贫和乡村振兴的实践与经验，为妇女长远发展提供可行路径。

一、妇女在脱贫攻坚和乡村振兴中的地位与作用

受制于多种因素，妇女在劳动参与、获得劳动报酬、土地经营权等方面与男性存在差距，妇女贫困人口基数大，脱贫机制复杂，是脱贫攻坚和乡村振兴中的重点关注对象。同时，随着政策支持、培训引导和榜样作用等，越来越多的妇女参与到脱贫战和乡村振兴的实践中，促进自身发展，为下一代创造良好环境。

（一）妇女是脱贫攻坚和乡村振兴的工作重点

在世界范围内，贫困问题出现性别差异，即与男性相比，妇女更容易陷入贫困，其原因主要体现在三个方面：一是社会规范使妇女贫困人口更具有脆弱性。一般而言，妇女受其社会性别影响被赋予母亲、妻子的身份，主要承担照顾家庭的责任，贫困家庭中妇女承担家庭和育儿职责，男性则进行生产性劳动，获取收益。二是农村地区男女教育获得机会仍存在差距。② 因受教育程度与男性的差距，进一步加剧了男女在获得工作上的差距，最终体现在收入上的差距，使得妇女更具有贫困脆弱性。三是贫困妇女易受健康因素影响再次返贫。③ 一方面，贫困妇女患病风险高，治疗成本高，使得妇女因病致贫、因病返贫的可能性增加；另一方面，贫困妇女自身健康水平会影响下一代健康和受教育程度，增加脱贫难度。由此可见，妇女贫困人口基数大且致贫因素复杂，做好妇女脱贫工作将对整体脱

---

① Brenner R. "Entrepreneurship and Business Ventures in the New Common Wealth," *Journal of Business Venturing*, 1992, pp. 431-439.

② 蔡栋梁、孟晓雨、马双：《家庭背景与教育获得的性别不平等》，《财经科学》2016 年第 10 期。

③ 陈银娥、王丹、曾小龙：《女性贫困问题研究热点透视——基于 SSCI 数据库女性研究权威文献的统计分析》，《经济学动态》2015 年第 6 期。

贫攻坚战略产生巨大影响。

在乡村振兴战略实施过程中充分关注农村妇女群体。全国妇联为落实《中共中央国务院关于实施乡村振兴战略的意见》开展“乡村振兴巾帼行动”，围绕产业兴旺、生态宜居、乡风文明、治理有效、生活富裕的总要求，引导妇女参与乡村振兴建设。在全国妇联的号召下，各地先后实施“农村妇女素质提升计划”提升女性技能，开展寻找“最美家庭”活动促进家风建设，开展“美丽家园”建设引导农村妇女建立环保意识以及深化“巾帼脱贫行动”，通过发展经济促进乡村振兴。

(二)妇女在脱贫攻坚和乡村振兴中的重要作用

妇女脱贫不仅有利于自身发展，对家庭和子女长期发展更是具有不可替代的作用。一方面，妇女脱贫有利于提升家庭整体收入，一定程度上减少返贫风险；另一方面，贫困妇女脱贫对打破贫困代际传递有显著积极作用。妇女脱贫主要通过提升子女健康和子女教育水平对下一代收入产生影响。提高妇女健康水平可促进子女健康水平和未来收入水平。贫困母亲的营养不良对下一代营养状况产生消极影响，使子女在生命早期发育迟缓且体重不足，降低其抵抗疾病的能力，增加其早年和晚年的不健康和死亡概率，对妇女劳动能力产生影响。同时，母亲在子女家庭教育投资中发挥重要作用，教育投资受限于家庭收入，尤其是对女童的教育投资，因此，促进妇女脱贫，使贫困女性有稳定的收入来源有利于家庭中女学生获得更高程度的教育。

广大妇女群体不仅是乡村振兴的受益者，更是推动者、建设者。农村妇女作为家庭中的重要成员，不论是良好家风的建立与传承，还是绿色环保行为的宣传与践行都离不开广大妇女群体的参与和支持。

在脱贫攻坚和乡村振兴中不乏妇女干部的身影。在2021年全国脱贫攻坚总结表彰大会中获全国脱贫攻坚楷模称号的10名个人中，女性占半数，包括带领2.6万名妇女通过刺绣产业脱贫的白晶莹，倾尽所有资助182名贫困大学生圆大学梦的夏森等。在被表彰的1981名全国脱贫攻坚先进个人中，女性有321名。

二、妇女参与脱贫攻坚的实践及其经验

我国政府主要从物质和精神两方面为女性脱贫保驾护航，在提升女性脱贫能力和丰富女性脱贫路径的同时，增强女性脱贫信心，激活其自主性。

(一)小额信贷助力妇女创业脱贫

创业可通过创造就业机会的方式来促进经济繁荣、减少贫困。一是个人自行从事创业

活动获取经济报酬；二是通过建立具有高增长潜力的业务来创造新的工作。但创业离不开初始资金支持，传统的外部资本来源包括银行、朋友、家庭等。但贫困妇女通常无法获得这些资金，因为她们往往缺乏相应的抵押资产。因此，政府通过为创业的个人和团体提供小额无抵押贷款，为其提供资金支持，成功的贷款促进女性创业发展。

为帮助妇女解决在创业就业中遇到的资金问题，全国妇联2009年联合财政部、人力资源和社会保障部、中国人民银行共同制定下发了《关于完善小额担保贷款财政贴息政策，推动妇女创业就业工作的通知》，开展妇女小额担保贷款财政贴息工作。为打赢脱贫攻坚战，充分发挥妇女"半边天"作用，全国妇联推行"巾帼脱贫行动"，并再次下发《关于在脱贫攻坚战中大力推进小额贷款 促进建档立卡贫困家庭妇女脱贫致富的通知》，强调小额信贷对贫困地区女性创业的重要作用。在国家政策的大力支持下，2009年到2018年，全国累计发放鼓励女性创业的小额担保贷款3800多亿元，中央和地方落实财政贴息资金达到400多亿元。①

(二)技能培训提高妇女脱贫能力

在数字经济时代，知识在迅速变化和扩展，除通过学校教育获得知识和学历的正式学习外，通过参与非学校教育学习新知识的非正式教育正逐渐进入人们视野。在扶贫过程中的非正式教育对农村减贫有显著的积极作用。② 不同于政府从资本视角(如加大产业投入、提供无息贷款)解决贫困问题，非正式教育从能力的视角充分发挥贫困妇女的主观能动性。随着社会分工逐步细化，工作变得越来越复杂，专业化程度提高，技能培训使贫困妇女获得实际技能并提升自身能力，提高其获得工作机会的概率，有利于其自主创造财富、提升生活水平的能力。

在全国妇联"巾帼脱贫行动"的倡导下，各地妇联结合本地经济社会现状开展各具特色的技能培训项目。例如，重庆奉节为妇女提供家政服务培训、乡村旅游培训，旨在让奉节县贫困妇女每人至少掌握两门技术；湖南邵阳县开展"扶贫扶志我先行"活动，以流动家政课堂形式方便贫困妇女获得技能提升。近年来随着数字经济的发展，技能培训方式由线下向线上发展，尤其是新冠肺炎疫情后，线上技能培训上升势头迅猛，人力资源与社会保障部等有关部门打造"中国职业培训在线""中国国家人事人才培训网""技能大师在线培训"等多技能培训在线平台，向公众免费开放。值得注意的是，这些平台几乎都开设有扶贫专区，针对农民关注的技能问题进行培训。同时，"中国国家人事人才培训网"为三区三州及

① 中国发布丨重视"双创"中的"她力量"！全国发放3800亿小额贷款，支持上千万城乡妇女创业，http://news.china.com.cn/txt/2019-09/19/content_75223624.htm，2019年9月19日。

② 赵国庆、周学琴、陈磊、翟坤：《非学历教育能够缓解农村家庭贫困吗？——基于中国居民家庭微观调查数据的分析》，《教育与经济》2020年第4期。

挂牌督战贫困县定制了独立的专门职业培训平台，有针对性地提供培训课程和服务。

(三)能人引进带动妇女互助脱贫

脱贫扶贫过程中，通过政策扶持、技能培训等方式在当地培育快速掌握技术、具有引领作用的能人，同时通过人才引进，引导优秀人才返乡带领当地贫困妇女脱贫致富。一方面，扶贫过程中的领头人是乡村的宝贵人力资源，不仅可通过技术培训提升农户技能，还有条件利用其社会网络整合相关资源促进扶贫产业可持续发展。另一方面，能人的带头引领为贫困女性提供参考借鉴的榜样。在与能人接触过程中，能人榜样有助于个人回答"我可以成为谁""我能完成什么"的问题，并将这些问题的答案落实到行动，达到提升自我的目的。通过技能培训获得技术成为领头人的个体更容易对其他农户起到激励作用。

如重庆奉节县通过技能培训、基地帮扶、资金支持等形式培育一批具有示范效应的脱贫项目，并在其中培育妇女带头人，成为互助脱贫中的"领头雁"。在"领头雁"带领下，成立脱贫互助小组，让分散的贫困妇女在政策扶持、能人带领的背景下联合聚集起来形成"雁群"。同时，奉节县还探索"龙头企业+贫困户""大户+贫困户"等模式进一步扩大产业扶贫范围，将更多贫困妇女聚集起来形成"雁群"。

三、新时代妇女防止返贫的路径选择

在脱贫攻坚过程中，中国经过长期实践对返贫的路径、影响因素等方面有了深刻理解，加之新时代科技创新赋能，为中国防止返贫工作提供了良好基础。当前，防止妇女返贫的主要路径是及时监测预防，促进脱贫地区自主发展和建立完善的保障机制。

(一)加强动态监测管理

家庭因素对妇女的脱贫有重要影响。在关注妇女脱贫的相关数据时，加强针对脱贫家庭的整体监测有利于多方位防止妇女返贫。主要可以通过如下三个方面进行。①

1. 识别监测返贫因素

导致贫困的因素多样且复杂，要针对可能引起脱贫妇女再次陷入贫困的因素进行重点监测，及时搜集数据，为风险预警提供数据支持。返贫因素监测主要包括以下三类：一是

① 李晓园、钟伟：《大数据驱动中国农村精准脱贫的现实困境与路径选择》，《求实》2019 年第 5 期。

针对脱贫家庭的各项数据追踪，主要是对家庭可持续发展能力进行动态监测。① 通过各平台联合监测家庭年收入、家庭成员劳动力数量与劳动能力、家庭成员文化素养、家庭成员身体状况等。二是针对社会经济环境监测，实时更新针对贫困地区的政策等信息。一方面，有利于脱贫人员充分了解并利用信息；另一方面，有助于监测各地落实中央相关政策的力度。三是针对突发事件实时监测预警，包括对自然灾害、突发流行病、经济周期波动带来的经济不景气等自然与社会事件的监测。② 这类事件具有一定突发性质，一旦发生对脱贫人员的影响巨大，极易导致其再次陷入贫困，因此需要及时监测，积极应对。

2. 搭建完善动态数据库

对返贫因素的数据追踪往往涉及多个平台，例如，对脱贫家庭成员健康状况的监测需要利用医疗保障系统数据；对突发事件的监测需要联合气象部门，因此，要搜集脱贫人员的动态数据离不开对相关数据的整合分析，搭建动态数据库是必不可少的步骤。动态数据库是数据的集合，方便对相关数据进行研究，从不同维度构建科学合理的风险评价体系。评价体系的建立有利于针对脱贫家庭进行更加精准的风险监测，在其达到风险预警水平时，及时采取措施防止其再次进入贫困陷阱。

3. 考核监督风险监测

不论是返贫数据的及时搜集反馈还是动态数据库的搭建，动态监测管理都离不开地方政府相关工作人员的支持。作为动态监测的责任主体，对相关人员日常监测工作的监督、考核和反馈不容忽视。③ 同时，针对扶贫工作者，也应当将返贫发生率作为重要的考核指标，促使其加强预防返贫的相关工作开展，及时搜集了解脱贫家庭相关数据。

(二) 建立利益联结机制

利益联结机制是促进贫困主体之间、扶贫对象与帮扶对象之间的相互协作，从利益共同体角度出发增强贫困妇女个体的应对风险能力，防止脱贫妇女的再次返贫。利益联结机制主要包括如下三个方面。

---

① 蒋和胜、田永、李小瑜：《“绝对贫困终结”后防止返贫的长效机制》，《社会科学战线》2020 年第 9 期。

② 范和生：《返贫预警机制构建探究》，《中国特色社会主义研究》2018 年第 1 期。

③ 胡世文、曹亚雄：《脱贫人口返贫风险监测：机制设置、维度聚焦与实现路径》，《西北农林科技大学学报(社会科学版)》2021 年第 1 期。

1. 农村合作社促进资源整合

通过整合资源以增加贫困妇女的收入。农业合作社有利于促进贫困农户之间相互交流，有利于将零散的贫困女性有目的地组织起来，开展技能培训，推广农业技术，从而增加贫困女性收入。而且，农村合作社可促进资源整合，有条件利用政策扶持，通过土地托管、流转、入股等方式增加妇女资产性收益。脱贫妇女的收入多样化、丰富化能有效防止其返贫。政府还可以支持农村合作社开展内部信用合作，通过小额贷款形式促发展。

2. 产业扶贫发挥地区优势

产业扶贫是多个利益主体共同协作的过程，通过农户参与、政府引导、企业管理共同对贫困地区土地、自然资源、劳动力等生产要素开发利用以提高生产力。我国政府倡导各贫困地区根据自身区位优势，形成"特色基地/规模园区/专业村群 + 扶贫龙头企业 + 专业合作社 + 贫困户"的"产业链式扶贫"机制。① 例如，山东省根据地方特色打造"大姐工坊"特色品牌，形成"妇联+企业+大姐工坊+贫困妇女"的机制，带动妇女居家就业。

3. 地区协作促进贫困地区可持续发展

东西部对口支援有利于缓解地区经济发展差异，促进贫困地区学习优秀经验、探索增收新思路。上海作为东西部协作对口扶贫的先行者，自 1984 年开始探索帮扶模式，通过多路径和手段对西藏、云南、湖北等地贫困地区进行支援扶贫。目前主要形成产业扶贫、教育扶贫、消费扶贫、社会组织扶贫和公共均等化五大模式，上海通过整合两地资源将地区协作扶贫由单向援助升级为双向协同合作，使贫困地区逐渐摆脱对发达地区的援助依赖，促进贫困地区经济发展。

（三）扩展就业创业渠道

随着互联网的普及，尤其是智能设备的广泛应用，我国居民生活发生巨大变化，也为已脱贫妇女维持收入提供了新路径。国务院扶贫办等发布的《关于促进电商精准扶贫的指导意见》中强调，各级组织应结合"巾帼脱贫行动"增强贫困妇女电商培训，促进其灵活就业。互联网经济下女性收入提高的原因包括两个方面：一是互联网、物联网的发展丰富了信息来源，有利于妇女充分利用相关信息并在政策扶持下开展创业活动，使其充分了解其他地区用工需求择机就业，从而扩展收入来源；二是数字技术的发展使妇女有条件借助各

① 全承相、贺丽君、全永海：《产业扶贫精准化政策论析》，《湖南财政经济学院学报》2015 年第 1 期。

大电商平台拓展客户网络，提高沟通效率，有利于妇女创业企业发展，对地区扶贫产业发展有正向作用，为妇女增收提供保障。例如，吉林省创造“吉林网姐”电子商务扶贫培训项目，为省内贫困地区妇女提供线下免费电商培训，在各贫困村建立“吉林网姐”服务站，充分挖掘各村特色，并利用淘宝、京东等第三方平台孵化网店，充分发挥妇女的主观能动性。

(四)完善综合保障制度

农村教育、医疗和养老等公共服务与城市存在一定差距，需要不断缩小城乡在义务教育、基本养老保险、基本医疗保险、重大疾病保险等方面的差距。

实施基本公共服务均等化，以增强脱贫妇女的抗风险能力，防止其因自身或家庭成员重大疾病或者因重大自然灾害的冲击再次陷入贫困。“两癌”筛查是防止妇女因病返贫的重要举措。根据2018年世界卫生组织报告，乳腺癌和宫颈癌是全球妇女中最常见的癌症。为防止“两癌”使脱贫妇女因病返贫，我国自2009年开始对农村妇女进行免费筛查，截至2018年年底，农村妇女宫颈癌、乳腺癌检查已覆盖全国所有贫困县。通过早发现、早治疗有效提高患病妇女生活水平，缓解妇女因病返贫。

实施基本公共服务均等化，促进解放妇女生产力，防止妇女再次失去劳动机会。妇女一直是家务劳动的主要承担者，工作时间较少，更有可能在生产力水平较低的工作部门，收入较少。通过基本医疗保险、养老服务等保障措施有利于减轻妇女劳动力的家庭照料压力，从而使脱贫妇女持续在工作岗位上获得收入。例如，福建顺昌县以“扶贫车间+儿童之家”的形式，让留守农村的妇女在照料子女和老人的同时参加劳动生产，这样留守妇女每天有收入，孩子能照料，老人能赡养。

四、以乡村振兴促进农村妇女发展

我国的乡村振兴战略主要包括七个方面内容：重塑城乡关系，走城乡融合发展之路；巩固和完善农村基本经营制度，走共同富裕之路；深化农业供给侧结构性改革，走质量兴农之路；坚持人与自然和谐共生，走乡村绿色发展之路；传承发展提升农耕文明，走乡村文化兴盛之路；创新乡村治理体系，走乡村善治之路；打好精准脱贫攻坚战，走中国特色减贫之路。乡村振兴战略的实施在经济发展、社会环境、生态环境等方面为妇女长远发展奠定了基础。

(一)产业建设为农村女性赋能

乡村振兴过程中，各级政府组织通过多种方式为农村妇女增加收入来源，促进农村地区产业结构调整升级。农村妇女由以往主要从事无偿劳动，专注于农业生产，转变为将土地流转获得资产性收入，通过乡村旅游业、乡村工厂获得稳定性收入，增加整体的富裕程度，深刻改变农村妇女的生活方式。对农村妇女个体而言，固定工资能带来更高的购买力，获得更好的医疗保健的机会，接受高等教育的机会，使农村妇女对其生活决策有更多控制权。① 同时，她们在参与就业创业实践过程中参与各类技能培训，也有利于提高农村女性自身素质。对家庭而言，随着产业发展，越来越多的农村妇女进入劳动市场，妇女更有可能提升对家庭支出的决策权。

(二)乡风建设提升女性素质

通过对妇女进行精神文明方面的宣传培训，让农村妇女了解对长辈的态度、与爱人的相处模式以及对孩子的教育方式，推动农村妇女和家庭崇尚科学文明，抵制封建迷信，带头移风易俗，反对天价彩礼、大操大办等陈规陋习，弘扬正能量，提升妇女综合素质。例如，各地妇联通过开展“最美家庭”活动，围绕培育和践行社会主义核心价值观，动员组织农村妇女和家庭积极参与，以文明家风促进乡风文明。同时，农村妇女也是当地民风民俗、传统文化、乡村文化的传承者。在接受新思想的同时也通过传统文化内涵、优秀家训家规使农村妇女了解、践行乃至利用优秀传统文化，促进家庭和谐发展。

(三)生态治理改善女性生活环境

在环境治理中，政府承担了重要的职责，包括环境法规政策的制定、垃圾分类、农村厕所改造、农村河塘清淤工程等，从基础设施入手大幅度促进美丽乡村建设。而环境的整体改善离不开日常生活习惯的改变。通过基层组织宣传教育引导农村妇女从自身做起，从家庭做起，改变生活习惯，增强美化环境的责任意识。各地妇联通过开展“美丽家园”建设活动，引领农村妇女共建共享新农村环境。以大讲堂、宣传栏、新媒体、志愿公益服务等形式，强化农村妇女的生态环保理念，引导农村妇女践行绿色低碳的生产生活方式。妇联等组织还宣传日常生活和卫生习惯，提升文明健康意识，以更好地保持农村的整洁环境。此外，以家庭为单位整治房前屋后环境，清除私搭乱建，全面净化绿化美化庭院，提升女性生活环境。

◎ 基本概念

经济发展　经济建设　妇女参与　妇女发展　精准扶贫　乡村振兴

① Apisalome M, Dahles H. “Female Empowerment and Tourism: A Focus on Businesses in a Fijian Village,” *Asia Pacific Journal of Tourism Research*, 2017, pp. 681-692.

◎ 思考题

1. 如何处理好妇女发展与经济发展的关系？
2. 为什么说妇女参与经济建设是妇女发展的重要标志？
3. 如何看待我国妇女参与经济建设的历史成就和经验？
4. 如何认识我国妇女参与创新就业的作用与意义？
5. 如何看待乡村战略实施对我国妇女发展的影响？

第三章
政治与妇女发展

政治是指对国家或社会进行决策和管理的行为，是牵动社会全体成员的利益并支配其行为的社会力量。妇女发展是经济和社会发展的重要组成部分，不仅关系到妇女群体的利益，也关系到整个国家和社会的利益。政治与妇女发展关系密切。正确认识和处理政治与妇女发展之间的关系，认识妇女发展在政治发展中的地位和作用，考察中国妇女参政的历程，分析中国妇女参政取得成就的原因，探究进一步促进妇女参与决策和管理的政策举措，坚持和拓展当代中国妇女政治发展道路，对于进一步促进妇女发展和社会进步具有重要意义。

第一节　妇女发展在政治发展中的地位和作用

在当今世界各国政治发展进程中，妇女发展在政治发展中的地位和作用正日益引起人们的关注。妇女与政治的关系如何？妇女发展在政治发展中的地位和作用如何？诸如此类的问题，有待进一步探讨。

一、妇女发展与政治发展的关系

(一) 妇女发展的内涵和特点

妇女发展的内涵经历了一个历史演变的过程。最初的妇女发展内涵仅指妇女经济地位的提高，即妇女参与社会经济活动，在经济领域内获得发展。随着社会的发展，妇女发展的内涵突破经济领域，逐步向政治、文化、社会、生态等各个领域扩展。显然，当今的妇女发展已不局限于经济领域，而是指妇女在经济、政治、文化、社会、生态文明等各个领域的全面、系统、协调的发展。

女性在妇女发展中具有主体性地位。妇女发展的主体是成年女性群体，妇女发展必须要靠女性自身的努力，女性有责任和义务，也有条件为自身的发展做出更大的努力和贡献。促进妇女发展，必须深刻反思女性自身，坚决反对女性自我意识沦丧而把自己当做附庸的第二性。妇女自身的努力，在妇女发展历程中起着巨大的推动作用。但妇女发展不仅关乎女性自身的发展，也与男性发展状况息息相关，关乎包括男性在内的整个社会的发展进步。因而在强调发挥妇女自身作用的同时，也要看到男性的理解、支持与推动对于妇女发展有着非常重要的作用。

妇女发展具有全面性。妇女发展问题关注的是妇女自身的发展及其社会地位的提高，具体来讲，就是促进妇女对经济、政治、文化、社会、生态文明等各个领域发展的参与，并获得自身的发展，改进妇女的社会生活状况及地位。2015 年 9 月，中华人民共和国国务院新闻办公室发布的《中国性别平等与妇女发展》白皮书将妇女发展概括为五个领域，即妇女与经济、妇女与教育、妇女与健康、妇女与决策管理、妇女与环境。《中国妇女发展纲要(2011—2020 年)》确定了妇女与经济、妇女参与决策和管理、妇女与教育、妇女与健康、妇女与法律、妇女与环境、妇女与社会保障等妇女优先发展的七大领域。其中，妇女参与决策和管理就是妇女对政治的参与，就是妇女的政治发展。

妇女发展具有整体性。妇女发展的主体不局限于国家、地区、收入、年龄等因素，既包括发达国家的女性发展，也包括发展中国家女性的发展；既包括女性知识分子、脑力劳动者、白领阶层的发展，也包括女性体力劳动者、女工的发展；既包括城市女性的发展，也包括农村农民女性的发展；既包括成年女性的发展，也包括各个年龄层次女性的发展。妇女发展还包括不同种族、不同民族、不同宗教信仰、不同政治派别的女性的发展。总之，妇女发展是全体女性的共同发展，没有任何女性被排除在发展之外。

妇女发展具有针对性。妇女发展指标必须结合当代的政治、经济、文化、社会、生态环境等各方面的具体状况，适应现阶段妇女解放、发展水平和现实需要，从而推进妇女现代化的发展进程。妇女发展是社会发展的一部分，社会越发展，就越能为妇女的发展创造有利的条件，但妇女发展不是社会发展的必然产物，社会发展不会自然推动妇女发展，妇女发展要在利用社会发展有利条件的基础上，依靠妇女自身的努力和包括男性在内的整个社会的共同努力才能逐步实现。

妇女发展具有动态性。妇女发展是一个长期的不断进步的历史过程，男女平等不是女性发展的最终目的，女性发展的终极追求是女性全面而自由的发展，这同时也意味着男性全面而自由的发展，整个社会成为全面发展的自由人联合体。在本质上，女性的自由发展是指女性作为主体的自觉、自愿、自主的发展，是女性人格的独立和完善、个性的自由全面发展、成就动机的满足和社会价值的不断实现，这些不仅是妇女也是全体社会成员发展的目的要素。

(二)妇女发展在政治发展中的地位和作用

在人类历史上很长一段时间，妇女一直处于社会的最底层，与政治无缘。在男权统治建立的同时，就开始了对女性的奴役和压迫。他们不仅在政治上将这种统治、奴役、压迫加以制度化，而且在意识形态领域渲染以男性为中心的文化，从而在精神上奴役妇女，将女性排除在政治之外，认为女性与政治无关，女性不善于政治，女性不应涉足政治。这显然是一种偏见。因为政治的本质是有关利益表达和利益分配的活动过程，为每个人提供了平等的机会。政治活动不应局限在某个小群体之中，而是应由全体公民共同参与。因此，无论女性是作为一个性别群体还是作为社会其他角色群体中的成员，都有权利参与政治活动，也应该参与政治活动。女性不应该是政治活动的局外人，而应该是政治活动的参与者。

妇女与政治的休戚相关具体表现在两个方面：一方面，民主政治的发展离不开全体妇女的积极参与。民主政治的最基本要求之一，就是全体公民都享有参与政治的平等权利，妇女对政治的漠视、冷淡则会使民主政治难以实现。因为妇女的政治被动意味着大约一半的人口都处于政治被动状态。如果妇女缺席政治场域，那么，无论民主政治如何规定人们的平等自由，无论政治活动透明度有多高，都不可能是绝大多数人的民主，充其量只是一半人的民主。显然，民主政治的完整实现需要占总人口一半的女性积极参与。另一方面，妇女参政与政治发展密不可分。“妇女参政，乃是民主政治组成之不可缺少的部分，而不应单纯地看作妇女本身的权利问题。妇女参政权利是否该争取实现，这问题在男权中心的社会，妇女往往是最易被人轻忽的，只有妇女才能最懂得最关心自己的问题，故妇女参政有助于妇女问题的解决，并能促进妇女解放运动，同时，亦必能促进政治与社会的进步。”①政治活动对于人们的政治思想、政治态度有很大的影响。妇女解放的程度应集中地反映在政治上，妇女的政治参与有利于促进并保证妇女的充分解放。政治离不开妇女，妇女离不开政治，二者的关系是密不可分的。

妇女与政治休戚相关，决定了妇女发展与政治发展紧密相连。妇女发展在政治发展中有着独特的地位和作用。在人类社会发展历程中，妇女始终是推动经济社会发展与文明进步的一支重要力量。妇女的生存状态和发展水平不仅影响着社会的协调运行，而且关系到后代人的可持续发展。没有妇女的全面发展，经济社会发展和人的全面发展是难以真正实现的。同样，没有妇女发展，政治发展就缺少了必要的元素，也不能获得真正的发展。

① 中华全国妇女联合会：《蔡畅、邓颖超、康克清妇女解放问题文选(1938—1987)》，北京：人民出版社 1988 年版，第 80 页。

从当代中国政治发展来看，妇女发展在中国特色社会主义民主政治建设和发展中，占有十分重要的地位和作用。

妇女发展是男女平等的必然要求，促进妇女发展是坚持男女平等的重要体现。男女平等是现代政治发展的重要特征，男女平等理论是马克思主义妇女理论的核心。它包括三层含义：一是妇女应该享有与男性平等的人格和尊严，反对任何基于性别的偏见和歧视，从而真正体现公平、公正、平等的社会价值观；二是妇女与男性在政治、经济、文化、社会、家庭等各个方面享有权利和机会的平等；三是从政策上和体制机制上对妇女的发展予以充分保障，逐步缩小男女发展差距，实现两性发展的结果相对平等。

妇女发展包括其在政治方面的发展，具体而言就是妇女的政治参与，即妇女参政。妇女参政是民主政治不可缺少的支持条件，是衡量一个国家民主政治生活质量高低的重要标尺。妇女参政不仅是政治民主化的标志，同时对于民主制度的完善有重要的促进作用。首先，社会主义民主政治的本质是人民当家做主，女性占人口的一半，妇女参政可以加强党和政府与妇女群众的联系，使领导在决策时能充分考虑妇女的特殊利益，维护妇女的合法权益、意见和要求，从而制定全面的、正确的、符合包括妇女在内的最广大人民群众根本利益的方针政策。其次，妇女参政可以加强对政治的监督和管理，保障政治管理的廉洁与效能，促进民主的制度化建设。再次，妇女参政有助于增强公民整体参政意识，尤其是增强长期远离政治的广大妇女的参政意识，从而促进民主制度的完善和发展。此外，妇女参政还可优化各级领导班子的结构，为社会主义民主政治的发展奠定良好的群众基础。

二、妇女参政对妇女政治发展的重要意义

男女享有平等的参政权，是衡量一个社会平等公正的重要标准，是关系到能否构建和谐美好社会的基础。一个和谐美好的社会，必然是一个人人享有同等的机遇和权利的社会，也必然是一个注重男女公平、平等、和谐发展的社会。平等和公正是当代国际社会关注的问题，更是我国追求的主要社会目标之一，是社会主义核心价值观的重要内容。社会主义和谐社会是体现公平和正义的社会，这个公平正义，就是社会各方面的利益关系得到妥善协调，人民内部矛盾和其他社会矛盾得到正确处理，社会平等、公正和正义得到切实维护和实现。而妇女参政能使女性领导者从包括自己在内的广大女性切身利益考虑，督促政府从社会公正的原则出发，采取有力措施确保女性的正当权利，从而促进社会的公正和稳定，推动男女两性在社会中的均衡发展，以达到社会和谐的长远目标。

(一) 妇女参政的地位和作用

妇女参政是社会发展的客观要求。中国妇女早已走出家门而成为我国经济社会生活中

一支不可或缺的重要社会力量，改革开放和社会主义现代化建设为妇女参政开辟了广阔的天地，为她们施展聪明才智提供了新的机遇。社会发展在客观上也要求有更多的妇女走上社会管理和领导岗位，在决策和管理方面发挥更大的作用。

妇女参政是日益提高妇女地位的客观要求。从社会发展走向来看，中国妇女社会地位处于不断上升趋势，妇女要保障和巩固其在经济等方面的地位，势必要向参政的深度和广度发展，只有更多的妇女进入权力领域，才能更好地保证、巩固和发展妇女的社会地位。

妇女参政是解决妇女问题的客观要求和重要途径。如果没有权力的保证，很多妇女问题的解决就会遇到障碍。让更多的女干部走上各级领导岗位，使妇女的政治参与程度与她们对经济社会发展参与程度同步发展，可以更充分地激励广大妇女的主人翁责任感。

(二)世界范围内妇女参政的发展状况

妇女参政是妇女政治发展的重要标志。政治文化对妇女的政治发展有直接的影响，而妇女的政治发展是与妇女参政紧密相连的。从世界范围来看，妇女参政是伴随着资产阶级启蒙运动和资产阶级革命而开始起步的。

妇女参政一直是妇女运动中一个十分重要的话题。18 世纪西方资产阶级启蒙运动提出的“天赋人权”学说惊醒了西方女性。1789 年法国资产阶级革命时，爆发了声势浩大的女权运动。1789 年 10 月，法国大革命爆发后，一群巴黎妇女进军凡尔赛，向国民议会要求与男子平等的合法人权，从此揭开了女权运动的序幕。1790 年法国女剧作家高尔日发表了《妇女权利宣言》，提出 17 条有关妇女权利的要求。这个宣言后来成为女权运动的纲领性文件。1792 年，英国女作家玛丽・沃斯通克拉夫特出版《为女权辩护》一书，提出妇女应当在教育、就业和政治方面享有与男子同等的待遇，驳斥了女人是男人玩物的观点。从此拉开了妇女参政运动的序幕，世界妇女参政运动随之兴起。1866 年英国妇女第一次提出女性选举权，1869 年美国妇女提出“女性参政”的口号，英、美等资本主义国家开始承认妇女有选举权和被选举权。20 世纪初，先后有芬兰、挪威、丹麦、俄国、德国、美国、捷克斯洛伐克、波兰、英国、法国、日本及韩国等国妇女获得与男子同等的参政权。1952 年 12 月，联合国通过了《妇女政治权利公约》，正式提出妇女应当在一切选举中享有与男子完全平等的权利。

经过一百多年的努力，越来越多的国家和地区的妇女参与到政治和社会生活中，就世界和平、发展、环境及妇女自身的利益进行广泛的讨论，发挥积极的作用。从世界妇女参政的发展来看，妇女参政的比例呈增加的趋势。虽然一些国家在妇女参政和女性进入政府高层方面取得了一些成绩，但是就世界范围看仍存在发展不平衡问题，世界总体妇女参政水平还没有显著提高。

就中国来说，新中国成立特别是改革开放以来，我国妇女对政治和社会事务的参与取得了很大成绩，女性参政的广度、深度和高度都有较大拓展。

(三)妇女参政的现实考量

妇女参政是现代社会的法律赋予每一个女性公民的基本权利，女性是否享有参政权是女性地位的基本标志。妇女参政不仅是女性生存发展状况的重要内容，也是一个国家男女平等基本国策的重要体现。妇女广泛参与国家和社会事务管理，享有充分的民主和自由，是国家文明进步的重要标志。妇女参政的状况是衡量一个国家和社会政治文明建设的重要指标。促进男女平等，保障妇女权益，关系妇女的切身利益，关系人类创造力的全面发挥和社会生产力的充分解放。

在当代中国，妇女参政不仅是衡量女性生存发展状况的重要指标，还是中国特色社会主义经济建设、政治建设、文化建设、社会建设和生态文明建设的客观需要，是社会主义政治文明建设的重要内容，是构建社会主义和谐社会、建设美好社会的内在要求。妇女关注并参与国家和社会事务，也是实现男女平等的重要标志之一，同时也弥补了政策制定忽略女性发展这一重要环节，有利于社会发展进步。因此，必须重视妇女参政问题。要按照联合国召开的第四次世界妇女大会《行动纲领》和《中国妇女发展纲要》的要求，尽快促进妇女平等参与政治生活，特别是参与决策和影响决策的进程，以便真正维护和体现女性的特殊权益，促进男女平等基本国策的贯彻落实。为此，就必须强化妇女参政的意识，增强妇女参政的能力，提高妇女参政的水平。

正确认识妇女参政的地位和作用，把握妇女参政的内容和实质，考察妇女参政的历史，分析当代中国妇女参政的现状，探讨培养女性参政意识和能力的途径，有助于我们正确认识社会性别女性发展，进而在促进社会经济、政治、文化、社会发展和生态文明建设中促进女性的自身发展。

三、妇女参政的内容和实质

妇女是创造人类文明和推动社会发展的一支伟大力量。妇女的发展水平，是社会发展的重要指标，也是衡量社会进步程度的尺度。在当今世界，妇女发展的程度已成为体现一个国家和地区政治、经济、社会发展水平和国际形象的重要标志，妇女参政则是妇女发展的一个极为重要的方面，是妇女解放的高级形式。妇女广泛参与国家和社会事务管理、享有充分的民主和自由，是一个国家和社会文明进步的重要标志，是实现男女平等、保障妇女政治权利的重要内容，也是体现妇女生存与发展状况的重要指标。

妇女参政是指妇女群体参与国家政治生活和管理社会公共事务的资格或权利。具体而言，就是妇女通过法定程序，进入各级权力机关和走上决策管理岗位，参与公共事务的管理、决策，尤其是妇女中的优秀代表直接走上各级领导岗位，掌握一定的权力，参与对经济、科技、教育、行政等社会生活全方位的领导和管理。

妇女参政的内容主要包括民主参与和权力参与两方面。其中，民主参与是指妇女行使公民的民主权利，包括行使选举权，通过言论、出版、结社发表自己的政治见解等，即知政、议政；权力参与是指妇女直接担任各级人民代表和各级各类领导职务，直接管理国家与社会事务，即参政、执政。知政、议政、参政、执政，是妇女参政的四个层次。在这四个层次中，知政即妇女基于公民权利、义务和责任，对党和国家的政治、经济、文化以及社会生活各方面的情况予以关注；议政即妇女在国家政治、经济、文化生活和社会事务的决策管理中享有充分的发言权；参政即妇女参与国家政治、经济、文化生活和社会事务的民主管理和民主监督；执政即妇女进入国家各级权力机关并担任一定领导职务，对公共事务拥有决策权和管理权。

民主参与和权力参与是妇女参政不可或缺、相辅相成的两个方面。民主参与是权力参与的基础，权力参与是民主参与的集中体现。民主参与以权力参与为依托，充分体现女性群体的意愿和需求；权力参与以民主参与为途径，使决策能够真正维护女性的权益。

女性参政的实质在于：全社会妇女能否有较强的社会责任感和对政治生活的积极参与态度；从政的妇女能否代表女性的整体利益，反映女性的合法要求，并通过努力对政府的决策产生影响，使女性的利益在政治领域中得到充分体现。

总之，妇女参政是现代社会的法律赋予每一个女性公民的基本权利，妇女是否享有参政权是女性地位的基本标志。妇女参政情况不仅是女性生存发展状况的重要内容，也是一个国家男女平等基本国策的重要体现。妇女广泛参与国家和社会事务管理，享有充分的民主和自由，是国家文明进步的重要标志。妇女参政的状况是衡量一个国家和社会政治文明建设的重要指标。

第二节　中国妇女参政的历史进程

中国的妇女参政经历了一个从无到有、逐步推进的历史过程。在中国漫长的封建社会里，广大妇女深受封建政权、族权、神权、夫权的束缚，生活在社会的最底层。男性几乎主宰了整个社会的全部政治生活，女性则被排除在社会政治生活之外。虽然也有女官制度，但却不是现代意义上的妇女参政，而是帝王后宫制度的组成部分，与太监制度一样，同为封建政治的衍生物。虽然也曾有屈指可数的几位女政治家在国家政治生活中叱咤风云，但她们的政治才华也只是凭借着帝后的身份才得以展露，也就是说，她们的参政并不是独立进行的，而是紧紧依附于男性即封建帝王的，具有浓厚的依附性。近代以来，在争取民族独立和人民解放、实现国家富强和人民幸福的伟大斗争中，才开始了包括妇女参政在内的中国妇女解放的伟大征程。

一、民主革命时期妇女参政的历史考察

1840年鸦片战争后，中国逐步沦为半殖民地半封建的国家，从此，中国广大妇女在原有"四权"压迫之外，又和男性一起，饱受殖民侵略之苦。因此，在反帝反封建的革命斗争中，便留下了广大妇女的身影。随着资产阶级登上中国政治舞台，包括女子参政在内的妇女解放成为资产阶级民主革命的重要内容。资产阶级革命派提倡女权与女学，并把妇女解放与反对清王朝的斗争结合起来，一批女性参加同盟会，进行反对清王朝的革命斗争。辛亥革命期间，武汉、上海、浙江、广东等地的妇女纷纷成立女子军事组织，要求参战，并确立了推翻清王朝、建立共和政府的奋斗目标。南京临时政府成立后，又掀起了一股女子参政的热潮，成立了女子参政同盟会等组织，要求实现"男女平权""女子参政"，以求"社会之平等"。南京临时政府也采取了一些包括禁止缠足、小学可以男女同校等有利于妇女解放的措施，但认为"女子将来之有参政权，盖事所必至"①。

由于中国民族资产阶级的软弱和政治上的不成熟，也由于帝国主义和封建势力在中国统治力量的异常强大，以孙中山为首的具有资产阶级共和国性质的南京临时政府仅存在了三个月，就被以袁世凯为代表的北洋军阀政府所取代。袁世凯上台和复辟帝制后，解散了各种妇女团体，女权运动就此消沉。袁世凯死后，张勋复辟，段祺瑞上台，中国陷入四分五裂的军阀割据和军阀混战局面。封建军阀继续利用封建思想禁锢人民的头脑，维护自己的统治。他们在大肆提倡尊孔读经的同时，也大加表彰贞妇烈女。广大妇女依旧在封建政权、族权、神权、夫权"四权"的压迫下过着苦难的生活，妇女参政自然也进展缓慢。

1915年9月，陈独秀在上海创办《青年杂志》(后改为《新青年》)，在思想文化领域掀起了一场向传统的封建思想、道德、文化宣战的新文化运动。在新文化运动中，以陈独秀为代表的一批民主主义者高举民主和科学两面大旗，在反对封建专制、反对迷信盲从、反对封建礼教斗争中，以《新青年》杂志为阵地，抨击封建礼教、道德及法律制度对女性的残害，吹响了妇女解放的号角。

1919年"五四"运动中，中国女性冲破了重重阻挠，冲出校门、家门，和男性一起，走上了反帝爱国斗争的第一线。五四运动震撼了神州大地，也促进了中国妇女的觉醒，促使她们关心国家的前途命运，进而挣脱封建的藩篱，走上新的人生发展道路。许多妇女，

① 中国社会科学院近代史研究所中华民国史研究室：《孙中山全集》(第2卷)，北京：中华书局1982年版，第53页。

特别是一些青年知识分子妇女，冲破封建包办婚姻的束缚，走出家庭，在妇女解放、社会解放的道路上前行，不少人成长为我国妇女运动的领袖和女革命家，为中国人民革命的胜利做出了重要贡献。五四运动后，马克思主义在中国广泛传播，这必然极大地促进中国妇女解放运动的发展，使其从此进入一个新的发展阶段。

1921 年中国共产党成立后，十分重视妇女解放问题，将其列为自己的重要任务之一。党在成立的当年，就帮助在上海的中华女界联合会实行了改组，并在其纲领中提出："主张女子参加一切农民工人的组织运动"；女子与男子携手，加入一切抵抗军阀财阀底群众运动，与外国帝国主义之侵略奋斗。① 中国共产党还以女界联合会的名义，出版了《妇女声》半月刊，积极宣传马克思主义妇女观，努力研究中国妇女解放的种种问题，并创办了平民女校，积极为妇女解放运动创造条件。1922 年 7 月召开的中共二大，制定了反帝反封建的民主革命纲领，同时也作出了《关于妇女运动的决议案》。该决议案说："中国共产党认为妇女解放是要伴着劳动解放进行的，只有无产阶级获得了政权，妇女才能得到真正解放。"②这就为中国的妇女解放运动指明了前进方向，这就是：将中国的妇女解放运动融入广大劳动群众的解放斗争中，融入反帝反封建的革命斗争中。包括妇女参政在内的中国妇女解放运动发展史由此进入了一个新的历史转折点，使中国妇女解放事业由少数女性参与其中的女子教育工作，发展到社会各界妇女广泛参与、并与男子共同奋斗的社会政治运动和社会革命，从而不仅大大加速了中国妇女解放的进程，而且也使中国反帝反封建的民主革命有了一支数量庞大的新的生力军。

在土地革命战争时期，中国共产党将性别平等、婚姻自由、妇女参政等作为妇女解放的主要内容。1931 年 11 月 7 日，中国工农兵苏维埃第一次全国代表大会上通过的《中华苏维埃共和国宪法大纲》，不仅是中国历史上第一部体现人民意志的国家根本大法，而且是中国历史上第一部体现男女平等原则的大法。该大纲明确规定：在苏维埃政权领域内，工人农民红色战士及一切劳苦民众和他们的家属，不分男女、种族、宗教，在苏维埃法律面前一律平等，皆为苏维埃共和国的公民。凡上述苏维埃公民在十六岁以上皆有苏维埃选举权和被选举权，直接派代表参加各级工农兵苏维埃的大会，讨论和决定一切国家的地方的政治事务。中华苏维埃政权以保证彻底地实行妇女解放为目的，承认婚姻自由，实行各种保护妇女的办法，使妇女能够从事实上逐渐得到脱离家务束缚的物质基础，而参加全社会经济的政治的文化的生活。这就为革命根据地妇女在政治、经济、文化及社会地位上获得与男子同样的平等地位提供了法律依据。根据这一规定以及 1933 年苏区中央局的特别规

① 参见蔡鸿源、徐友春：《民国会社党派大辞典》，合肥：黄山书社 2012 年版，第 15 页。

② 中共中央文献研究室、中央档案馆：《建国以来重要文献选编》第 1 册，北京：中央文献出版社 2011 年版，第 16 页。

定，根据地的女性在参政方面，不仅享有与男性同等的选举权和被选举权，而且在基层代表会议选举中，女性代表至少要达到25%的比例，以此保障有足够数量的女性代表进入决策机构。这种关于妇女参政人数比例的规定，构成了中国共产党支持和促进妇女参政的鲜明特色。党在农村革命根据地发动和组织了大批妇女参加武装斗争，参加政权建设和土地革命，一大批女红军、女干部在战火中成长起来。

在抗日战争时期和解放战争时期，中国共产党着重指明了妇女解放的道路，指出只有阶级的民族的解放才有妇女的解放，动员和组织妇女参加抗日战争和解放战争，并在实践中解决了如何组织妇女谋求自身解放的方法问题。其中包括重视培养妇女干部，积蓄革命的领导力量。除了专门开办妇女干部训练班外，中央党校、抗日军政大学、陕北公学、鲁迅艺术学院都有计划地吸收妇女干部参加学习，并于1939年3月创办了中国共产党领导的第一所中国女子大学。毛泽东在中国女子大学开学典礼上发表重要讲话，要求中国女子大学不仅要培养大批有理论武装的妇女干部，而且要培养大批做实际工作的妇女运动干部。中国女子大学历时两年多，至1941年8月结束，培养了1000多名妇女干部，为中国革命做出了重要贡献。陕甘宁边区第一届参议会通过的《提高妇女政治经济文化地位案》中明确规定："鼓励女性参政，各级议会应有25%的女议员。"在党的妇女理论和政策的指导下，抗日民主根据地妇女的政治参与热情空前高涨，其政治参与的主要形式有：参加各种各样的妇女组织，如妇女抗日救国会等，参选、参政，参加抗战、生产和生活改革。广大妇女在抗日烽火中锻炼成长，为夺取抗战胜利做出了重要贡献。继而又在人民解放战争中踊跃参军参战支援前线，为推翻国民党反动统治、建立新中国立下了不朽功绩。

在中国共产党的领导下，中国妇女第一次全国代表大会于1949年3月24日至4月3日在北平中南海怀仁堂召开，成立了中华全国民主妇女联合会，选举产生了中华全国民主妇女联合会执行委员会和常务委员会，通过了《中华全国民主妇女联合会章程》。从此，中国妇女有了自己的组织，该组织对维护妇女权益、促进性别平等和女性发展起到了不可替代的促进作用。

1949年10月1日，中华人民共和国成立，占世界人口总数四分之一的中国人从此站起来了！这意味着压在中国人民头上的三座大山被推翻，束缚在中国妇女身上的四条绳索被砍断，中国妇女从社会的最底层站立起来了，和男性一样成了新中国的主人，并开始进入全方位参与社会经济、政治、文化和社会生活，促进自身全面发展的新时期。中国妇女在中国革命中求得翻身解放的历史，证明了毛泽东在延安中国女子大学开学典礼上讲话中所说的一句名言："全国妇女起来之日，就是中国革命胜利之时。"①

① 中华人民共和国全国妇女联合会：《毛泽东主席论妇女》，北京：人民出版社1978年版，第10页。

二、新中国成立以来妇女参政的历史发展

(一)社会主义革命和建设时期的妇女参政

1949年中华人民共和国成立后，优越的社会制度保障了男女在政治、经济、文化教育、社会生活和婚姻家庭各方面的平等权利，为妇女解放开辟了广阔的道路。一方面，广大妇女积极参加国家的经济建设，发挥半边天的作用；另一方面，党和人民政府运用行政和法律的手段，从法律上到事实上确保了妇女与男子平等权利的实现。中国妇女得到了前所未有的翻身解放和男女平等的权利，女性受教育比例和就业率大为提高，妇女参政得到国家的法律保障和社会的认可。

1953年颁布的《中华人民共和国全国人民代表大会及地方各级人民代表大会选举法》第4条规定："妇女有和男子同等的选举权和被选举权。"1954年颁布的第一部《中华人民共和国宪法》再一次明确规定："妇女有同男子平等的选举权和被选举权。"这就从国家根本大法上保障了女性参政的合法性。

重视女性干部的人选，提高女性干部参政比例，从新中国成立之日起就成为我国干部路线的重要内容之一。在新中国第一届中央人民政府机构中，有1名女性国家副主席(宋庆龄)，3名女部长(司法部部长史良、卫生部部长李德全和华侨事务委员会主任何香凝)，副部长以上的女性领导干部有20名，从而开启了新中国女性高层政权参与的先河。党的八大上，邓小平明确指出："党还应当特别加强妇女群众的工作，注意吸收妇女群众中的先进分子入党。"①"党必须用很大的决心培养和提拔妇女干部，帮助和鼓励她们不断前进，因为她们是党的干部的最大的来源之一。"②

新中国成立后，党和国家向女性干部倾斜的政策甚至在"文化大革命"期间也未间断。史料显示，1975年第四届全国人大女代表占22.63%。

新中国成立之后的前30年间，中国妇女先后召开了四次全国代表大会，其中1957年9月召开的中国妇女第三次全国代表大会通过了《中华人民共和国妇女联合会章程》，将"中华全国民主妇女联合会"更名为"中华人民共和国妇女联合会"，简称"全国妇联"。"妇联"被中国广大妇女亲切地称为自己的"娘家"。

(二)改革开放和社会主义现代化建设时期的妇女参政

1978年党的十一届三中全会开启改革开放新时期之后，随着经济、政治、文化和社会

---

① 《邓小平文选》第1卷，北京：人民出版社1994年版，第247页。

② 《邓小平文选》第1卷，北京：人民出版社1994年版，第251页。

的长足发展，随着党和政府各项相关政策、措施的出台和实施，我国的妇女参政面对新形势新任务，也曾经面临过一些困境，主要是在我国进入计划经济向市场经济过渡的社会转型期之后，一定程度上的竞争聘任制的引入，一度使得各级党政机关女性干部比例制度基本失效；伴随着党政机关机构精简、干部人事制度改革等，一些地方出现了女干部在差额选举中落选较多的现象，县、乡两级女领导干部所占的比例有下降的趋势，妇女参政遭受严峻挑战。在竞争机制逐步引入干部人事制度的情况下，如何继续使女干部在同级干部中的比例保持稳定并呈上升趋势，是改革开放对各级党委组织部门和各级妇联提出的新课题。

针对这种情况，中共中央组织部、全国妇联于 1988 年 4 月 8 日，联合下发《在改革开放中加强培养选拔女干部工作的意见》(以下简称《意见》)，具体部署改革开放新形势下培养选拔女干部工作。强调各级党委要充分认识培养选拔女干部的重要意义，用更多的精力做好女干部的培养工作，为女干部的更快成长创造良好条件。要努力做好基层女干部的培养选拔工作，以便为高层次的女干部选拔提供雄厚的人才基础和较大的选拔余地。要教育女干部自强不息，不断提高自身素质。加强党委组织部门和妇联的配合，共同做好培养选拔女干部的工作。《意见》特别要求，近期内，党委组织部门要会同同级妇联，对本地区、本部门女干部的培养、选拔工作进行一次分析、研究，针对存在的问题，采取措施加以解决，并将情况报上级党委组织部门。以后要定期召集会议，共同检查落实情况，把培养选拔女干部工作坚持不懈地抓下去。《意见》的颁布和执行，对于克服这一时期一些地方出现女干部在差额选举中落选较多的现象，遏制县乡两级女领导干部所占的比例逐步下降的趋势，起到了重要的作用。它表明，在改革开放的形势面前，在竞争机制逐步引入干部人事制度的情况下，中国共产党积极采取措施，努力解决改革开放对各级党委组织部门和各级妇联提出的新课题，为继续使女干部在同级干部中的比例呈上升趋势，促进我国妇女参政的顺利发展提供保证。

随着我国经济体制改革的不断深入，政治体制改革的需求日益迫切，以民主政治为核心的社会主义政治文明建设逐步展开。在国际国内政治文明不断推进的背景下，作为衡量民主政治进程的一个重要指标，妇女参政问题越来越受到党和政府的高度重视。

20 世纪 90 年代起，我国在促进妇女参政的法律和政策方面积极探索，相继出台了一些相关的政策法规。1992 年 4 月，第七届全国人民代表大会第五次会议通过的《中华人民共和国妇女权益保障法》，把政治权利单独列为一章，对妇女参与各级人大和各级党政工作做出原则性规定，如：国家保障妇女享有与男子平等的政治权利；妇女有权通过各种途径和形式，管理国家事务，管理经济和文化事业，管理社会事务；妇女享有与男子平等的选举权和被选举权；全国人民代表大会和地方各级人民代表大会的代表中，应当有适当数量的妇女代表，并逐步提高妇女代表的比例。国家积极培养和选拔女干部；国家机关、社会团体、企业事业单位在任用干部时必须坚持男女平等的原则，重视培养、选拔女干部担任领导成员；国家重视培养和选拔少数民族女干部；各级妇女联合会及其团体会员，可以向国家机关、社会团体、企业事业单位推荐女干部，等等。这些原则性的规定，为我国妇女参政提供了法律保障。

为了迎接联合国第四次世界妇女大会在中国的召开，从 1993 年起，中国政府做了积极筹备工作，有力地促进了妇女参政事业的发展。1994 年 2 月，中国政府在提交给联合国的《提高妇女地位内罗毕前瞻性战略》国家执行报告中承诺："今后我国的行动目标是，在 2000 年以前，实现各级领导班子中至少要有一名以上的女性，以便能够代表妇女的特殊利益和要求，对平等与发展方面的决策施加影响。"具体包括：逐步提高各级人民代表大会中女性比例，国务院应有女性副总理或国务委员，省、地、市、县、乡各级领导干部中必须有女性，逐步提高妇女在决策和管理人员中所占比例。这一报告，宣示了中国共产党和中国政府在推动妇女参政方面的决心。

1995 年 9 月，主题为"以行动谋求平等、发展与和平"的联合国第四次世界妇女大会在北京召开，得到了中国政府和人民的极大支持，也极大地推动了包括妇女参政在内的中国妇女发展。

对于《北京宣言》和《行动纲领》提出的保证妇女有平等的机会了解并全面参与权力机构和决策，以及提高妇女参与决策与领导的能力这两个战略目标，中国共产党和中国政府给予高度重视。我国连续发布《中国妇女发展纲要(1995—2000)》《中国妇女发展纲要(2001—2010)》《中国妇女发展纲要(2011—2020)》，明确我国妇女发展的主要目标，强调提高妇女参与国家和社会事务决策及管理的程度，要求逐步提高妇女参与决策和管理的比例，成为我国妇女发展的行动纲领，极大地推动了我国妇女参政和妇女发展的各项工作。

(三)新时代妇女参政情况

党的十八大以来，以习近平同志为核心的党中央高度重视妇女工作，强调"妇女权益是基本人权。我们要把保障妇女权益系统纳入法律法规，上升为国家意志，内化为社会行为规范。要增强妇女参与政治经济活动能力，提高妇女参与决策管理水平，使妇女成为政界、商界、学界的领军人物"。[①] 2015 年 9 月 27 日，习近平在全球妇女峰会上发表重要讲话，再次向世界宣示了中国推进性别平等、促进妇女参政议政的鲜明态度和决心。

党和国家制定实施了一系列政策措施，探索有效机制，积极营造平等竞争环境，切实保障妇女平等依法行使民主权利，加强对女干部的培养选拔和管理，科学组建女后备干部队伍，拓宽妇女参与决策和管理的渠道，在全面建成小康社会历史进程中同步协调推进妇

① 习近平：《促进妇女全面发展 共建共享美好世界——在全球妇女峰会上的讲话》，《人民日报》2015 年 9 月 28 日。

女发展。我国妇女参与决策和管理的法律政策不断完善，妇女参与决策和管理的比例明显提高，妇女参与基层民主建设的程度更加广泛，妇女和妇女组织在国家民主政治建设中的影响力日益增强。

党的十九大报告强调，要统筹做好培养选拔女干部、少数民族干部和党外干部工作。通过召开专题会议、制定政策文件、明确目标要求等措施，持续加大培养力度，不断提高女干部和女党员比例。2018 年，全国事业单位领导班子成员中，女性比例为 22.2%，比 2015 年提高 1.6 个百分点。2021 年，女党员占党员总数的 28.8%，比 1949 年提高 16.9 个百分点。党代会代表中的女性比例逐步提升，党的十九大代表中的女性占比为 24.2%，比 1956 年党的八大提高 14.9 个百分点。"两会"上有更多女性参政议政的身影，全国人大女代表的比例创历史新高。从人大代表到政协委员，从中共党员到领导干部……越来越多的妇女在政治舞台上崭露头角，妇女参政议政渐成中国政坛一道亮丽的风景。2016 年 3 月 1 日起施行的《反家庭暴力法》，被誉为我国法治化进程中的一个里程碑。从立题、调研讨论到立法、施行，《反家庭暴力法》的背后是女人大代表、女政协委员们持之以恒的推动。在基层，女干部、女党员勇挑重担、创新实干。从国家层面到基层单位，中国妇女参与政治的热情和行动正在推动国家新的发展，妇女参政议政迎来最好时期。

在以习近平同志为核心的党中央坚强领导下，亿万妇女正在以更加强烈的政治责任感和主人翁精神，依法行使民主权利，为全面深化改革、推进国家治理体系和治理能力现代化，为实现"两个一百年"奋斗目标、实现中华民族伟大复兴中国梦建功立业。

三、新中国妇女参政的历史成就和经验

（一）妇女参政的历史成就

如前所述，中国共产党自成立以来，就把妇女参政作为我国妇女解放的一个重要内容，并为此做了不懈的努力。新中国成立后，我国妇女参政有了相当程度的发展。1978 年党的十一届三中全会开启改革开放新时期之后，随着经济、政治、文化和社会的长足发展，随着党和政府各项相关政策、措施的出台和实施，我国的妇女参政面对新形势新任务，在走出最初的一些困境之后，逐渐走上了健康稳步发展的道路，妇女参政的广度、深度和高度都有所发展，越来越多的优秀女干部被选拔到各级领导岗位，在改革开放和社会主义现代化建设中发挥着重要作用。

党的十八大以来，在推进国家治理体系和治理能力现代化进程中，妇女参政的政策措施和法律保障进一步完善，妇女参与国家和社会事务管理的水平全面提升，在民主政治建设中的作用日益增强，对于全面建成小康社会、推动经济社会的发展、脱贫攻坚、抗击新

冠肺炎疫情等方面都发挥了巨大作用。

这些成就的取得，原因是多方面的，既有国际妇女参政浪潮的推动，更有我国改革开放和社会主义现代化建设带来的良好环境。同时，它也是中国共产党和人民政府以及社会各个方面长期不懈共同努力的结果，是各级妇联组织和广大妇女长期努力的结果。

（二）妇女参政的重要经验

1. 党和国家高度重视和正确领导，这是我国妇女参政事业不断发展的根本保证

中国共产党和中国政府始终坚持马克思主义妇女观，坚决贯彻男女平等基本国策，制定和颁布了一系列有利于妇女发展和妇女参政的政策、措施和举措，并采取切实有效的措施，有力地推动了我国妇女事业的健康发展。例如，党和政府有关部门采取将竞争选拔机制与保障妇女比例相结合的政策措施；民政部门在村民委员会选举中出台相关政策，开展提高妇女参政能力的项目，推动农村妇女参与村委会的选举；各级党校和干部培训学校加大对女干部的培训力度，着眼于女干部的参政能力建设。同时，各级党校和干部培训学校以及一些高等院校也开设性别平等与妇女发展方面的课程，促使性别平等基本国策的行动化。中国共产党的领导和中国政府的不懈努力，是改革开放以来中国妇女参政的根本保证。各级党组织和政府的高度重视，从根本上保证了包括妇女参政在内的妇女发展事业的顺利进行。

2. 各级妇联组织积极主动地推动性别平等纳入公共决策，这是我国妇女参政事业不断发展的重要动力

新中国成立以来特别是改革开放以来，我国各级妇联组织在党和政府的领导下，充分发挥组织妇女、引导妇女、服务妇女和维护妇女儿童合法权益的作用，各项工作实现了创新发展。具体表现为：采取多种形式，统筹推进城乡、区域、不同群体的妇女发展，切实维护妇女合法权益；积极参与妇女权益保障法等多部法律的制订和修改；进一步加强妇女儿童思想道德教育；深化中外妇女的友好交流与合作；切实加强妇联组织自身建设，从而使女性权益的组织保障更加有力。“自 1995 年以来，中国妇女参政的最大成就之一，是妇女组织合力推进性别平等进入决策。如果说，传统的妇女组织更多体现的是自上而下的桥梁作用，那么，当代的妇女组织则关注到上下结合，以新的性别理念逐步影响政策立法的走向和导向，其重点涉及劳动就业、经济财产、文化教育等政策领域。可以说，将性别意识纳入决策主流已成为 21 世纪中国妇女组织的战略和行动。”①此外，集结了上百家妇女研究机构的民间组织——中国妇女研究会于 1999 年成立，之后，又在各地包括高校设立

① 王金玲：《中国妇女发展报告》，北京：社会科学文献出版社 2006 年版，第 221 页。

了妇女与性别研究中心、妇女/性别研究与培训基地，致力于性别平等的理论研究和政策建议以及人才培养。我国各级妇联组织及广大妇女工作人员的辛勤工作和不懈努力，为我国包括妇女参政在内的妇女发展事业立下了不可磨灭的功勋。

3. 我国广大妇女的素质不断提高，特别是参政意识和参政能力有了明显的增强，这是我国妇女参政事业不断发展的必要条件

改革开放以来，我国经济社会的持续快速发展，离不开占“半边天”的广大妇女才智和力量的贡献。全国亿万妇女自强不息、勇于进取，积极参与我国经济、社会发展并做出了重要贡献。广大女性在与广大男性一起共同创造改革开放和社会主义现代化建设辉煌成就的同时，也创造了改变自身面貌的经济社会条件。特别是随着经济社会的发展、教育的普及和高等教育以及各类教育的迅速发展，男女平均受教育差距进一步缩小，我国女性自身发展取得明显进步，发展程度得到进一步提高。这是改革开放以来我国女性在政治和社会参与方面取得进步，女性政治和社会参与事业不断发展的主体条件。

此外，我国社会各界对包括妇女参政在内的妇女发展的关心、关注和支持，国际社会上妇女参政的整体趋势的良好势头，也是新中国成立特别是改革开放以来我国妇女参政不断发展的重要条件。

正是由于以上种种因素，新中国成立特别是改革开放以来我国妇女对政治和社会事务的参与取得了很大成绩，妇女参政的广度、深度和高度都有较大拓展。

第三节　进一步促进妇女参与决策和管理

新中国成立以来，从中央到地方都对妇女参与决策和管理给予了极大的关注，然而由于受经济、政治、思想文化、教育及妇女自身等方面因素影响，妇女参与决策和管理中仍存在不少问题，与妇女在国家政治建设中的地位和作用还有不小距离。在分析存在问题及其原因的基础上，明确进一步促进我国妇女参与决策和管理的政策举措和推进路径，有助于在新时代更好地发挥妇女“半边天”作用，促进妇女的全面发展。

一、妇女参与决策和管理面临的问题及其原因

(一)我国妇女参与决策和管理面临的问题

我国妇女在参与决策和管理方面取得了巨大成就，但也面临一些问题，主要有以下几

个方面的问题：

1. 相对于妇女在全国人口中所占的比重，全国人大女代表、政协女委员占比总体不高

全国人民代表大会是人民行使国家权力的机关，是人大代表行使政治权利，参与国家立法工作，审议政府工作报告的重要工作场所，也是妇女参与国家和社会事务管理最重要的领域。如图3-1所示，全国人大女代表的比例总体呈上升的趋势，从第一届全国人民代表大会所占比重12%，至第四届全国人大为一个高峰，后一直呈徘徊趋势，第十届全国人大女代表为第四届人大之后的最低值，仅为20.2%，后又缓慢上升，至第十三届全国人大为一个最高点，女代表比例为24.9%。再看政协女委员比例问题(如图3-1所示)，政协第一届全国委员会中女委员占比为6.7%，第二届大幅提升，后经第三、第四届小幅下降，从第五届开始缓慢上升，至第十三届达到最高点，全国委员会中有女委员440人，占委员总数的20.4%，高于上届2.6个百分点。从统计图可以看出，从1954年至今，历经近70年的发展，全国人民代表大会女代表的比例由12%上升为24.9%；政协女委员的比例经过70多年的发展，从1949年的6.7%上升到2018年的20.4%。从这两个比例来看，我国妇女参政取得了巨大的进步。但是，相对于妇女在全国人口中所占的比重，相对于妇女在改革开放和社会主义现代化建设中所发挥的“半边天”作用，人大女代表、政协女委员都不足1/4的比例显然不高。

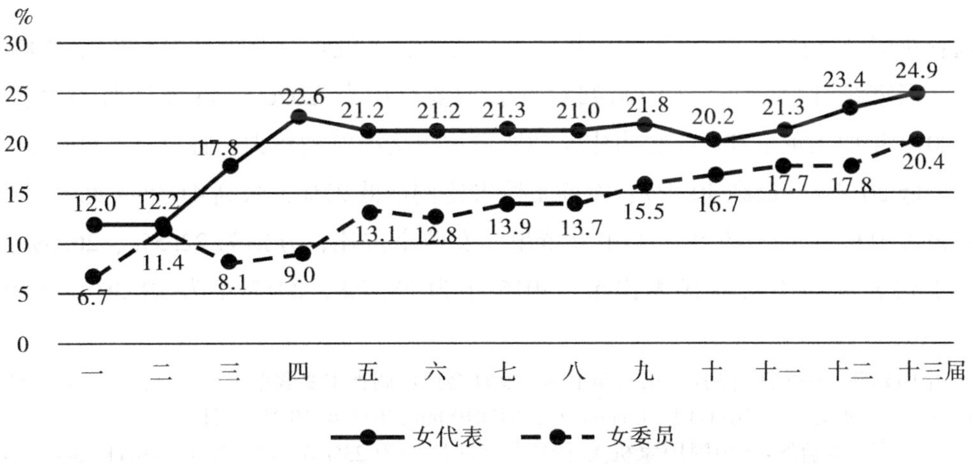

图3-1　历届全国人大女代表、政协女委员所占比例①

① 《2019年〈中国妇女发展纲要(2011—2020年)〉统计监测报告》，http://www.gov.cn/xinwen/2020-12/19/content_5571135.htm,2020年12月19日。

2. 在全国人大、政协、各级党政机关中妇女担任正职、要职人数总体不高，担任副职人数较多

《第三期中国妇女社会地位调查主要数据报告》显示："2.2%的在业女性为国家机关、党群组织、企事业单位负责人，为男性相应比例的一半；高层人才所在单位一把手为男性的占80.5%。"①"2005年以来全国女干部数量稳中有升，各级国家机关干部中女性所占比例大体稳定在23%左右，县处级以上女领导干部所占比例基本保持在16.5%左右。"②"据2011年统计，中国省部级及以上女干部占同级干部的比例为11.2%，地厅级女干部占同级干部的比例为13.8%。"③在2019年国务院新闻办公室发布的《平等发展共享：新中国70年妇女事业的发展与进步》白皮书中，有关于全国党政机关女干部人数统计及占比数据，"2017年，全国党政机关女干部人数从改革开放初期的42.2万增加至190.6万，占干部总数的26.5%。2017年，中央机关及其直属机构新录用公务员中女性比例达到52.4%；地方新录用公务员中女性比例达到44%。2018年全国事业单位领导班子成员中，女性比例为22.2%，比2015年提高1.6个百分点"。④ 从以上数据可以看出，妇女干部占比相较之前有较大提升，但总体而言比例仍然不高。女领导干部呈现如下特征：虚职多，实职少；副职多，正职少；分管教科文卫等部门的多，分管全面工作和经济、金融、公安、政法等部门的女性领导干部人数较少。

3. 妇女参与企业经营管理的总体数量不高

随着我国经济社会发展及人们思想观念的更新，女性在企业管理中发挥着越来越重要的作用。国家统计局发布的《中国妇女发展纲要(2011—2020年)》统计监测报告显示，2010—2019年职工董事和职工监事中女性所占比重情况波动较大，且比重不高。女职工董事比例最低26.4%，最高40.1%；女职工监事比例最低27%，最高41.9%(见表3-1)。统计监测报告中只显示2015年企业中女董事、女监事占比，分别为22.5%、26.3%。关于企业职工代表大会中女性代表比重，2016年为28.7%，2017年为29.3%，2019年为

① 全国妇联、国家统计局：《第三期中国妇女社会地位调查主要数据报告》，http://www.china.com.cn/zhibo/zhuanti/ch-xinwen/2011-10/21/content_23687810.htm，2011年10月21日。

② 周兆军、张蔚然：《中国国家机关干部中女性比例为23%左右》，http：www.chinanews.com/gn/news/2010/06-23/2359295.shtml，2010年6月23日。

③ 耿化敏：《中国共产党妇女工作史(1949—1978)》，北京：社会科学文献出版社2016年版，第401页。

④ 国务院：《平等发展共享：新中国70年妇女事业的发展与进步》白皮书，https://baijiahao.baidu.com/s? id=1645087607379578513&wfr=spider&for=pc，2019年9月19日。

29.7%。从以上数据可以看出，女职工董事、女职工监事除个别年份外，总体所占比重在40%以内，女董事、女监事以及企业职工代表大会中女性代表比重整体偏低。

表 3-1 2010—2019 年职工董事和职工监事中女性所占比重情况(%)

年份 类型	2010	2011	2012	2013	2014	2015	2016	2017	2018	2019
女职工董事	32.7	31.6	26.4	29.1	40.1	38.4	39.9	39.7	39.9	33.4
女职工监事	35.2	35.6	27	29.2	41.5	38.9	40.1	41.6	41.9	36.4

4. 妇女参与基层民主建设整体水平不高

国家统计局发布的《中国妇女发展纲要(2011—2020年)》(以下简称《纲要》)统计监测报告显示，2015年居委会成员中女性比例为49.2%，村委会主任中女性比例为11.5%，村委会成员中女性所占比重为22.9%；另据民政部统计，2018年居民委员会成员中女性占50.4%，居民委员会主任中女性占39.9%，村委会成员中女性占24%，村委会主任中女性占11.1%。以上统计监测报告显示，居民委员会成员和村委会主任中女性占比已分别达到《纲要》“保持在50%左右”和“10%以上”的目标，但村委会成员中女性比例距“达到30%以上”的《纲要》目标仍有不小距离。从以上统计可以看出，妇女参与基层管理的数量有大幅上升，虽然妇女参与基层管理数量达到《纲要》的基本要求，但占半数的妇女人口在基层决策管理中总体比重并不高，且参与基层民主建设议政水平也十分有限。《纲要》目标设定上，居民委员会成员和村委会成员女性占比目标较高，而村委会主任中女性占比仅10%。农村中青壮年男性进城务工人数占比较大，相应地，农村留守妇女、儿童占比较大，村委会主任对基层民主建设起关键作用，但《纲要》目标设定村委会主任中女性占“10%”以上，显然与妇女在农村基层民主建设中的地位不相适应。

(二)妇女在参与决策和管理方面面临问题的原因

1. 不平衡不充分的经济发展影响

经济基础决定上层建筑，经济地位是实现政治参与的重要基础。社会经济地位的不平等是影响妇女参与决策和管理的根源，没有独立的经济地位就难以有独立的政治地位。第三期中国妇女社会地位调查显示，城乡在业女性的年均劳动收入仅为男性的

67.3%和56.0%，[①] 且不同发展水平的京津沪、东部和中西部地区城乡在业女性的年均劳动收入均低于男性。新中国成立70多年来，尤其是改革开放40多年来，我国经济快速发展，已经成为世界第二大经济体，但不平衡不充分的发展仍然存在。中西部经济较为落后的农村地区，妇女经济状况尚处于偏低的水平，区域经济不平衡发展成为制约妇女整体发展的重要因素。由于没有独立的经济地位，许多妇女没有经济能力通过再教育或者培训来提高自己参与决策与管理的能力素质，导致她们虽然在基层民主政治建设中占有一定比例的人数，但各级部门正职、要职以男性为主，妇女掌握不了话语权和决策权，使其政治影响力远远低于男性，严重制约妇女表达其利益诉求的积极性。

2. 传统思想文化的影响

新中国成立后，我国妇女在参与决策和管理方面实现了较大发展，但传统思想文化的影响制约了人们的眼光，影响人们对妇女参政的认识，造成了妇女参与决策和管理的人数比例不高，女性领导数量不多、正职和关键部门女性领导不多等问题。第三期中国妇女社会地位调查中对男女两性社会地位的认同比例显示，认为男女地位差不多的占59.5%，认为男性更高的占33.7%，认为女性更高的仅占3.4%。1995年我国就把男女平等作为促进我国社会发展的一项基本国策，但2010年的调查结果显示人们思想观念中的男女不平等观念仍然存在。“男主外，女主内”“男主女从”“男尊女卑”的传统思想，潜在地影响到我国妇女参政的程度和层次。

3. 弹性政策的影响

在妇女参与决策和管理的法律政策上，使用“逐步提高”“比例有较大提高”“应当有适当比例”等词语作规定，弹性较大，缺乏明确比例数量，且缺乏相应的评估反馈机制。如《中华人民共和国妇女权益保障法》使用的是“逐步提高”；改革开放以来相继制定和颁布的三个《中国妇女发展纲要》，对妇女参政的比例分别使用的是“比例有较大提高”和“逐步提高”；全国人民代表大会女代表名额规定上，只有第十一届全国人民代表大会代表中明确要求“不低于22%”，第八、九、十、十二、十三届的要求均是“应高于”上一届，措辞用的“应”这一个弹性较大的词，而实际上第十届和第十一届比例都低于第九届。由于既缺乏强有力的评估反馈机制保障相关妇女参与决策和管理的法律政策，又未必能够严格按照法律政策执行，这对于执行效果是否达到了“逐步提高”缺乏相应的评估调试机制。

---

① 全国妇联、国家统计局：《第三期中国妇女社会地位调查主要数据报告》，http://www.china.com.cn/zhibo/zhuanti/ch-xinwen/2011-10/21/content_23687810.htm，2011年10月21日。

4. 受教育程度的影响

受教育程度尤其是高层次教育程度是影响妇女参与决策和管理的直接因素。随着我国高中教育大众化、普及化进程，越来越多的女性获得了与男性平等的受教育权利和机会。由表 3-2 可知，15~19 岁、20~24 岁、25~29 岁这三个年龄段受教育程度为专科、大学本科和研究生中，男女比例稍有差距但不是很大，年龄段越低的大学专科和大学本科中女性所占比例越高。这是高等教育普及的结果，性别在高等教育中的歧视逐渐下降，男女享受平等教育权基本实现，女性与男性接受高等教育的差距进一步缩小。但 30 岁以后大学本科生和研究生的男女比例差距呈扩大趋势，且差距越来越大。能够真正有效参与党和国家决策和管理者一般是在 30 岁以后，尤其是担任党、国家和社会各部门各行业的领导者和管理者应该是在 35 岁以后，但从统计数据看，女性高层次人才在 35 岁以后的比重下降幅度非常大。从在校高层次教育来看，2016 年在校硕士研究生中女性占 53.1%，男性占 46.9%；2017 年在校硕士研究生中女性占 49.9%，男性占 50.1%；2018 年在校硕士研究生中女性占 51.2%，男性占 48.8%。在校硕士研究生中男女比例差距不大，2016 年与 2018 年女性在校研究生略高于男性。但在校博士研究生中男女比例有较大的差距，2016 年在校博士研究生中女性占 38.6%，男性占 61.4%；2017 年在校博士研究生中女性占 39.3%，男性占 60.7%；2018 年在校博士研究生中女性占 40.4%，男性占 59.6%。① 可以看出，女性博士研究生比例一直呈上升趋势，但总体上与男性博士研究生仍有较大差距。这就成为妇女参与决策和管理的教育瓶颈，在一定程度上造成了玻璃天花板现象。越到高层，女性领导干部人数越少，无论是在人大、政协、各级党政机关、民主党派还是在基层自治组织中均是如此，领导层以男性干部为主，女性领导干部数量少，在做决策的时候难以充分反映妇女的愿望。

表 3-2　2015 年 15 岁及以上人口分年龄受教育程度性别构成（%）②

年龄（岁）	大学专科		大学本科		研究生	
	女	男	女	男	女	男
15~19	51.6	48.4	56.0	44.0	43.2	56.8
20~24	50.4	49.6	51.2	48.8	50.8	49.2

① 数据转引自国家统计局社会科技和文化产业统计司：《中国社会中的女人和男人——事实和数据（2019）》，2019 年，第 87 页。

② 数据来源于国家统计局社会科技和文化产业统计司：《中国社会中的女人和男人——事实和数据（2019）》，2019 年，第 85 页。

续表

年龄（岁）	大学专科		大学本科		研究生	
	女	男	女	男	女	男
25~29	50.4	49.6	50.3	49.7	49.1	50.9
30~34	49.2	50.8	48.7	51.3	49.3	50.7
35~39	47.6	52.4	45.8	54.2	43.7	56.3
40~44	44.3	55.7	41.6	58.4	37.3	62.7
45~49	41.9	58.1	38.3	61.7	30.7	69.3
50~54	38.4	61.6	32.8	67.2	23.5	76.5
55~59	35.4	64.6	30.6	69.4	21.3	78.7
60~64	34.5	65.5	34.1	65.9	20.2	79.8
65+	30.3	69.7	29.7	70.3	18.8	81.2
合计	47.1	52.9	47.6	52.4	45.4	54.6

资料来源：国家统计局，《2015年全国1%人口抽样调查资料》

5. 妇女自身因素的影响

妇女参与决策和管理的主动性、积极性不高，很多情况下是主动放弃了法律赋予妇女的合法的政治权利，尤其是在农村地区。据2011年公布的第三期中国妇女社会地位调查显示，近5年来，有83.6%的农村女性参与了村委会选举，投票时能够“尽力了解候选人情况”、认真投票的占70.4%。“投票时是否了解候选人情况”、是否认真投票反映了一个人参与政治的基本态度。农村是一个熟人社会，即使是一个行政村包括几个自然村，村内相互沟通交流的机会也较多，有充分的机会了解候选人情况，但“尽力了解候选人情况”、认真投票的仅占70.4%，在一定程度上说明了妇女参与决策和管理的意识不强。另外，传统观念认为男性比较理性，而女性较为感性，不适合担任主要领导职务。再者，由于家庭原因，养育子女、家务劳动需要占据妇女的大多数时间，导致她们没有更多的时间和精力参与决策和管理。

二、完善促进妇女参与决策和管理的政策举措

（一）妇女参政的重要指导

2020年10月，习近平在联合国大会纪念北京世界妇女大会25周年高级别会议上强

调：“25年来，北京世界妇女大会精神不断催生积极变化。妇女社会地位显著提高，‘半边天’作用日益彰显，性别平等和妇女赋权已成为《联合国2030年可持续发展议程》的重要目标。”①习近平同时提出四点中国主张，即帮助妇女摆脱疫情影响、让性别平等落到实处、推动妇女走在时代前列和加强全球妇女事业合作。在让性别平等落到实处这一主张中提出：“保障妇女权益必须上升为国家意志。要以疫后恢复为契机，为妇女参政提供新机遇，提高妇女参与国家和经济文化社会事务管理水平。我们要消除针对妇女的偏见、歧视、暴力，让性别平等真正成为全社会共同遵循的行为规范和价值标准。”②从男女平等到全面发展，这是一个渐进的过程，应该不断完善相关法律法规和政策规划，确保妇女平等享有参与政治、经济、文化和社会事务的权利，保障妇女在国家和社会事务决策和管理中的地位和作用。在当代中国，应该不断完善妇女参政的政策举措，促进妇女享有平等的政治权利，为妇女全面发展奠定制度基础。

（二）当代中国妇女参政的有关重要规定

当代中国对妇女政治发展特别是在妇女参政方面有不少法律和政策上的规定，主要有以下几个方面。

1. 宪法对妇女政治权利的规定

宪法是国家的根本大法，其核心内容是公民的基本权利和义务。宪法规定了妇女与男子具有平等的选举权和被选举权，第三十四条规定：“中华人民共和国年满十八周岁的公民，不分民族、种族、性别、职业、家庭出身、宗教信仰、教育程度、财产状况、居住期限，都有选举权和被选举权；但是依照法律被剥夺政治权利的人除外。”宪法以国家大法的形式规定了妇女与男子法律地位上的完全平等，第四十八条规定：“中华人民共和国妇女在政治的、经济的、文化的、社会的和家庭的生活等各方面享有同男子平等的权利。国家保护妇女的权利和利益，实行男女同工同酬，培养和选拔妇女干部。”这一规定为妇女平等地享有政治权利提供了宪法保障，也为妇女平等地享有其他权利提供了法律依据。

2. 全国人民代表大会女代表名额的规定

《中华人民共和国全国人民代表大会和地方各级人民代表大会选举法》第一章第七条规定：“全国人民代表大会和地方各级人民代表大会的代表应当具有广泛的代表性，应当有

---

① 习近平：《在联合国大会纪念北京世界妇女大会25周年高级别会议上的讲话》，《人民日报》2020年10月2日。

② 习近平：《在联合国大会纪念北京世界妇女大会25周年高级别会议上的讲话》，《人民日报》2020年10月2日。

适当数量的基层代表，特别是工人、农民和知识分子代表；应当有适当数量的妇女代表，并逐步提高妇女代表的比例。”从第八届全国人民代表大会起，每届全国人民代表大会对妇女代表都有明确规定，且要求每年递增，例如2007年《关于第十一届全国人大代表名额和选举问题的决定》规定，“第十一届全国人民代表大会代表中，妇女代表的比例不低于22%”；2012年《第十一届全国人民代表大会第五次会议关于第十二届全国人民代表大会代表名额和选举问题的决定》规定，“第十二届全国人民代表大会代表中，妇女代表的比例应当高于上届”；2017年《第十二届全国人民代表大会第五次会议关于第十三届全国人民代表大会代表名额和选举问题的决定》规定，“第十三届全国人民代表大会代表中，妇女代表的比例要比上届有所提高”。

3.《中华人民共和国妇女权益保障法》对妇女政治权益的规定

为了保障妇女的合法权益，促进男女平等，充分发挥妇女在社会主义现代化建设中的作用，根据宪法和我国的实际情况，我国制定了《中华人民共和国妇女权益保障法》，于1992年4月3日第七届全国人民代表大会第五次会议通过，1992年10月1日开始实施，并于2005年8月28日和2018年10月26日进行两次修正。该法第一章第二条明确规定：“妇女在政治的、经济的、文化的、社会的和家庭的生活等各方面享有同男子平等的权利。”①第二章第十条规定：“妇女有权通过各种途径和形式，管理国家事务，管理经济和文化事业，管理社会事务。”②第十一条规定：“妇女享有与男子平等的选举权和被选举权。全国人民代表大会和地方各级人民代表大会的代表中，应当有适当数量的妇女代表。国家采取措施，逐步提高全国人民代表大会和地方各级人民代表大会的妇女代表的比例。”③这些是以法律的方式明确规定了全国人民代表大会和地方各级人民代表大会的妇女代表的比例，为妇女参政提供制度基础与保障。

4.《中国妇女发展纲要》的有关规定

《中国妇女发展纲要》是由政府制定和实施的纲领性文件，目的是强化政府的有关职能，动员全社会的力量，为妇女的进步与发展创造更好的社会环境。同时，鼓励妇女在参与经济和社会发展的过程中争取自身的进步与发展。从1995年至2020年，国务院颁布实

---

① 全国人大常委会：《中华人民共和国妇女权益保障法》(中华人民共和国主席令第16号令)，1992年10月1日。

② 全国人大常委会：《中华人民共和国妇女权益保障法》(中华人民共和国主席令第16号令)，1992年10月1日。

③ 全国人大常委会：《中华人民共和国妇女权益保障法》(中华人民共和国主席令第16号令)，1992年10月1日。

施了三个《中国妇女发展纲要》，其中对于全国人民代表大会代表比例问题、女干部问题都有明确规定。例如，2011年7月，中华人民共和国国务院印发实施了《中国妇女发展纲要(2011—2020年)》，提出坚持全面发展、平等发展、协调发展和妇女参与四个基本原则。《纲要》第四部分“妇女参与决策和管理”提出八个方面的主要目标，其中规定：“积极推动有关方面逐步提高女性在全国和地方各级人大代表、政协委员以及人大、政协常委中的比例。县级以上地方政府领导班子中有1名以上女干部，并逐步增加。国家机关部委和省(区、市)、市(地、州、盟)政府工作部门领导班子中女干部数量在现有基础上逐步增加。县(处)级以上各级地方政府和工作部门领导班子中担任正职的女干部占同级正职干部的比例逐步提高。”①

5. 关于培养选拔女干部方面的政策规定

2001年4月，中共中央组织部印发了《关于进一步做好培养选拔女干部、发展女党员工作的意见》，对进一步做好培养选拔女干部、发展女党员工作提出明确要求和具体规定：省、自治区、直辖市和市(地、州、盟)党委、人大、政府、政协领导班子要各配1名以上女干部。县(市、区、旗)党委、政府领导班子要各配1名以上女干部；重点选拔中高级女干部、党政正职女干部和年轻女干部。要选拔一批优秀女干部进入地厅级和省部级领导班子；加大后备干部队伍中女干部的选拔力度。省、市、县三级党政领导班子后备干部队伍中的女干部，应分别不少于10%、15%、20%。2019年1月，中共中央印发了《中国共产党农村基层组织工作条例》。条例指出：“注重从优秀村党组织书记、选调生、大学生村官、乡镇事业编制人员中选拔乡镇领导干部，从优秀村党组织书记中考录乡镇公务员、招聘乡镇事业编制人员。重视发现培养选拔优秀年轻干部、女干部和少数民族干部。”

6. 关于妇女参与企业决策方面的政策规定

2012年2月13日，中央纪委、中央组织部、国务院国资委、监察部、全国总工会、全国工商联联合下发了《企业民主管理规定》(以下简称《规定》)，这是我国首次以六部门共同颁布规章的形式，全面规范企业民主管理制度，明确非公有制企业也应实行民主管理。第三条规定，“职工代表大会(或职工大会，下同)是职工行使民主管理权力的机构，是企业民主管理的基本形式”②，第九条明确规定职工代表中应当有适当比例的女职工，

① 中华人民共和国国务院：《中国妇女发展纲要(2011—2020年)》(国发〔2011〕24号)，2011年7月30日，第13页。

② 中共中央纪委：《企业民主管理规定》(总工发〔2012〕12号)，2012年2月13日。

"职工代表大会的代表由工人、技术人员、管理人员、企业领导人员和其他方面的职工组成。其中，企业中层以上管理人员和领导人员一般不得超过职工代表总人数的20%。有女职工和劳务派遣职工的企业，职工代表中应当有适当比例的女职工和劳务派遣职工代表"。[①] 各省市根据地方实际颁布实施了地方企业民主管理规定、条例或细则，促进《规定》结合地方特点实施，如2012年广西颁布《广西壮族自治区企业民主管理条例》，10月1日起正式实施。

7. 关于妇女参与基层管理方面的政策规定

为了保障农村村民实行自治，由村民群众依法办理自己的事情，发展农村基层民主，1989年12月第七届全国人民代表大会常务委员会第十一次会议通过了《中华人民共和国村民委员会组织法》，自1990年1月1日起施行，2018年12月29日第十三届全国人民代表大会常务委员会第七次会议通过《关于修改〈中华人民共和国村民委员会组织法〉〈中华人民共和国城市居民委员会组织法〉的决定》。在第六条中规定："村民委员会由主任、副主任和委员共三至七人组成。村民委员会成员中，应当有妇女成员，多民族村民居住的村应当有人数较少的民族的成员。"[②]第二十五条进一步对妇女代表人数所占比例做出明确规定："人数较多或者居住分散的村，可以设立村民代表会议，讨论决定村民会议授权的事项。村民代表会议由村民委员会成员和村民代表组成，村民代表应当占村民代表会议组成人员的五分之四以上，妇女村民代表应当占村民代表会议组成人员的三分之一以上。"[③] 2009年中共中央办公厅、国务院办公厅《关于加强和改进村民委员会选举工作的通知》中也明确指出："适应中国特色社会主义新农村建设需要，提倡把更多女性村民特别是村妇代会主任提名为村民委员会成员候选人。"[④]2013年5月2日，民政部印发了《村民委员会选举规程》(以下简称《规程》)。该《规程》规定："候选人中应有女性，但委员的候选人中有妇女获得半数选票的，应当首先确定得票最多的妇女当选委员"，这为提高村民委员会中的妇女比例提供了基本保障。第四章第三条规定：村民委员会"候选人中应当有适当的妇女名额，没有产生妇女候选人的，以得票最多的妇女为候选人"。[⑤] 第六章第九条规定："村民委员会主任、副主任的当选人中没有妇女，但委员的候选人中有妇女获得过半数选

① 中共中央纪委：《企业民主管理规定》(总工发〔2012〕12号)，2012年2月13日。

② 全国人民代表大会：《中华人民共和国村民委员会组织法》(中华人民共和国主席令第21号)，2018年12月29日。

③ 全国人民代表大会：《中华人民共和国村民委员会组织法》(中华人民共和国主席令第21号)，2018年12月29日。

④ 中共中央办公厅 国务院办公厅：《关于加强和改进村民委员会选举工作的通知》(中办发〔2009〕20号)，2009年4月24日。

⑤ 民政部：《村民委员会选举规程》(民发〔2013〕76号)，2013年5月2日。

票的，应当首先确定得票最多的妇女当选委员，其他当选人按照得票多少的顺序确定；如果委员的候选人中没有妇女获得过半数选票的，应当从应选名额中确定一个名额另行选举妇女委员，直到选出为止，其他当选人按照得票多少的顺序确定。”①第八章第二条规定：“补选时，村民委员会没有妇女成员的，应当至少补选一名妇女成员。”②

上述宪法、法律和政策规定，对于我国妇女参与决策和管理提供了宪法、法律和政策上的保证。

三、进一步推进当代中国妇女政治发展的路径

妇女参与决策和管理是提高妇女地位、实现男女平等的重要标志。改革开放 40 多年来，中国特色社会主义民主政治不断完善，为妇女参政提供了新机遇、拓展了新渠道。党的十八大以来，在推进国家治理体系和治理能力现代化进程中，妇女参与国家和社会事务管理的水平全面提升，在民主政治建设中的作用日益增强。2018 年 11 月 2 日，习近平同全国妇联第十二届领导班子成员集体谈话时强调：“做好党的妇女工作关系团结凝聚占我国人口半数的妇女，关系为党和人民事业发展提供强大力量。要加强党对妇女工作的领导，坚持中国特色社会主义妇女发展道路，把握实现中华民族伟大复兴的中国梦这一当代中国妇女运动的时代主题，促进男女平等，发挥妇女在各个方面的积极作用，组织动员妇女走在时代前列，在改革发展稳定第一线建功立业”③。这一讲话，为进一步推进当代中国妇女政治发展指明了方向。

（一）促进经济协调发展，保障妇女经济权益

促进经济平衡充分发展，保障妇女经济权益，提高妇女经济地位，才能为妇女参与决策和管理奠定物质基础。当代妇女政治发展归根结底就是以提高妇女经济地位为基础，充分发挥妇女在政治参与中的人力资源优势，保障妇女参政议政权利，发挥妇女在政治生活中的作用。坚持和促进当代妇女政治发展，必须以提高妇女经济地位为基础。唯物史观认为，物质生产及生产方式决定着社会的结构、性质和面貌，制约着人们的经济生活、政治生活和精神生活等全部社会生活。纵观人类历史，妇女解放、男女平等与妇女全面发展思想的提出，无不与人类社会经济发展所提供的物质技术基础直接相关。2021 年 2 月 25 日，习近平在全国脱贫攻坚总结表彰大会上庄严宣告：经过全党全国各族人民共同努力，在迎

① 民政部：《村民委员会选举规程》（民发〔2013〕76 号），2013 年 5 月 2 日。

② 民政部：《村民委员会选举规程》（民发〔2013〕76 号），2013 年 5 月 2 日。

③ 习近平：《习近平在同全国妇联新一届领导班子成员集体谈话时强调 坚持中国特色社会主义妇女发展道路 组织动员妇女走在时代前列建功立业》，《人民日报》2018 年 11 月 3 日。

来中国共产党成立100周年的重要时刻，我国脱贫攻坚战取得了全面胜利，现行标准下9899万农村贫困人口全部脱贫，832个贫困县全部摘帽，12.8万个贫困村全部出列，区域性整体贫困得到解决，完成了消除绝对贫困的艰巨任务，创造了又一个彪炳史册的人间奇迹！全国农村贫困人口从2010年的1.66亿人，到2021年消除绝对贫困，实现全部脱贫，这是人类反贫困史上的中国奇迹。在开启全面建设社会主义现代化新征程中，更需要关注东中西部、城乡协调发展，保障妇女充分就业和权益保护，提高其经济地位，为当代妇女政治发展奠定坚实的物质基础。

（二）营造良好社会文化环境

营造良好社会文化环境，才能为当代中国妇女政治发展筑牢思想文化根基。这就需要大力倡导和弘扬马克思主义妇女观，消除性别歧视，树立男女平等的观念，将男女平等的基本国策落到实处。首先，要宣传马克思主义的妇女观，以马克思主义妇女观尤其是中国化马克思主义妇女观指导妇女政治发展，引导妇女增强“四个自信”，自觉为中国特色社会主义共同理想而奋斗。其次，消除封建的妇女观的影响，提高妇女参政意识。目前仍有相当数量的人不同程度地受到封建的妇女观的影响，直接影响到妇女的参政意识，这就需要发挥各级妇联组织的作用，依法依规为妇女政治发展营造良好社会文化环境。再次，全面落实男女平等基本国策，树立男女平等的观念。虽然男女平等、尊重妇女的观念越来越深入人心，但针对妇女的歧视依然存在。只有消除对女性的歧视和偏见，优化妇女参政议政的社会舆论环境，正确评价妇女在政治生活中的地位和作用，保障妇女和男性享有平等的政治权利，才能真正实现妇女平等地参与决策和管理。

（三）进一步完善妇女参与决策和管理的制度和政策

进一步完善有关妇女参与决策和管理的制度和政策，才能为当代中国妇女政治发展提供制度保障和政策支持。在妇女参与决策和管理的法律制度方面，我国已经形成了一个以《宪法》为依据，以《妇女权益保障法》为主干，由若干法律、行政法规、地方性法规等组成的妇女立法的规范网络体系。这些法律法规的实施，对保障当代中国妇女参与决策和管理起到了重要的作用。进一步完善促进妇女参与决策和管理的政策措施，在保证实现妇女参与决策和管理的同时，确保妇女参与决策和管理的人数和比例不断提高。这一方面要调整弹性规定为具体的考评指标。目前关于妇女代表、妇女干部有一定的规定性，但这些规定又有较大的弹性，这就要求进一步规范这些规定性，使这些法律法规和政策规范真正落地生根。进一步完善妇女参政比例的规定，改变“要占一定比例”“比例逐步提高”“比上一届有所提高”这种弹性规定，规定更为具体、明确的妇女参政比例，以便保障政策真正执行。另一方面，各地根据本地方实际制定保障配套制度，明确妇女参与决策和管理的目标指标和工作要求，如某省某市具体的实施细则、考评监测机制、反馈调整机制等，真正保障妇女参政的合法权益。

（四）进一步实现教育公平

实现教育公平，才能为当代中国妇女政治发展夯实教育基石。新中国成立后，我国妇女获得了与男子平等的受教育权利。经过70多年的发展，我国妇女的整体文化水平有了很大的提高，但仍然存在“一高一低”的局面，即农村妇女低文化水平比重高，高层次人才中妇女比重低。从“一高”情况看，农村留守老人、妇女、儿童较多，妇女应该在基层民主政治建设中发挥重要作用，但农村妇女低文化水平比重高直接影响到农村妇女的参政水平和质量。从“一低”情况看，“一低”影响妇女走上重要岗位。重要岗位领导和领导正职一般接受过高层次教育，妇女在重要岗位及正职中所占比重在一定程度上与受高层次教育水平有较大的关系。因此，应该进一步扩大教育公平，首先要提高农村义务教育、高中教育普及率，尽量扩大高等教育普及率。其次，提高高层次人才培养中的妇女比重，为高层次妇女进入重要领导岗位奠定教育基础。再次，依托妇联组织加强继续教育，充分利用网络平台、高校继续教育、女子学院相关课程，扩展多种途径推进妇女教育。实现教育公平，提高妇女文化素质和终身学习能力，对提高妇女地位、保障妇女权益，发挥妇女在社会生活和家庭生活中的独特作用，乃至提高整个社会教育水平都具有重要意义，有助于为当代中国妇女政治发展夯实教育基石。

（五）提高妇女参政能力

不断提高妇女参政能力，才能为当代妇女政治发展奠定能力基础。要充分利用各级党校、妇联干校、网络在线课程、实践锻炼等平台提高妇女参政能力。首先，要把各级妇女干部培养纳入全国和地方干部教育培训规划，突出特点，有针对性地规划妇女干部教育培训。其次，要学习党的创新理论，学习习近平关于妇女和妇女工作的重要论述，用习近平新时代中国特色社会主义思想武装头脑，做到真学、真懂、真信、真用，增强“四个意识”，坚定“四个自信”，做到“两个维护”。再次，要学习党中央和国务院关于中国发展的方针政策，结合各地实际学习关于地方发展一系列政策规定，了解政策、理解政策，为正确执行政策打下基础。此外，还要学习与妇女干部工作直接相关的知识理论、方法技能等，着力提升妇女干部的综合素质。通过教育培训，提高妇女参政能力，为促进妇女政治发展奠定能力基础。各级妇联要按照习近平在同全国妇联第十二届领导班子成员集体谈话时所发表的重要讲话精神，帮助妇女处理好家庭和工作的关系，做对社会有责任、对家庭有贡献的新时代女性。要引导妇女发扬爱国奉献精神，自尊自信自立自强，以行动建功新时代，以奋斗创造美好生活，在祖国改革发展的伟大事业中实现自身发展，在人民创造历史的伟大奋斗中赢得出彩人生。①

◎ 基本概念

妇女发展 妇女参政 政治发展

◎ 思考题

1. 如何认识妇女参政在政治发展中的地位和作用？
2. 我国妇女参政为什么能取得伟大成就？
3. 我国在妇女参与决策和管理方面有哪些政策举措？
4. 如何进一步推进当代中国妇女的政治发展？

① 习近平：《习近平在同全国妇联新一届领导班子成员集体谈话时强调 坚持中国特色社会主义妇女发展道路 组织动员妇女走在时代前列建功立业》，《人民日报》2018年11月3日。

第四章
文化与妇女发展

妇女是社会发展的重要参与者与建设者，妇女发展受到社会方方面面的影响，其中社会道德思想、传统文化观念、不平等的性别意识等文化要素对妇女发展的影响至甚。妇女解放与妇女发展需要批判地继承传统文化中的女性思想，保障妇女在经济、教育、健康、就业等各领域的基本权利，发挥妇女在家庭、社会生产建设中的主体作用。妇女解放从根本上说是社会道德思想、社会性别观念的解放；男女平等基本国策的落实，最为核心的力量是来自推动社会可持续发展的先进性别文化；妇女发展归根结底是保障妇女受教育权利，调动社会内外部要素充分开发妇女人力资源。

第一节　思想文化建设与妇女发展

妇女不仅是人类物质财富的主要创造者，而且是精神财富的主要创造者。在物质相对丰裕的当今社会，妇女的思想文化需求进一步上升，对妇女进行思想文化方面的建设显得尤为必要。“一个没有精神力量的民族难以自立自强，一项没有文化支撑的事业难以持续长久。”①加强妇女思想文化建设，是妇女全面发展的题中之意，是提升妇女思想文化素质的必由之路，是社会道德风尚建设的必然要求。

一、妇女思想文化建设的必要性

思想文化是人们在生活关系中形成的思想观念、价值取向和文化素养等方面的反映。

---

① 中共中央文献研究室《中国特色社会主义文化发展道路》课题组、郭如才：《振奋起全民族的“精气神”——十八大以来中央关于思想文化建设的新思想》，《党的文献》2015 年第 4 期。

思想文化的力量深刻而持久，思想文化建设作为国家建设的一个重要内容，直接影响着国民的整体精神面貌和科学文化素质状态。加强妇女思想文化建设，着力构建先进的妇女思想文化，能最大限度地促进妇女的全面发展。

(一)加强妇女思想文化建设是妇女全面发展的题中之义

妇女与健康、妇女与教育、妇女与经济、妇女参与决策和管理、妇女与社会保障、妇女与家庭建设、妇女与环境、妇女与法律等，是《中国妇女发展纲要(2021—2030年)》确定的妇女优先发展的几个领域。要实现妇女的全面发展，便不可偏废其一。而在促进妇女全面发展的过程中，加强妇女思想文化建设毫无疑问处于最基础最重要的地位。加强妇女思想文化建设，使之形成的文化“软实力”直接影响到妇女在健康、教育、经济、政治、社会保障、家庭建设环境、法律等领域的发展，进而促进妇女发展水平全方位提升。妇女思想文化建设主要包括两个方面的内容，一是妇女的科学文化素质建设；二是妇女的思想道德建设。要实现妇女的全面发展，就必须从提升妇女的科学文化素质和思想道德水平两个方面着手。只有通过不断提高妇女的科学文化素质、增强其能力本领，并不断加强其思想道德建设、保持向上向善的精神面貌，才能切实增强妇女参与政治、经济、社会、生态建设的本领，进而才有助于妇女全面发展的实现。思想文化作为一个国家和民族核心竞争力的重要因素，其思想文化状态直接决定了一个国家和民族的精气神。加强妇女思想文化建设，提升妇女的思想文化水平，对于妇女树立良好的精气神、进而实现全面发展具有至关重要的作用。

(二)加强妇女思想文化建设是提升妇女思想文化素质的必由之路

妇女自身思想文化素质的高低直接影响了其政治和经济地位。尽管我国已经制定了很多相关法律法规来保障妇女的合法权益，但是“打铁还需自身硬”，要真正实现男女平等，妇女自身思想文化素质的提高是最根本的内在因素。提升妇女思想文化素质，就必须大力推进妇女思想文化建设。加强妇女思想文化建设从而提升其思想文化素质，要从教育着手，具体要在义务教育、高等教育、职业教育等各个教育阶段全方位发力。思想文化建设是一个长期的过程，妇女思想文化素质的提升也不是一蹴而就的。近些年来，我国通过不断推动妇女教育的发展，妇女思想文化建设取得了很好的成效，其思想文化素质水平得到了很大的提高。例如，我国在大力实施义务教育的同时，针对偏远穷苦山区的失学女童实施“春蕾计划”，使得女童辍学、失学率大幅下降，高等教育中女性的占比不断上升。此外，在农村和城镇地区，各级政府采用多种方式多种手段对妇女开展实用技术技能培训。广大妇女通过接受各式各样的教育，在汲取知识、提升自身科学文化素质的同时，还发展了自身明辨是非的思维能力。随着妇女思想文化素质的提高，其政治参与意识也随之增强，其参与经济建设、社会建设、生态文明建设等的能力也得到了很大提高。因此，加强妇女思想文化建设对于提升妇女思想文化素质至关重要。

(三)加强妇女思想文化建设是社会道德风尚建设的必然要求

社会道德风尚建设的成败在很大程度上取决于妇女个人的思想品德水平。社会道德风尚建设的主要内容包括社会公德、职业道德、家庭美德和个人品德。其中，个人品德是基础，只有每个人先形成高尚健全的道德品质，才有可能进一步形成良好的社会公德、职业道德和家庭美德。而在个人品德建设中，妇女是其中最为关键的一环。由于妇女在家庭中的独特作用，其不仅是维系家庭良好夫妻关系、婆媳关系最重要的因素，而且还是教育下一代成人成才的关键。加强对妇女的思想文化建设尤其是思想品德建设，对于良好社会道德风尚的形成极为重要。习近平强调："国无德不兴，人无德不立。"①"我们要大力培育和弘扬社会主义核心价值体系和核心价值观，加快构建充分反映中国特色、民族特性、时代特征的价值体系，努力抢占价值体系的制高点。而在核心价值体系和核心价值观中，道德价值具有十分重要的作用。"②社会主义核心价值观所蕴含的道德价值直接影响了广大妇女的行为取向。以加强社会道德风尚建设来推动妇女思想文化建设，有利于广大妇女塑造新时代女性形象，有利于不断提升妇女整体道德文化素质，为建设社会主义现代化强国提供精神保障。

二、妇女思想文化建设的主要内容

思想文化是一个国家和民族的软实力，我国历来就非常重视思想文化建设问题。推动妇女思想文化建设，要从意识形态建设、思想道德建设、教育科学文化建设和家庭文化建设四个方面着手。

(一)意识形态建设

"意识形态决定文化前进方向和发展道路"③，筑牢妇女的意识形态阵地是妇女思想文化建设中最根本最重要的一环。对妇女进行意识形态教育，先要坚持将马克思主义妇女观

① 中共中央文献研究室：《习近平关于社会主义文化建设论述摘编》，北京：中央文献出版社 2017 年版，第 139 页。

② 中共中央文献研究室：《习近平关于社会主义文化建设论述摘编》，北京：中央文献出版社 2017 年版，第 105~106 页。

③ 习近平：《决胜全面建成小康社会 夺取新时代中国特色社会主义伟大胜利——在中国共产党第十九次全国代表大会上的报告》，北京：人民出版社 2017 年版，第 41 页。

作为促进妇女全面发展的指导思想，要坚持马克思主义在意识形态领域中的指导地位，坚持党对意识形态的绝对领导权，不断促进马克思主义妇女发展理论与时代发展相融合。中国共产党将马克思主义妇女观作为指导思想，不仅为我国的妇女发展提供了理论源泉，更有利于抓好对妇女的意识形态工作。习近平强调，“意识形态关乎旗帜、关乎道路、关乎国家政治安全”。① “我们正在进行具有许多新的历史特点的伟大斗争，面临的挑战和困难前所未有，必须坚持巩固壮大主流思想舆论，弘扬主旋律，传播正能量，激发全社会团结奋进的强大力量。”②因此，加强妇女思想文化建设，就要持续重点加强对广大妇女的意识形态建设，加强主流思想文化教育，守住意识形态领域良好态势，巩固拓展意识形态阵地，从而带动妇女统一思想、凝心聚力，更好地服务党和国家中心工作。

（二）思想道德建设

中华民族五千多年的历史孕育了优良的思想道德传统，加强思想道德建设，传承和弘扬优秀的思想道德文化，是妇女思想文化建设的重要内容，也是妇女全面发展必不可少的一部分。思想道德建设是社会主义精神文明建设的核心，中国共产党人历来就高度重视加强对人民群众的思想道德建设。例如，习近平一直强调，“要大力弘扬时代新风，加强思想道德建设，深入实施公民道德建设工程，加强和改进思想政治工作，推进新时代文明实践中心建设，不断提升人民思想觉悟、道德水准、文明素养和全社会文明程度”。③ 加强妇女思想道德建设，就要加强对妇女的理想信念教育和爱国主义教育，培育和弘扬社会主义核心价值观，加强职业道德、社会公德、家庭美德教育，帮助广大妇女树立正确的世界观、人生观和价值观。改革开放以来的实践经验告诉我们，加强妇女的思想道德教育，推动妇女在文化领域的发展，要坚决摒弃封建迷信、不思进取、男女绝对平等的错误观念，牢固树立与社会主义核心价值观相适应的价值理念，顾全国家发展大局，继续发扬妇女在家庭生活中的核心作用，推动形成健康的、科学的生活和生产方式。

（三）科学文化素质建设

科学文化素质建设是妇女思想文化建设的重要方面，其解决的是妇女的科学文化素养和为全面建设社会主义现代化国家提供智力支持的问题。教育对于提升妇女科学文化素质

---

① 中共中央文献研究室：《习近平关于社会主义文化建设论述摘编》，北京：中央文献出版社 2017 年版，第 186 页。

② 习近平：《胸怀大局把握大势着眼大事 努力把宣传思想工作做得更好》，《人民日报》2013 年 8 月 21 日。

③ 习近平：《举旗帜聚民心育新人兴文化展形象 更好完成新形势下宣传思想工作使命任务》，《人民日报》2018 年 8 月 23 日。

发挥了至关重要的作用，对妇女进行科学文化素质教育，不仅有助于提升妇女的整体精神文明状态，而且能提高其参与社会主义物质文明和精神文明建设的能力，进而为实现妇女的全面发展奠定智力基础。加强对妇女的科学文化素质建设，一方面要抓好女性成长各个阶段的教育工作，保障女性切实享有和男性同等的受教育权；另一方面，要善于从职业技能教育着手来提升妇女的科学文化素质。中国共产党从成立之日起就将提升女子教育水平的事宜提上日程，并且在以后的革命、建设和改革时期都将妇女的教育事业作为重要任务来对待。在党和政府的积极努力下，妇女教育事业的发展、科学文化素质的提升，既为我国的社会主义现代化建设提供了积极的智力支持，又为妇女的全面发展产生了积极的影响。

(四)家庭文化建设

家庭是构成社会的基本细胞，家庭文化建设是妇女思想文化建设中的关键一环。家庭文化是指家庭的精神状态和精神生活方式，包括家庭成员的思想观念与价值追求。家庭文化直接影响了家庭成员之间的关系，以及家庭成员认识和改造世界的方式方法等。家庭文化建设就是要通过各种形式来提高家庭成员的思想道德修养、文化艺术修养、法律修养，以及提高家庭成员的健康保健水平与科学文化素质，从而提高整个家庭的文化素质和文明风貌。2013 年 10 月 31 日，习近平在同全国妇联第十一届领导班子成员集体谈话时强调："发挥妇女在弘扬中华民族家庭美德、树立良好家风方面的独特作用，这关系到家庭和睦，关系到社会和谐，关系到下一代健康成长。"①妇女不仅用自身智慧创造物质财富与精神财富，还承担着孕育下一代的神圣使命。妇女在家庭中的特殊地位决定了其在家庭文化建设中的独特作用。如在家庭文化消费的导向方面，女性负有责任并可起一定的引导作用；女性的文化取向对家庭成员特别是对子女会产生耳濡目染、潜移默化的影响，如何在家庭文化建设中取精华、除糟粕，使家庭文化健康向上、具有品位和女性对家庭文化的选择、定位具有很大关系；由于生理原因，妇女较男性感情细腻、语言表达能力强，家庭责任感强，在家庭生活中自然地成为"中心"。在家庭中的中心地位决定了妇女会对家庭文化建设起到关键和主导作用，因而推动妇女思想文化建设必须重视家庭文化的建设。

三、新时代妇女思想文化建设的实践路径

新中国成立以来，在党和政府的大力推动下，我国妇女的思想文化建设取得了巨大的

① 习近平：《坚持男女平等基本国策 发挥我国妇女伟大作用》，《人民日报》2013 年 11 月 1 日。

成就，广大妇女的思想文化面貌得到了很大的改观。但是由于我国仍处于社会主义初级阶段，社会生产力的发展呈现出不平衡、不充分的特点，社会文明程度尚有待于进一步提高，新时代加强妇女思想文化建设仍然任重道远。新时代，推动妇女思想文化建设，构建先进的妇女思想文化，要从以下几个方面着手。

（一）用科学理论武装妇女

学习贯彻习近平新时代中国特色社会主义思想，是妇联工作的首要政治任务。要组织引导广大妇女持之以恒读原文、学原著、悟原理，深刻理解习近平新时代中国特色社会主义思想的精神实质和丰富内涵，深刻领会习近平新时代中国特色社会主义思想闪耀的真理光辉、蕴含的崇高信仰。持续深化“百千万巾帼大宣讲”活动，用妇女群众喜闻乐见的方式和听得懂的语言，推动学习宣传贯彻工作不断往深里走、往实里走、往妇女群众心里走。充分运用所属报刊和新媒体平台，增强宣传阐释的理论深度、实践力度、情感温度，引导广大妇女进一步增进对习近平新时代中国特色社会主义思想的政治认同、思想认同、情感认同，增强贯彻落实的自觉性、坚定性。①

（二）大力提升妇女的受教育水平

教育是提高妇女思想文化素质最重要最主要的途径，加强新时代妇女思想文化建设先要从教育着手。美国著名学者加尔布雷思（John Kennneth Galbraith）指出：“在当今世界上，没有任何一国受到良好教育的人民是贫穷的，也没有任何一国愚昧无知的人民是不贫穷的。”②由此可见，教育的作用是巨大的。我国历来重视妇女的教育问题，在政策设计和制度法律规划中，始终重视保障妇女的受教育权。然而，我国社会的现实是，妇女受教育水平与男性依然存在一定差距。实现妇女全面发展的关键在于抓好妇女的教育，提高其科学文化水平。着力提升妇女的受教育水平，要在学前教育、义务教育、高等教育和职业教育等各个教育阶段精准发力。新时代，在接受学前教育方面，我国的女童受教育占比持续提高；男女拥有平等的受教育权在义务教育阶段已经大体得以实现；在高中教育以及高等教育阶段，女性受教育的比例节节攀升，其与男性受教育的差距逐渐缩小。随着时代的发展和经济、科技取得的长足进步，我国逐步建立起具有多层次、全方位特点的妇女人才培养体系。在第三次科技革命的背景之下，愈来愈多的妇女业已在生物工程、人工智能等新兴

① 黄晓薇：《高举习近平新时代中国特色社会主义思想伟大旗帜 团结动员各族各界妇女为决胜全面建成小康社会 实现中华民族伟大复兴的中国梦而不懈奋斗——在中国妇女第十二次全国代表大会上的报告》，《中国妇运》2018 年第 11 期。

② ［美］约翰·肯尼斯·加尔布雷斯：《好社会：人道的记事本》，胡利平译，南京：译林出版社 1999 年版，第 110 页。

的高科技领域崭露头角。数据显示，截至2020年，我国的妇女科技工作者已在科技人才队伍中占比近40%，人数已迅增到3600万左右，妇女俨然已成为建设社会主义现代化强国中至关重要的科技人才力量。[①] 在未来，要继续提升妇女的受教育水平，切实保障其半边天作用的发挥。

（三）积极发挥妇女在家庭文明建设中的重要作用

广大妇女在家庭文明建设中发挥着传承文明、风尚倡导、家庭教化等独特而重要的作用。在新时代妇女思想文化建设中，尤其需要发挥妇女在家庭、家教和家风建设中的关键作用，引领和推动全社会良好风尚的养成。党的十八大以来，以习近平总书记为核心的党中央高度重视家庭、家教、家风建设问题，习近平指出，“要动员社会各界广泛参与家庭文明建设，推动形成爱国爱家、相亲相爱、向上向善、共建共享的社会主义家庭文明新风尚”。[②] 在此大背景之下，各级党组织和各级政府开始大力推动家庭、家教、家风的建设，与此同时，妇女在家庭生活中如何发挥其独特作用也逐渐受到重视。根据第三期中国妇女社会地位调查数据显示，在家庭生活中，共同协调家庭与事业、共同承担家务的夫妻与日俱增，妇女越来越多地平等分享到家庭资源；数据还显示参与家庭重大事务决策的妇女达到了70%以上；在从事家务劳动的时间上，男性与女性的差距也正在逐渐缩小。[③] 在婚姻家庭中，大男子主义“一言堂”现象正逐步得到改观，夫妻之间男女平等得到了显著改善，而且逐步形成了家庭事务通过夫妻双方共同决策的良好风尚，以“尊老爱幼、男女平等、夫妻和睦、勤俭持家、邻里团结”为主要内容的社会主义家庭美德正逐步深入人心。新时代要继续发挥好妇女在家庭中的独特作用，一方面，要继续推动家庭文明建设，通过定期举办“全国文明家庭”等形式多样的活动，树立文明家庭榜样，引导全社会向善向好；另一方面，要继续加强家教家风建设，使家庭美德融入千家万户，发挥好家庭教育的重要作用，引导孩子扣好人生的第一粒扣子，使社会主义核心价值观在家庭生活中落细落小落实。

（四）着力构建先进的性别文化

实现男女平等是先进性别文化的核心要义。先进性别文化是扬弃现存性别文化、融入时代发展要求的结果，即以现存性别文化中的积极部分为基础，打破二元对立思维、重视

① 姜洁：《全面发展 顶起半边天——我国妇女事业成就斐然》，《人民日报》2020年9月15日。

② 习近平：《动员社会各界广泛参与家庭文明建设 推动形成社会主义家庭文明新风尚》，《人民日报》2016年12月13日。

③ 第三期中国妇女社会地位调查课题组：《第三期中国妇女社会地位调查主要数据报告》，《妇女研究论丛》2011年第6期。

合作与互补，又承认不同性别之间的多元化，具有导向、规范、凝聚与激励作用。构建先进的性别文化符合我国妇女发展的需要，因此，构建先进的性别文化，我们应该具体采取以下措施：一是要加强性别文化教育，可以在高等教育、职业教育中开设性别平等的相关课程，加强“性别平等”宣讲教育，重点提升领导以及性别文化相关决策者对于男女性别平等的意识，将以男女平等为核心内容的性别文化灌输并扎根于广大人民群众之中。二是要加强性别文化传媒建设，通过借助微博、微信、抖音、快手等新兴传播媒介，拓展性别文化传播渠道，同时吸纳和借鉴多样的性别文化，丰富社会主义先进性别文化的精神内涵。针对不同的性别文化，我们在充分尊重的基础之上加以正确引导，促进其向符合男女平等要求的新文化的创造性转化与创新性发展，最终实现妇女积极追求自我赋能、自我超越的目的。

(五)充分利用现代网络资源

当前，随着互联网信息技术突飞猛进的发展，广大人民群众对网络的依赖程度日益增加，互联网日渐成为人民获取信息的主渠道。如何利用网络资源来加强妇女思想文化建设，是当前我们必须解决的一个重要问题。新时代，要充分利用网络资源，发挥网络的引导作用，借助网络积极营造男女平等的文明社会风气。加强妇女思想文化建设，必须用好用活现代网络资源，具体而言，可以围绕以下几个方面展开：一是充分利用各类网络新媒体加大对男女平等基本国策以及相关政策法规的宣传力度，培养提升妇女的民主意识和平等意识。二是利用网络积极塑造新时代妇女形象，树立广大妇女学习的榜样。新时代我国涌现出了一批优秀的妇女形象，既有医者仁心、不畏艰险的医疗界代表陈薇、李兰娟院士，又有行善助学、爱生如子的山村教师张桂梅，还有扎根于大山、为祖国脱贫事业而献身的优秀共产党员黄文秀……对此，要依托网络资源大力宣传这些先进女性事迹，树立新时代优秀妇女的典型，从而激发广大妇女学习榜样的积极性，进而提升其思想文化水平。三是要定期通过新媒体平台推广好家庭好家风好家训等活动。新媒体具有及时性、广泛性和交互性的特征，要充分利用抖音、微信、微博等新媒体资源，拓宽好家庭好家风好家训活动的影响范围，以向善向好向上的文化活动氛围来助力妇女思想文化水平的提升。

第二节　道德文化对妇女发展的作用

道德文化就是人们在生活关系中形成的道德规范、行为方式的理论反映和传统积淀。道德文化的形成与发展经历了漫长的历史进程，渗透在社会生活的各个领域，影响着人们的行为和观念。其中，女性道德文化不仅影响着传统社会妇女的道德选择和社会地位，也影响着今天现代女性的发展和抉择。

一、传统主流道德文化对妇女发展的束缚

中国传统主流道德文化主要表现为儒家的男尊女卑、三从四德的文化特征和道德要求，不仅对传统女性的发展带来深刻的影响，在今天也对现代女性的发展带来束缚。

(一)先秦儒家道德文化下的妇女观

为了维护专制社会的男权制统治的需要，儒家伦理确立了以男尊女卑为核心的道德文化，成为束缚女性发展的桎梏。

1. 儒家两性观对妇女的压迫

儒家的创始人孔子有一句关于女性地位的著名论断，即“唯女子与小人为难养也，近之则不孙，远之则怨”①。在《论语》中，“小人”一词一直是与“君子”相对而使用的，如“君子喻于义，小人喻于利”等，不顾孔子的使用语义而妄加认为“小人”是“仆人”“下人”，是不恰当的。因此，孔子将“女子”与其不断抨击的“小人”放在一起，显然是对女性的不尊重，是对女性地位的蔑视。由此，儒家确立起男女有别、男尊女卑的伦理观也成为在历史长河中束缚女性发展的一道屏障。儒家认为“亲亲、尊尊、长长，男女之有别，人道之大者也”②。在儒家文化的经典著作之一《礼记》中，汇集了古代礼乐文化和思想，但其中不乏男女有别的观念的描述。如“男女不杂坐，不同施枷，不同巾栉。不亲授。嫂叔不通问，诸母不漱裳”。③ 如“男不言内，女不言外。非祭非丧，不相授器。其相授，则女受以篚，其无篚，则皆坐奠之而后取之。外内不共井，不共湢浴，不通寝席，不通乞假，男女不通衣裳。内言不出，外言不入。男子入内，不啸不指。夜行以烛，无烛则止。女子出门，必拥蔽其面，夜行以烛，无烛则止。道路，男子由右，女子由左”。④ 也就是说，男主外，女主内，男女之间平常一般不直接递东西，就是相递也要注意不能碰到手，最好是把东西放在地上，相互作揖才能拿东西；男女不能共浴、不能共席，甚至走路都有左右之别。儒家主张，男女有别的观念要从小开始教育，如“七年，男女不同席，不共食”⑤，

① 《论语. 阳货》。
② 《礼记·丧服小记》。
③ 《礼记·曲礼上》。
④ 《礼记·内则》。
⑤ 《礼记·内则》。

即孩子到了七岁以后，男孩女孩就不能同席坐和吃饭。因为，“化不时则不生，男女无辩则乱升”①。也就是说，男女有别是必须要知道和明白的道理，不知道男女有别、男尊女卑，家庭、社会秩序就会乱。在社会通常的秩序下，男女有别、男尊女卑还是人们必须遵守的规则和要求。

由此儒家制定了女性一生所要遵守的伦理规范和道德戒律，这就是“三从四德”。即“男帅女，女从男，夫妇之义由此始也。妇人，从人者也：幼从父兄，嫁从夫，夫死从子”。② “教以妇德、妇言、妇容、妇功。教成祭之，牲用鱼，芼之以苹藻，所以成妇顺也。”③“四德”中的“妇德”是指女性要守妇道，要对丈夫贞洁、顺从丈夫的意志；“妇言”是指女性讲话要和颜悦色，细声细气；“妇容”是指女性打扮要得体、仪态要端庄；“妇功”就是指女性要会做家务、能持家。“三从四德”的提出，更加从根本上为男尊女卑的实施奠定了道德基石，广大女性也把对“三从四德”的遵守作为行为规范来加以践行，从而也使广大女性成为男权社会下的牺牲品。

2. 儒家婚姻观对妇女的束缚

在传统的儒家文化中，是没有爱情、恋爱的概念的，婚姻都是父母之命、媒妁之言，女性在婚姻中更是没有自主的权利和自由选择的机会。

儒家主张“男女非有行媒，不相知名；非受币，不交不亲”。④ 就是说男女之间没有说媒是不能知道姓名的，没有接受聘礼，也是不能交往的。为此孟子也认为，女孩出嫁必须经过父母之命，若是自己恋爱、自己相中婆家，那是要受到父母和公众的谴责的。即“不待父母之命、媒妁之言，钻穴隙相窥，逾墙相从，则父母国人皆贱之”。⑤ 女孩到了婆家，一定要恭敬，一定要谨慎，不要违背丈夫，以顺从为准则，那是做女人的道理。“女子之嫁也，母命之，往送之门，戒之曰：‘往之女家，必敬必戒，无违夫子！’以顺为正者，妾妇之道也。”⑥婚姻对女性来说，不仅是一个安身之所，同时也成为束缚女性人生的枷锁。

儒家重视婚姻，不是基于两性的生理需要和情感需要，而是为了家族的兴盛和延续后代的需要。为此，儒家告诫君子要重视婚姻，重视婚礼。即“昏(即婚)礼者，将合二姓之好，上以事宗庙，而下以继后世也，故君子重之”。⑦ 由此可以看到，婚后女性地位就是

---

① 《礼记·乐记》。
② 《礼记·郊特牲》。
③ 《礼记·昏仪》。
④ 《礼记·曲礼上》。
⑤ 《孟子. 滕文公下》。
⑥ 《孟子. 滕文公下》。
⑦ 《礼记·昏仪》。

延续香火的需要。从姓氏的合二姓也可以看出，女性的地位总是从属于丈夫的。儒家特别重视家庭作为社会的细胞的基础作用，认为只有辨男女之别，才有夫妻之义、父子之亲，进而才有君臣之正，所以婚姻就是社会和谐有序的基础。儒家明确地指出了婚姻及夫妇之道的重要性，维系家庭关系的稳定是社会治理的长久的重要基础。

从现代社会来看，儒家提出的婚姻观在今天也是有一定的合理性的，这就是强调家庭伦理关系的和睦有序，这不仅有利于夫妻关系、父子关系的和谐，也有利于社会的和谐和稳定。但是儒家的婚姻观中女性地位不平等、对女性的道德约束过于苛刻，其带有明显的男权社会的色彩，还是要警惕和反省的。

3. 儒家性观念对妇女的压制

在儒家的思想中，对性观念的总体主张是适度和节欲，这有一定的合理性。但相对于男性而言，对女性的贞节要求远高于男性，对女性的束缚和压制不言而喻。

儒家认为，“性”是人的本性，不能禁止，“饮食男女，人之大欲存焉”。孔子不得不感叹：“已矣呼！吾未见好德如好色者也。”①即是说，“好色”作为人的本性需要是难以改变的，儒家的先哲也明智地看到了这一点。可贵的是，儒家并不是说要顺应人的本性，而是主张在“色”和“性”上要有所节制。孔子对柳下惠是非常欣赏的，在《论语·微子》中有这样一段对话：“不降其志，不辱其身，伯夷、叔齐与？谓：柳下惠、少连，降志辱身矣；言中伦，行中虑，其斯而已矣。”认为柳下惠言行遵守伦理、中道。儒家主张性问题上要遵守一定的规矩和尺度，这个尺度就是“非礼勿视，非礼勿听，非礼勿言，非礼勿动”，② 即先秦儒家的性观念也是与礼相契合的，必须遵守一定的道德要求和规范。从这个角度而言，儒家提出的性伦理观不仅是对女性的要求，也是对男性的要求。

但是相对于男性而言，儒家对女性的贞节观的道德要求更为严格也是其男尊女卑思想的又一体现。要求“女子许嫁，缨，非有大故，不入其门”。③ 并且“一与之齐，终身不改。故夫死不嫁”。④ 不仅要求女子订婚之后，没有大事他人不要进入其居室之门，而且要求出嫁之后如果丈夫死了也不能改嫁。并把妻子与人有染作为休妻的理由之一，如“妇有七去：不顺父母去，无子去，淫去，妒去，有恶疾去，多言去，窃盗去”。⑤ 而男人却可以三妻四妾，如果妻子因此产生嫉妒之心，也成为休妻的一个理由。对待男女在性伦理要求的不同取向，体现了儒家道德文化中男权的主导地位，也说明了女性地位的不平等和

---

① 《论语·卫灵公》。
② 《论语·颜渊》。
③ 《礼记·曲礼上》。
④ 《礼记·郊特牲》。
⑤ 《大戴礼记·本命》。

发展的障碍。

(二)宋明理学道德文化下的妇女观

宋明理学是对先秦儒家道德文化的发展和完善，不仅为儒家道德文化和道德规范奠定了理论基石，更是在贞节观上为女性戴上了严酷的枷锁，严重影响了女性的发展，成为禁锢女性发展的历史障碍。

1. 理学贞节观对妇女的束缚

理学的存天理、灭人欲的人性观，不仅为儒家伦理规范的践行提供了普遍性的论证，也把女性推到了深受压迫和桎梏的深渊。在存理灭欲的人性观的指导下，在对待女性伦理道德问题上，宋明理学走得更远，提出了“饿死事小，失节事大”的贞节观。

宋明时期，宗法专制的统治进一步加强，君权、父权、夫权的等级秩序进一步强化，因此对女性的统治和禁锢也愈演愈烈。特别是在性观念上，更是到了禁欲的地步。理学不仅不支持男性娶寡妇和已婚的女子，更是强调女性的守节，认为失节问题比生死问题还要重大。理学承继了先秦儒家对道德法则尊崇的做法，并将其推广到女性伦理的要求中。在二程看来，道德理念和诚信是高于生命的。于是在女性贞节观上得出重节轻生的主张。“问：孀妇于理似不可取，如何？曰：然。凡取，以配身也。若取失节者以配身，是已失节也。又问：或有孤孀贫穷无托者，可再嫁否？曰：只是后世怕寒饿死，故有是说。然饿死事极小，失节事极大。”①理学提出的贞节观主要是要求女性在婚前要守“童贞”，出嫁后夫在要守贞，夫死要守节。在程颐的心目中，孀妇不能再嫁，否则即是“失节”，即使她既孤又贫、无依无靠，宁可饿死，也不能再嫁。他的“饿死事小，失节事大”经理学家的一再宣传，成为理学的一句名言。理学贞节观在二程时期还只停留在理论的倡导阶段，并未给现实生活以影响。南宋的朱熹在理论上进一步予以发挥，使理学贞节观更趋完备，又以实际的举措加以宣扬和实施，对后世影响极为深远。

理学提出的贞节观，实质是为了维护宗法等级制度稳固的需要，即“忠臣不事二君，贞女不更二夫”。② 女人的守贞就如同男人做忠臣一样，都是为了满足封建统治的需要。同时，女性的守贞也是男性对女性的统治的需要，无论婚前还是婚后的守贞，都是为了满足男性的生理和心理的需求。理学女性贞节观的提出，不仅满足了男性对处女的嗜好，也满足了男人对女人从肉体到精神的全面的控制。从此，历史上对贞女、烈女形象的宣传和弘扬日益强化，贞女、烈女的事迹也通过《女诫》《女学》《女范》《列女传》等书籍广为流

① 《二程遗书·第二十二卷下》。

② 《史记·田单列传第二十二》。

传，成为广大女性竞相模仿的榜样。如此这般烈女、贞女层出不穷，到了明清之际更是到了无以复加的地步，成为套在女性头上的精神枷锁。

传统主流的贞节观主要是针对女性而提出的伦理要求，对男性却是宽容和通融的。除了不赞成男性娶已婚女性外，男性可以三妻四妾，可以狎妓风流。因此，这种建立在男女有别、男尊女卑基础上的贞节观，不仅是对女性的限制和约束，也是对女性身体和心灵的摧残，甚至导致其人格和人性的扭曲，严重地影响了女性的身心发展和社会角色的承担。

2. 理学婚姻观对妇女的压迫

宋明理学进一步强化了儒家的“三从四德”思想，“夫为妻纲”成为理学婚姻观的核心，也进一步成为束缚女性和压迫女性的工具。

张载在女性贞节观上虽未像程朱那样极端，但在婚姻观上仍是强调女性“顺惟厥正”“无违夫子”的“妇道之常”。朱熹也把封建道德准则之一的“夫为妻纲”作为“不易之理”加以推崇，认为“夫为妻纲”是人之大伦“三纲之首，理不可废”。“惟礼律之文，婚姻为重，所以别男女、经夫妇，正风俗而防祸乱之源也。”①朱熹还明确指出，“男各有分，女各有归，有媒有娉，以相配偶”。只有这样才能实现“男正乎外，女正乎内，身修家齐，风俗严整，嗣续分明，人心和平，百物顺治”。② 齐家就是要求“盖男正位乎外，女正位乎内，而夫妇之别严者，家之齐也。妻齐体于上，妾接承于下，而嫡庶之分定者，家之齐也。采有德、戒声色、近严敬、远技能者，家之齐也。内言不出、外言不入，苞苴不达，请谒不行者，家之齐也”。③ 也就是要求男主外，女主内，主张男女有别，三从四德。已婚妇女必须顺从、敬重丈夫，夫唱妇随，相夫教子。宋代以后“从夫”还有对丈夫忠诚不二，保持贞操，丈夫死后不事二夫，甚至殉夫的要求，对女性的要求更为严格甚至严酷。

由此女性地位更为低下，不仅没有家庭地位，更是没有社会地位。明代理学家薛暄就认为，“妇人女子之言不可听，余见仕宦之人，多有以是取败者，不可不以为戒”。④ 男尊女卑、男本女末的思想也由于宋明理学家的宣扬和强化，成为传统道德文化中最为顽固的观念，至今还在影响着人们的行为模式。

二、传统非主流道德文化对妇女的影响

非主流道德文化特别是少数民族文化和近代启蒙时期的文化，在一定程度上为促进女

① 《朱熹集·卷20》。
② 《朱熹集·卷100》。
③ 《朱熹集·卷11》。
④ 《读书录·卷7》。

性意识的觉醒和女性地位的提高起到了一定的作用。

(一)少数民族道德文化的积极影响

在中华文明五千年的历史中，少数民族的文化是其中不可或缺的组成部分，在历史上也发挥了其应有的作用。特别是在妇女道德观上，少数民族的风俗礼仪、传统习惯，对魏晋南北朝隋唐的开放的社会风气产生了重大影响，也对汉文化产生了积极的影响。

1. 恋爱自由观对儒家性观念的冲击

民族融合的过程中，少数民族淳朴、奔放的性观念对汉族特别是女性的性观念带来了巨大冲击。

十六国时期鲜卑族的慕容、乞伏、宇文、拓跋等部都曾建立政权。特别是拓跋部于公元5世纪中建立北魏王朝，不仅竭力促使鲜卑人汉化，同时鲜卑人的性观念对汉人也有不同程度的影响。北方游牧民族的鲜卑族崇尚自然，性格豪放，表现在性观念上，也是自由随性，并容许恋爱自由。女子婚嫁前有一定恋爱自由和性生活自由，在民间文化中也有体现。如诗中说道，"天生男女共一处，愿得两个成翁妪"，"南山自言高，只与北山齐。女儿自言好，故入郎君怀。郎著紫裤褶，女著彩裌裙。男女共燕游，黄花生后园。黄花郁金色，绿蛇衔珠丹。辞谢床上女，还我十指环。"①就是描述的古时北方少数民族的风土人情和两情相悦的场景。史书记载，"骆越之民，无嫁娶礼法，各因淫好，无适对匹，不识父子之姓，夫妇之道"。② 骆越的男女青年婚前有社交自由和恋爱自由，在汉人看来是不知礼法，失节淫乱。尽管如此，少数民族的性观念的随性和开放，还是对汉人地区的贞节观产生了不小的冲击。

受少数民族文化的熏陶，魏晋南北朝和隋唐时期的社会风气日渐开化，性观念也日渐开放。到了隋唐时期，民间男女自由恋爱、自由结合的事更是常见。女性贞节观由严格走向宽松，由禁锢走向一定的自由与开放，是社会的一大进步，是对女性身心的极大解放。

2. 婚姻自由观对儒家婚姻观的打击

少数民族的伦理观念中，不仅在男女恋爱上对两性关系没有严格的礼教束缚，在婚姻问题上也相对宽松和自由，给主流的儒家婚姻观带来了不小的打击。

北方的匈奴人在婚姻伦理中有这样的规定，"父死，妻其后母；兄弟死，皆娶其妻妻

---

① 《乐府诗集·卷二十五》。

② 《汉书·南蛮传》。

之”。[①] 这种子妻后母、弟妻嫂的习俗，不仅存在于匈奴人中，在北方其他民族中也广泛存在。匈奴人女子嫁到夫家，不仅是丈夫家族中的一员，而且是夫家氏族中的一员，具有继承财产的权利。父亲死去后，除了自己的生母外，所有的庶母、后母都可以娶为妻子。兄弟死亡后，也可以娶兄弟的妻子。此举汉人则把它视为乱伦，司马迁就认为，匈奴人“苟利所在，不知礼仪”。[②] 但游牧民族不崇尚汉族的“从一而终”的观念，与其地理环境、经济条件和增加人口的需要密切相关，子妻后母、弟妻嫂的收继婚制不仅能使得自家人的财产保留在自家，还可以为自己的家庭继续生养后代。鲜卑族、羌族的婚姻制度大体上也与匈奴人一样，存在“兄死弟娶寡嫂，弟丧兄纳弟妇”的现象，《后汉书·西羌传》记载：“父没则妻后母，兄亡则纳厘嫂，故国无鳏寡，种类繁炽。”因此，寡妇再婚较为普遍，不受限制，父母也不得干涉，他人也不能歧视。

虽然，少数民族的改嫁之风是不得已而为之的举措，但在汉人看来就是对礼教的反抗。而反抗的结果就是随着少数民族文化的日益侵入，汉人也深受影响，婚姻自由、改嫁自由在魏晋南北朝和隋唐时期形成了一定的风气，改变了儒家的女性不得改嫁的贞节观。对妇女离婚改嫁和夫死再嫁，法律也没有约束和限制，这就从法律上为婚姻的相对自由制造了一定的条件。由于人们贞节观念的改变及其法律上的规定，唐代无论是宗室贵戚、士宦，还是民间百姓，妇女都可以离婚、改嫁，这的确是历史的进步。

频繁的民族融合和胡汉通婚给当时社会带来了开放的婚姻风气，特别是在隋唐时期形成了不同于秦汉时期的婚姻自由的观念。在这种风习的影响下，汉族中也屡屡出现寡妇再嫁、离婚再嫁的现象，在一定程度上维护了女性的尊严和权益。少数民族对贞女节妇的不推崇，使得魏晋南北朝隋唐时期在贞操观念上比前代甚至后代更加开明，是少数民族文化对中华民族文化的特殊贡献。

3. 朴素的男女平等观对儒家两性观的挑战

少数民族由于受地理条件和经济条件的限制，女性不得不跟男性一样从事一些劳动和生产，加之游牧民族迁移的性质，女性还要随军作战等原因，在少数民族文化中较少男尊女卑的思想，男女平等的思想成为少数民族道德文化中淳朴的理念，也对儒家道德文化提出了挑战。

在古代，祭礼本是一种男性才能参加的活动，汉文化中女性是不能参与的，而北方少数民族的妇女却可以按鲜卑的习俗自由参加。曾在南朝和北朝都做过官的颜之推，曾比较了南北女性的不同地位和风气，认为“江东妇女，略无交游，其婚姻之家，或十数年间，

① 《史记·匈奴列传》。

② 《史记·匈奴列传》。

未相识者，惟以信命赠遗，致殷勤焉。邺下风俗，专以妇持门户，争讼曲直，造请逢迎，车乘填街衢，绮罗盈府寺，代子求官，为夫讼屈，此乃恒、代之遗风乎”。① 汉人女子结婚后几乎没有什么交际活动，而鲜卑女子不仅是一家之主，还能为孩子求官，为丈夫争是非，活跃于社会各种场合。正是北方游牧民族的风习，使北朝妇女俨然不同于受礼教熏陶教育的南朝妇女，她们与男人一样公开在社会上交往和发展自我。

少数民族对男女两性平等对待的观念，也影响着汉族的两性观，使不少女性为社会政治、经济、文化发展做出了重要的贡献，实现了自身的社会价值。如政治家北魏的冯太后就深受少数民族文化的影响。冯氏是汉人，但被其父送给鲜卑人建立的北魏太武帝做妃子。终日耳濡目染，她逐渐熟悉了北魏皇宫内的礼仪和鲜卑文化，鲜卑文化中男女平等的观念让她日后能和男人一样在治理国家上施展自己的政治抱负。如唐代从开国皇后窦氏，到武则天、太平公主、上官婉儿等，都在国家治理中发挥着自己的才干，对社会发展做出了积极的贡献。尽管，这一时期女性意识觉醒受到专制社会体制的限制，还带有个人的色彩，不具有社会整体观念转变的意义，但这也说明少数民族文化中男女平等思想对女性社会地位的提升起到了积极作用。

魏晋南北朝和隋唐时期，社会生活的开放、女性地位的提高，不仅有少数民族文化的影响，也有政权统治薄弱、经济水平提高、儒家学说式微、宗教文化影响增强等多种因素综合的作用。少数民族文化中对自由的崇尚，对美的追求等，对女性走出家门，踏入社会并在社会中取得一定的成就，提供了良好的社会文化基础和宽松的道德氛围。

(二)近代启蒙道德文化对妇女发展的促进

明末清初资本主义生产关系开始萌芽，进步思想家开始了对宋明理学的批判，倡导个性解放、婚姻自主的启蒙思潮出现。

1. 婚姻自由观对妇女权利的维护

基于西方文化中自由、民主、人权的思想，启蒙时代思想家也高举自由的大旗，宣传男女恋爱自由、交往自由、婚姻自由的主张，大大提高了女性的自我意识，促进了女性对自身权利的认识。

启蒙思想家首先从天赋人权、人道自由的思想出发，对封建“三纲五常”的“夫为妻纲”进行了剖析和批判。戊戌维新运动领袖康有为认为，“人人有天授之体，即人人有天授自由之权”。② 从人天生就有自立、自由的权利出发，康有为认为“三纲五常”有悖人权和自由。指出：“创其义曰‘夫为妻纲’，女子乃至以一身从之，名其义曰‘出嫁从夫’，以为

① 《颜氏家训·治家第五》。

② 康有为：《大同书》，郑州：中州古籍出版社 1998 年版，第 174 页。

至德，失自立之人权，悖平等之公理甚矣！”①由此，他主张恋爱自由、婚姻自由，“男女婚姻，皆由本人自择，情志相合，乃立合约”②。康有为不仅主张婚姻自由，还要求女子有社交的自由。“婚姻皆听女子自由，自行择配，不须父母尊亲代为择婿”，而且“女子有出入、交接、游观、宴会，皆许自由”。③

谭嗣同也主张婚姻自由，认为“三纲五常”是造成婚姻不自由的罪魁祸首，即“君臣之祸亟，而父子、夫妇之伦遂各以名势相制为当然矣。此皆三纲之名之为害也。名之所在，不惟关其口，使不敢昌言，乃并锢其心，使不敢涉想”。④“夫妇择偶判妻，皆由两情自愿，而成婚于教堂，夫妇朋友也。”⑤陈独秀也认为，“今日文明社会，男女交际，率以为常”。⑥ 为此，启蒙学者从人权观念出发，提倡恋爱自由、婚姻自由、离婚自由，提倡女子的社会活动自由，有社会交往的权利。

启蒙思想家不仅倡导女性发展自由，而且还主张通过法律的手段来保障自由权利的实施。梁启超指出，自由有真自由，也有伪自由，有野蛮的自由，也有文明的自由，而“文明自由者，自由于法律之下”，“故真自由者必能服从。服从者何？服法律也”。⑦ 按照梁启超对自由的理解，宗教的自由观和少数民族文化中提倡的自由观，都不是文明的自由观，至多是一种精神自由和意志自由，或者是一种随心所欲的自由，只有在法律规定下的权利自由才是真正的自由。近代的自由观是与西方资产阶级的自由观相适应的，都是强调自由的界限和责任，是对传统婚姻自由观的发展和完善，即意指只有通过法律来保护婚姻自由和女性交往自由，才能真正做到社会整体上对婚姻自由、女性自由的肯定和坚持。从这个意义上讲，传统社会统治者的淫乱和民间一时过度开放的社会风气，都不是真正意义上的婚姻自由。只有从社会制度层面建立起保障女性合法权益的政治制度、法律制度，才能真正实现自由的人权。

近代启蒙思想家从天赋人权出发，反对封建专制和三纲五常的桎梏，不仅给人们带来了新的思想和理念，更是从根本制度的变革上确立男女平等、婚姻自由的前提，对推动女性社会地位的提高和真正走出家庭走向社会具有划时代的积极意义。

2. 男女平权观对男女平等的提倡

启蒙时期思想家不仅在接受西方资产阶级平等观的基础上，进一步倡导男女平等思

① 康有为：《大同书》，郑州：中州古籍出版社 1998 年版，第 173 页。
② 康有为：《大同书》，郑州：中州古籍出版社 1998 年版，第 207 页。
③ 康有为：《大同书》，郑州：中州古籍出版社 1998 年版，第 205 页。
④ 谭嗣同：《仁学》，郑州：中州古籍出版社 1998 年版，第 197 页。
⑤ 谭嗣同：《仁学》，郑州：中州古籍出版社 1998 年版，第 201 页。
⑥ 陈独秀等：《新青年》，郑州：中州古籍出版社 1999 年版，第 143 页。
⑦ 梁启超：《新民说》，郑州：中州古籍出版社 1998 年版，第 103 页。

想，而且还将男女平等的理念推进了一步，为女性争取政治、经济、法律上的平等权利，成为反对封建男尊女卑思想的利器。

从人人生而平等的抽象人性论出发，启蒙思想家认为男女皆是人，因而男女平等是天经地义的事。康有为就指出，“凡人皆天生，不论男女，人人皆有天与之体，即有自立之权，上隶于天，人尽平等，无形体之异也。其有交合，亦皆平等”。① 为此，康有为反对男尊女卑的封建观念，认为人没有贵贱之分，即“夫凡人之生，皆出于天，故人无贵贱”。② 从男女平等的理念出发，康有为认为女性应该和男性一样拥有社会赋予的各项权利，提出男女平权的思想。他提出，首先女子和男子一样，拥有受教育的权利，“先设女学，章程与男子学校同”；然后赋予女子政治权，女子可充当议员，“法律上应许女子为独立人之资格，所有从夫限禁，悉为删除”，③ 即妻子与丈夫在法律上一律平等。资产阶级思想家对男女平等的认识，不再局限于人格、地位，而是直接要求社会赋予女性真正的经济地位、政治权利、法律权利和教育权利，只有享有实在的社会权利，男女平等才有可能。

谭嗣同也认为，树立男女平等观才能扫除三纲五常的影响，“世法平等，则人人不失自主之权，可扫除三纲畸轻畸重之弊矣”。④ 并希望通过学习使女子明白自身的权利。梁启超也主张通过设立女学，给予女子教育的权利，才能实现男女平等。梁启超指出，“人有恒言曰，妇人无才便是德，此讏言也。世之瞀儒执此言也，务欲令天下女子，不识一字，不读一书，然后为贤淑之正宗，此实祸天下之道也”⑤，而“欲强国必由女学”。⑥ 维新派对女子教育的大力提倡，终于使“女子无才便是德”的旧观念有所松动，女子学堂在我国应运而生，女子终于可以走出家门，和男性一样学习新学。

启蒙思想家对男女平等权利的论证和争取，是社会经济、政治变革时期的社会平等要求的理论反映，也是女性自身意识觉醒的反映。在男女平等的口号下，这个时代的不少女性不仅走出家门实现自身的价值，而且置身于社会进步的浪潮，为社会发展和进步做出了自己的独特贡献。

三、妇女发展的道德选择

从文化和道德理念上加强道德的修养、尊重两性差异、促进两性发展与和谐的观念，

① 康有为：《大同书》，郑州：中州古籍出版社 1998 年版，第 172 页。
② 康有为：《大同书》，郑州：中州古籍出版社 1998 年版，第 183 页。
③ 康有为：《大同书》，郑州：中州古籍出版社 1998 年版，第 205 页。
④ 谭嗣同：《仁学》，郑州：中州古籍出版社 1998 年版，第 204 页。
⑤ 梁启超：《变法通议》，北京：华夏出版社 2002 年版，第 89 页。
⑥ 梁启超：《变法通议》，北京：华夏出版社 2002 年版，第 96 页。

对妇女发展和社会和谐也有积极的意义。

(一)加强道德修养

在现代女性伦理的建构中，女性意识的自我觉醒和自我修炼也是一个重要的环节。女性意识既包括传统美德的修养，也包括现代道德意识的养成。

1. 加强传统美德的修养

尽管在传统伦理的主流文化中，对女性的伦理道德要求多带有“男尊女卑”的色彩，是现代道德文化所要摒弃的。但是我们也应该看到传统文化中对女性道德的具体要求上，还是有一些可以批判借鉴的地方。另外，劳动妇女在长期的劳动实践中形成的优秀美德，诸如勤劳、善良、坚韧、贤惠等，也是现代女性应该具备的美德。

传统的“温良恭俭让”的美德不完全是对女性的要求，但温和、善良、恭敬、节俭、忍让等美德却在中国女性身上得到了很好的体现。中国传统女性特有的美德，在相夫教子中对传统家庭和睦的维护起到了重要的作用，其合理成分在今天也是可以继承发展的。如温和的德性既是一种良好修养的体现，也是一种处世的态度，对处理人际关系和家庭关系的和谐都有积极的价值。如恭敬的德性，既是一种谦虚的表现，也是对人尊重的体现，与人相处待之以礼，是社会关系的重要基础。如节俭的美德，既是对劳动成果的珍惜，也是一种良好的持家理念，对维护家庭生活有重要作用。如忍让的品性，既是宽容的体现，也是大度的表现，对维护家庭关系的融洽也有不小的贡献。诸如此类的美德对今天的两性和谐、家庭和谐的促进都有不可忽视的作用。勤劳、善良、坚韧、贤惠等美德，也是中国传统女性的美德的一部分。中国广大劳动妇女任劳任怨、勤劳踏实、善良贤惠、吃苦耐劳等优秀品质，是中华民族传统美德的重要体现，也是今天广大女性应该学习和借鉴的道德要求。

继承传统女性美德不仅是对女性自身发展的道德要求，也是继承传统优秀文化的需要。女性自身加强对传统文化的学习，加强对传统美德的修养，是自身道德发展的需要，更是对市场经济带来的消极影响的弥补。

2. 加强现代伦理的修养

现代社会的发展对女性道德也提出了新的要求，如自尊、自信、自立、自强等。现代女性伦理意识的修炼，是女性伦理道德建设的必要环节。一是树立女性的自尊意识。女性要正视自身的人生价值和社会价值，保持自己的人格，维护自己的尊严，克服“男尊女卑”观念的影响。培养女性的自尊心，维护自己的人格，才能赢得他人的尊重，才能维护自己的地位。二是树立女性的自信意识。树立女性的自信意识，就是要树立女性的自信心，相信自己的能力和优势。自信心本身就是一种积极乐观的态度，有了自信心，相信自己，才能有所行动和努力，才会有成功和所得。三是树立女性的自立意识。自立要求自己的事情自己负责，不依赖别人，靠自己的劳动而生活，依自己的思想而行动。女性自立是女性解放、女性发展的前提，没有独立自主的地位，就不会有自主选择的人生。女性要摆脱依附男人的心理、摆脱依附他人的想法，必须要学会自立并能自立。女性要有自己的职业和事业，有经济的保障和独立生活的能力。四是树立女性的自强意识。自强就是在自立的基础上，不断进取、自强不息，为社会做出更大的贡献。树立女性自强意识就是树立自励自进的精神气质，树立一种不断发展、自我完善的自觉，树立一种自强不息、奋发向上的精神。在今天这样一个充满挑战的时代，自强不息是女性发展必备的精神，现代女性只有不断从精神上，从素质、能力上让自己变得越来越强，才能在竞争中占有一席之地。女性要在社会生活中取得自己的地位，还是要靠自己的双手去争取。女性自己奋发努力，勇于拼搏，也能实现自己的人生价值和取得属于自己的荣誉。

在传统与现代观念的冲突中，在变化与发展的境遇中，女性面临的选择和抉择也愈来愈复杂。在对优秀传统美德继承的同时，加强对现代女性道德意识的培养，始终是妇女发展中不能忽视的要素。

（二）尊重两性差异

两性差异特别是两性生理差异的存在是客观事实，也是无法改变的现实存在，由于自然原因造成的差异无法通过社会改革来加以改变，我们就必须实事求是地承认两性差异，并尊重两性差异。

1. 尊重两性的生理差异

男女两性生理差异的存在是人类进化的结果，是人类延续生命的需要。尊重自然的基本规律，尊重两性在生理上的差异和在延续生命中的不同作用，也是尊重我们自己的生命、尊重客观法则。在生活中，学会尊重两性的生理差异，学会欣赏不同性别呈现的自然美，并打造属于自己的性别美，是对现代女性伦理的必然要求。

2. 尊重两性的心理差异

虽然我们把男女两性在生理上的差异归结为自然的规律，但是我们不能简单地认为男女两性的生理差异就导致两性的心理差异。家庭环境、教育环境、人际交往、文化习俗、社会风气等都会对人的心理产生影响。然而，从另一个角度来说，不管社会的后天环境对男女两性的心理影响有多大，男女两性因为先天的不同而带来的两性心理和性格方面的差异还是存在的，男性气质和女性气质还是有一定的区别的。美国生物学家莫内和埃尔哈特研究证实激素对个体的心理与行为有一定影响。两性学者哈丁也认为，从小开始女孩就经常在意和自己喜欢的人是否关系良好，她需要人群认同她或她喜欢的人认同她，她才有安全感。而男孩却喜欢独立，希望站在第一线孤立地奋战。心理学家大多认为男人需要空间感，女人需要亲密感，这是两性心理差异的体现。尊重彼此的差异，求同存异，才有男女双方的理解、合作与交流，才有家庭和社会的和睦。

3. 尊重两性的社会差异

两性的差异不仅有一定心理基础，也有社会后天的因素，在社会生活中人们对女性的期待和对男性的期待，仍会有不同的看法，进而形成两性间的社会差异。女性的温柔、善良、体贴、大方等品性是人们对女性的要求，男性的刚毅、坚强、勇敢、独立等性格也是社会对男性的期待。尽管社会对男女两性心理、性格的期待和社会要求有一定差异，不一定是合理的和正确的，但是确实是客观存在和两性关系平衡的社会反映。因此，尊重两性的社会差异和个性差异，学会彼此了解、理解、宽容，才能有两性关系的健康发展。

(三)促进两性和谐

男女两性是合作的伙伴，承认两性间的差异，不是要夸大和扩大差异，而是了解差异，在尊重彼此的基础上，得到两性关系的和谐发展。

1. 促进两性关系的和谐

男女两性关系，是家庭、社会关系的基础，两性关系的和谐发展，是促进家庭、社会和谐的基石。男女两性不仅在生活中、工作中、学习中，应该尊重双方的生理和心理差异，还要尊重双方的人格和特点，并相互合作、互相支持、互相关心。如男性对女性体力上的照顾，女性对男性心理上的支持，都是两性关系和谐的表现。两性关系的协调发展，是人际交往关系的重要组成部分，也是社会关系和谐的前提。

2. 促进家庭关系的和谐

男女两性在恋爱的基础上，组成家庭。家庭关系的和睦，要求男女双方互敬互爱，相互尊重，互相信任、互相吸引、互相珍惜。在家庭生活中要树立两性平等的理念，男女双方在婚姻家庭关系中都能相互承担起应尽的责任和义务，如和睦相处、相互照顾、赡养老人、抚育子女、共同持家等。在亲子关系上，强调父母双方对子女的抚养和教育的义务与责任；在家务劳动中男女双方可根据各自的特点、能力，协调好家务劳动分工。只有这样，男女两性相互体贴、相互帮助、相互协调，才有夫妻关系的和睦和家庭关系的和谐。

3. 促进社会关系的和谐

追求和谐是中国传统文化的主要内核，也是现代中国社会发展的目标。《中庸》中说："中也者，天下之大本也；和也者，天下之达道也。致中和，天地位焉，万物育焉。"认为中是天下最大的根本，和是天下人共行的原则。孟子也强调"天时不如地利，地利不如人和"。[①] 和谐也是一种社会理想，需要两性之间的共同努力，"男有分，女有归；货恶其弃于地也，不必藏于己；力恶其不出于身也，不必为己。是故谋闭而不兴，盗窃乱贼而不作，故外户而不闭，是谓大同"。[②] 和谐社会，就是人与人、人与社会之间相互配合协调，各守其位的和谐社会。社会根据两性的差异、特点建立的社会分工，不是两性和谐关系的对立物，而是建立两性和谐关系的基础。两性和谐也是社会和谐的基础，而两性和谐发展是两性关系的新境界。

性别伦理文化建构的目的是为了两性和谐，促进两性的和谐发展是促进社会和谐的首要任务。相信通过制度安排、法律保障，加之道德进步等共同作用，妇女会实现自身的良好发展和转换，并为促进社会发展与和谐做出自己的贡献。

第三节　妇女发展的教育路径

马克思指出，"妇女的发展水平是衡量社会进步程度的标尺"。[③] 促进妇女发展，教育是最重要的文化路径，妇女发展是妇女教育的结果，同时，教育又通过促进妇女发展，发挥着革新民族社会、驱动国家创新发展和推动人类文明进程的作用。因此，妇女发展与妇女教育相互促进、相辅相成。一方面，妇女受教育水平是衡量妇女发展的前提和条件，也是妇女社会地位、社会发展水平以及社会文明程度的重要标志，甚至可以认为妇女教育问题关系到妇女的人权和解放问题，后者是妇女进步的质的规定性，作为"改变世界的温柔力量"，妇女进步与否从根本上影响着社会健康发展程度与水平。近些年来，妇女教育逐渐成为不同国家或地区的发展政策的共同核心议题，许多国际公约都将妇女的教育和社会发展、人类进步紧密联系在一起。1995 年，在北京召开的联合国第四次世界妇女大会审议并通过的《北京宣言》，明确将"通过向女孩和妇女提供基本教育、终身教育、识字和培训及初级保健，促进以人为中心的可持续发展，包括持续的经济增长"作为妇女教育的目标。

---

① 张新科、尚永亮：《先秦两汉文观止》，西安：陕西人民教育出版社 1998 年版，第 177 页。

② 冯友兰：《中国哲学简史》，长沙：岳麓书社 2018 年版，第 188 页。

③ 《马克思恩格斯选集》第 3 卷，北京：人民出版社 2012 年版，第 647 页。

另一方面，妇女发展，教育为先，① 妇女享有公平的、更好的教育是妇女教育事业发展的重要基础。尊重妇女的受教育权、改善妇女的教育环境、优化各层各类教育政策与运行机制，是中国特色社会主义迈向新时代，创造公平而有质量的教育的应有之义。

一、积极推进社会性别教育

消除性别差距在义务教育阶段已得到基本实现。随着我国义务教育事业的不断发展，女童享有平等受教育的权利进一步得到加强。根据国家统计局2020年12月发布的2019年《中国妇女发展纲要（2011—2020年）》统计监测报告显示，小学学龄儿童净入学率已连续5年达到99.9%及以上，我国在义务教育阶段已基本消除性别差距。然而，消除性别差距并非意味着性别平等或社会再无性别歧视。发展先进性别文化和唤醒女性的主体意识，需要加快普及性别教育步伐。

（一）改进学校教育中的性别教育

学校教育，尤其是中小学阶段是公民意识的养成时期，也是性别平等意识形成的关键时期，在这个时期学校教育中的“显性课程”和“隐性课程”共同作用，影响着青少年的性别参与观念的发展。目前我国基础教育中性别教育的现状令人担忧。从课程内容看，对女性及其经历、贡献和观念的反映不全面、不充分，存在贬低女性公共参与的倾向。比如有的教材中对男女分工多数停留在“爸爸在读报，妈妈在洒扫”的层次，童话故事中的男性总是主宰者、拯救者，而女性多是温顺柔弱的被拯救者，对女性优秀人物的呈现还存在刻板印象，对诸如老一辈无产阶级革命家邓颖超的描述还更多侧重于“缝睡衣”“送雨衣”之类的琐事，没有对其在革命建设中的重大参与贡献进行正面呈现。类似教材设计中的性别偏见潜移默化地影响着学生，造成学生性别概念的潜意识偏差。再看课程实施，不难发现，在一线师资的配置中女性占据了绝对主导的位置，尤其在幼儿教育阶段更为明显，造成男生“性别气质”缺失现象。小学和中学阶段的老师普遍给予男生更多的关注、尊重和认同。比如，对于成绩一般的男生，老师通常认为有潜力，假以时日还是会超越现在的优秀女生，类似这样的观念往往不自觉地给女学生带来消极的心理暗示。为此，基础教育的课程设计和课程实施要以公正包容的性别观念为指导，帮助青少年从小树立两性平等参与和谐发展的思想观念，避免造成性别观念误区。

具体而言，在课程设计中，无论是课程内容的选取，还是课堂教学环节和课外实践活动的设计，有待树立性别观念主流化的指导思想，尽可能剔除性别偏见的不合理成

① 张李玺：《教育公平与妇女发展》，北京：知识产权出版社2015年版，第30页。

分，公正地对学生进行性别平等的意识启蒙。在师资配备上，努力打破性别隔离的现状，更多增加男性教师的参与机会，以有效措施吸引男性加入幼儿教师、中小学教师的行列。总之，形成性别平等参与的社会氛围和文化环境有赖于基础学校教育更大力度地普及性别教育。

(二)教育当局与民间教育机构共同合力做好女童和妇女教育项目

中国同联合国教科文组织 2015 年合作设立了女童和妇女教育奖，该奖在全球范围内已有 10 位得主，让公众了解了女童和妇女教育领域的优秀实践，并强化了全世界对这一事业的承诺。2019 年第四届女童和妇女教育奖颁给了来自哥斯达黎加和西班牙的两个项目。前者是民间教育机构苏拉巴苏的“中美洲女孩之声”项目。该项目用数字技能为弱势女孩赋权，以辅导和互动形式为来自处境不利环境的少女提供数字素养、技术和模型开发等方面的课外培训，并在与市政当局和受训者家庭合作下开展，帮助学生发声，使整个社区受益。后者是来自纳瓦拉自治区政府教育局的项目。该项目通过教育实现两性平等的理念，项目倡导营建不受陈腐性别观念制约的环境，教会学生辨别不平等现象并与之斗争，争取性别平等权利。该教育局 2017 年起在 16 所学校进行试点，随后扩展至 116 所学校，并计划于 2021 年之前覆盖该自治区所有学校。获奖者们以实际行动帮助女童和妇女获取知识和技能，为促进教育性别平等、推动社会发展贡献了力量。

有的学者从妇女学发展走向视角出发，指出学术女性主义与行动女性主义应联手推动中国社会的积极变革，① 积极投身于研究实际问题、解决现实困境的项目，例如，国内外反对妇女暴力的网络行动、治理出生性别比失衡等推动性别平等政策的项目。随着社会的发展与时代的进步，虽然性别研究上了新台阶，但针对层出不穷的女童与妇女发展问题，有必要采取项目化制，获取国际国内、政府与民间相关组织的资助和支持，切实针对性别不平等、妇女发展困境等结构化、制度性、区域化痼疾持续发力。

二、多渠道完善妇女职业教育

全国妇联于 2007 年制定了《全国妇女教育培训体系建设纲要(2008—2010 年)》，这标志着我国开始探索建立独立的妇女职业教育与培训体系，进入了全面、系统推进妇女职业教育与培训的新时期。世界各国主要采取的战略包括：实施社会性别平等主流化战略，加强贫困妇女群体的职业教育与培训，消除职业发展中的性别隔离问题，加强对相关政策实

① 杜芳琴：《从研究到学科化并通向行动主义：中国妇女学 30 年反观与理论化》，《中华女子学院学报》2013 年第 2 期。

施的监督，重视创业培训。① 与国际做法相比并参照之，我国可通过以下渠道推进妇女职业教育。

(一)把妇女职业教育与培训纳入教育发展宏观政策

世界各国的经验表明，实施反对歧视的法律、机会平等计划及相关政策行动，对于纠正企业不能平等吸收妇女参加培训和不能充分利用妇女技能的做法具有关键作用。为加强妇女职业教育与培训政策的实施力度，借鉴社会性别平等主流化战略，我国应把妇女职业教育与培训纳入国家教育发展的宏观政策中，为此，可采取以下措施：在国家职业教育与培训的宏观政策中对妇女给予政策倾斜；从国家到地方制定妇女职业教育与培训政策的具体实施细则，把政策实施纳入各级政府的重要行动议程；把妇女职业教育经费预算单列于国家教育经费预算，给予倾斜。此外，为保障妇女职业教育与培训政策的有效落实，应建立完善、严格的保障、监督机制。在这方面，可以借鉴联合国所制定的妇女职业教育与培训评估指标，把女性参与职业教育与培训情况及其就业结果纳入各级政府和部门的经济、社会和区域发展考核指标体系。

(二)建立完善、灵活的妇女职业教育与培训体系

在终身教育背景下，主体意识觉醒有助于女性形成正确的发展观，然而，培育女性的主体意识，不只是一种理念，更需要一种实践。虽然大体上我国妇女就业环境趋于平等，同工同酬等就业权利获得了关注和保护，但职业意识滞后、职业能力升级困难，也成为我国妇女职业生涯发展面临的重要问题。面向终身学习，职业教育发展的六个历程包括职业认知、职业定向、职业试探、职业准备、就业安置、职业调适。美国阿拉巴马州的生计教育模式将职业发展过程分为认识、试探、准备三个阶段。认识阶段包含自我认识、教育认识、生涯认识、经济认识、决策、基本能力、就业技能和态度与鉴赏；经由试探阶段过渡到准备阶段，则基本能形成自我认同、教育认同、生涯认同、经济了解、确定职业生涯、求职技能、职业安置、自我与社会的调和。② 虽然该职业发展模式已明显陈旧，但由该州推行的职业教育可以看到，至少从政府宏观调控的角度表明，针对妇女职业发展问题，政府可以通过采购的形式购买服务，为妇女群体提供职业培训。职业培训是一种有针对性的、短期速成的非正规教育形式，可提供的培训内容大概包括：(1)专业与职业技能的培训。这类培训是职前的养成训练，主要针对初次进入劳动力市场的就业者提供就业前的基

---

① 于志晶、李玉静：《国际妇女职业教育发展的主要战略及趋势分析》，《外国教育研究》2010年第10期。

② 钟一先、洪睿萍：《职业教育与女性人力资源的开发》，《漳州职业大学学报》2000年第2~3期。

本操作技能培训；(2)就业咨询服务和就业前辅导；(3)转业培训及第二专业训练。这主要针对由于产业结构变化及科技发展、职业结构发生变化而不适应岗位的妇女，以及一部分因结婚或生育而退出劳动力市场的妇女。

妇女的职业教育与培训是一个涉及全社会各个部门的复杂问题，特别是教育、社会保障等部门。为此，我国要进一步完善妇女职业教育与培训的管理机制，充分发挥教育、劳动、农业等各部门资源优势，加强机构间协调、合作，对妇女职业教育与培训进行整体规划，有效发挥妇女职业教育与培训政策效能。尤其是要动员各级各类职业及成人教育学校参与到妇女职业教育与培训中来，并建立一系列具体的程序和规划，使针对妇女的职业教育与培训计划切实落到实处，为妇女制定在时间、形式和内容等方面更加灵活的培训模式，以满足其多样化需要。

(三)发挥职业学校针对女性群体的就业服务和职业指导作用

在我国各级各类正规职业学校中，女生所占的比例已达到50%。发挥职业教育支持妇女职业发展的作用，是职业学校教育发展的应尽职责。由职业院校开展的正规的、系统的职业教育，有必要首先针对妇女发展，对专业结构进行适当调整，吸引更多的妇女到高职院校完成其职前培训。例如，针对妇女职业发展方向，高职院校可适当开发一些与语言、教育等学科类别相关的应用性专业，比如旅游服务、家政礼仪、公关文秘等。其次，可在有关专业中增设适合女性的课程作为补充，让高等职业教育的专业及技能提升课程更加适切于女性的职业方向及需求。此外，还有必要针对女性就业意向、就业取向开展职业生涯规划指导，增强妇女职业观念、职业意识和就业能力。

三、着力培育女性高层次人才

女性高层次人才一般是指受过高等教育、具有中级以上职称或担任中高级职务的女性，包括党政机关副处级以上职务或中级以上职称的女领导干部；高校及科研院所等事业单位具有副高以上职称的女学者、女专家、女性中高层领导者；企业(含国有、私营、三资企业)具有部门经理以上职务的女性中高层管理者、女技术工作者、女企业主等。① 以某种符号身份列举之，则女性高层次人才特别指向高校在读女博士生、企业女性管理者、女性创业者、女性科技工作者、女性政府高层领导等。一国的女性高层次人才的规模、结构和发展境况，体现在妇女参与国家政治、经济、社会、科技等各领域的广度与深度。从

① 孟祥斐、徐延辉：《高层次女性人才的性别意识及其影响因素研究——基于福建省的调查》，《妇女研究论丛》2012年第1期。

性别分析视角出发，培养女性高层次人才首要面对的尚且不是解决教育工具、教育手段、教育方法的问题，从某种意义上说，以上是“末”，而根本的问题还在于建构性别身份、分析女性思维特质以及赋予女性高层次人才的高社会期待。

美国方言学会曾于2000年1月举行过一次有趣的“世纪之字”评选活动。获得提名的“世纪之字”有“自由”“正义”“科学”“政府”“OK”“书”“她”……而进入决赛的只有“科学”和“她”。最后，“她”以35∶27的选票战胜了“科学”，从而成为21世纪最重要的一个字。当今世界格局正在发生着深刻变化，我国也正在经历社会转型期，美国方言学会的调查结果多少有着暗示或预示的意味，即“她”逐步实现了“第二性”或者“他者”向去性别化的“人”的存在本质回归，并在朝向自由与发展或者说解放的道路上又迈出了一大步，然而，事物的一面得到发展，又使另一面遭致破坏，妇女群体的集体意志虽然有了彰显，却付出了丰满个性遭到挤压的代价，她们像男人一样“在生产系统中，被还原为像标准部件一样可以随意置换的操作工；在官僚系统中，被还原为无价值偏好的职能角色；在大众文化中，甚至艺术创作也服从于机械复制程序，成了标准化生产的文化工业”。① 有研究指出，女性解放之路存在现代性困境，由于实现条件的不成熟、文化制度的不配备，“她们”感到身心疲惫、精神痛苦、性别不安，“她们”在一路前行的过程中甚至失去了方向感，而在转身之时发现已经身份不在，例如，“女博士”被笑称为“第三种性别”的人，就不无讽刺地反映女性高层次人才成长和崛起可能面临着身份建构这一难题。因此，高层次女性人才的培养，首先，在身份建构上，应转向自我身份建构；其次，在思维能力上，应张扬女性思维个性，培育女性思维能力；最后，在公共参与意识上，需激发女性参与公共决策的意愿与行动。

(一)转向自我身份建构

高层次女性人才普遍从事相对具有高技能、高科技含量以及高收入等特点的职业，社会声望较高，然而，她们的身份却不一定是她们自己想要的，而是被建构起来的。身份是指人的出身和社会地位，即在文化语境中人们对于个人经历和社会地位的阐释和建构。②身份建构不仅是自我认同和社会认同共同作用的产物，还是主观努力与客观实在的统一体，同时也是一种动态过程和静态表征的复合体。高层次女性人才应摆脱那种通过奢侈品消费及身体消费证明自己高端女性身份的符号意义上的身份建构，而朝着自我身份建构的方向努力。

---

① 张凤阳：《现代性的谱系》，南京：南京大学出版社2004年版，第303页。

② Simon B. *Identity in Modern Social Psychological*, Blackwell Publishers, 2003, p. 46.

实现自我身份建构，首先需要强化女性的主体性认识。所谓女性主体性，就是女性对自身力量和能力的一种肯定，是女性清楚地认识到自身作为主体的种种力量，自觉要求自身在地位、能力、生活方式、知识水平、人格塑造、心理健康等方面不断提高和完善，并为之而努力奋斗的体现在社会生活实践活动中的一种自觉能动性。① 强化女性的主体认识需要加强女性的自我意识。自我意识包括对自己的认识、对自己活动状态的认识和对自己心理活动的认识三个层次。其次是确保性别差异与性别平等的动态平衡。只有正视性别差异，建构女性主体性，才能正确引导社会发展方向，带领女性走出他者地位。

（二）培育女性思维能力

新中国成立后，大学体制中取消了女子教育的体制，这固然有利于女性的全面发展，以及更快地融入社会，但是性别特质还是有意无意地被抹杀了。随着男女平等基本国策的逐步实现，追求高学历教育的女性入学率大大提高。根据国家统计局 2020 年 12 月发布的 2019 年《中国妇女发展纲要（2011—2020 年）》统计监测报告显示，近年来我国高等教育得到快速发展，高等教育毛入学率已由 2010 年的 26.5%快速提高到 2019 年的 51.6%。其中，2019 年，高等教育在校生中女研究生人数为 144.8 万人，占全部研究生的比重达到 50.6%，与 2010 年相比提高 2.7 个百分点；普通本专科、成人本专科在校生中女生分别为 1567.9 万人和 392.3 万人，占比分别为 51.7%和 58.7%，比 2010 年提高 0.9 和 5.6 个百分点。② 男女平等不代表男女没有特质差异，女性的思维特质值得关注。

女性思维特质一度是行为学研究、心理学研究关注的问题。心理学家们分析认为，男女两性在能力结构上存在差异，但无高低之分。赵丽江选取 20 世纪杰出的三位女性学者③的思维轨迹入手，总结了三位女性共有的四个思维特质：（1）从感性经验出发，逐步上升为理性的思维；（2）本能地关注人自身的发展，尤其是女性自身的发展、女性的生存状态，从女性视角反映对人类的自身的终极的关怀；（3）原创性的思维成果源自生气勃勃的背后有股罕见的坚韧的力量；（4）思维表达的发散性及非功利性，也就是女性投身创造性的智力劳动时，她们具有高度的自觉性，在追求成就方面的目的性远没有男性强，从而使其作品具有个性色彩。④ 虽然该研究结论可能面临“曲高和寡”的质疑，毕竟这是三位做出原创

---

① 赵小华：《女性主体性——对马克思主义妇女观的一种新解读》，《妇女研究论丛》2004 年第 7 期。

② 《2019 年〈中国妇女发展纲要（2011—2020 年）〉统计监测报告》，http://www.gov.cn/xinwen/2020-12/19/content_5571135.htm，2020 年 12 月 19 日。

③ 三位学者分别是汉娜·阿伦特、西蒙娜·德·波伏娃、苏珊·桑塔格。参考魏国英、王春梅：《教育：性别维度的审视》，北京：学林出版社 2007 年版，第 144 页。

④ 魏国英、王春梅：《教育：性别维度的审视》，北京：学林出版社 2007 年版，第 147~148 页。

性思考与研究的杰出女性，她们的思维特质是否能证明其具有女性思维特质的一般性，还不能被充分证实，但作为高层次专门人才的女性公共知识分子群体的典范，至少可能证明男女在思维能力及思维表达方面存在差异，这就需要教育充分发挥引导作用，在尊重和理解的基础上，使潜在的女性思维优势得到发挥，充分激活女性的思维特质，张扬女性思维个性，从而培养出醉心于真理的社会精英，而非精致的利己主义者。

（三）培育女性公共参与意识

从1995年开始，我国政府以十年为一周期(除第一次为五年)持续颁布《中国妇女发展纲要》，它是旨在促进实现两性平等、助力妇女发展的最高层面的行动计划，意在从政策制度、社会宣传、培训等方面着手改善女性参政环境，不断提高中青年女性的知政、议政能力和选举参与率。女性公民占到我国人口的半数，性别平等是社会公正的基本体现，女性公民的参与水平与权利保障程度是衡量法治中国建设水平的一个重要标尺。然而，女性公民的参与还面临较多的束缚和困境，培育女性的公共参与意识和提高女性的公共参与能力是高等教育促进妇女发展和社会革新的根本途径。一方面，培育女性不断获得主体性、增强权利意识的过程，是女性的行动影响公共决策和权利维护的过程，也是女性的民主能力建设的过程，还是不断展现女性群体力量的过程；另一方面，女性参与意识的培育和发展，实质也是女性与国家社会关系的重构过程，是经济社会发展与女性自身意识发展的综合性过程。

女性接受高等教育、女性担任大学校长，在改变高等教育生态的同时，也在潜移默化地影响着社会结构变迁、家庭角色分工、社会责任担当、时代价值导向。① 无论中西，在12世纪左右，妇女都被完全排斥在大学之外，早期的知识和专业以及后来近代科学知识的发展，都几乎看不见女性的身影。卡罗琳·默彻特和珊德拉·哈丁指出，由于排除了女性认知方式，导致了强调理性的机械形式的自然世界。早期西方哲学也多推崇女性服从、女性卑下的观点。在我国，妇女也被限定为从属和服从的角色。虽然中国历史上不乏女性思想家、女性文学家、女性政治家等杰出的女性人才，但相对于妇女总体而言，尤其是在接受正规的学校教育或平等享有受教育权方面，接受了良好教育并造诣非凡的女性高层次人才是极为有限的。可以说，妇女发展长期在教育体系得不到应有的席位，更遑论接受高等教育了。改革开放后，女大学生的数量有所增加，但在高层次人才方面，女性比例低于10%。据统计，2019年中国高等教育普通高等学校有教职工数2566705人，其中女教职工数为1280438人，占教职工总数的49.89%；有专任教师数1740145人，其中女专任教师

① 周廷勇、张兰：《中国女子高等教育》“前言”，北京：中国传媒大学出版社2014年版。

数为883138人，占专任教师总数的50.75%。在这个占有整体近乎一半规模的女性群体中，担任管理和领导职务的不超过10%。素有世界上性别平等做得最好的地区——北欧，如挪威、瑞典、丹麦、芬兰、冰岛等国家，其女性以其优秀的整体素质和斐然的参政业绩令世人瞩目。一份以我国河南省人才数据为分析基础的研究①显示，女性在高层次人才中的比例远远低于男性，人才等级越高其占比越低，女性高层次人才分布存在“高位缺席”现象。而事实上，2013—2019年的数据信息显示，在校女研究生规模大于男性研究生。可见，占比规模没有产出相应的人才效应，其背后的原因暂时还没有专门研究来解读，但高层次女性人才在各行各业占据“高位”发声、参与决策的境况不容乐观。

高等教育是妇女参政、就业，进而在社会和家庭中取得平等地位的前提，是妇女自强、自立，在社会激烈竞争中战胜自我的重要条件，是实现妇女解放的重要途径。然而，我国女子高等教育长久以来面临各种困境与挑战。“女童失学”问题、女性就业问题、社会经济发展水平均成为制约女性高等教育发展的因素。吴贻芳是中国教育史上著名的女校长，她将一生倾注在女子高等教育事业上，培养了一大批服务社会的优秀妇女人才。她反对把女子教育的功能仅仅局限于服务家庭而培养贤妻良母，提倡女子高等教育应“促进社会福利及公民的崇高理想”。她说：“训练妇女为国家服务乃学校的使命，也是中国现实最大的需要。”②然而，“有学问的女士”一度受到传统观念的嘲笑与责难。虽然许多人不否定女子教育，他们也认可学习和获得知识是女性应有的才能，但只要女性试图突破属于女性的知识领域而拥有智性才能时，就被认为她拥有的是男性化的美德和品质。这在遵从“三从四德”的中国传统社会是可以想象的。而事实上这种现象有着深刻的时代烙印，无一国例外。在美国建国初期，美国追求教育的妇女被人贴上“女学究”的标签，甚至有人认定学识非但不能提升反倒会贬低她们真正的、内在的优秀品质，“对于一位女子来说，过多的学识是不必要的，女性不适于从事职业，(社会)不会期望你们成为女医生、大学教师、政治家和律师”。③ 与几个世纪之前妇女身份、地位、角色大相径庭的是，如今在不同的职业领域崭露头角的高知女性、高级白领职业女性、女企业家等越来越多，但公共参与还不够充分，公共参与意识有待加强。

四、多学科交叉加强妇女/社会性别学研究

女性社会地位的转变，离不开学术界、理论界对妇女/社会性别议题的普遍关注和深

① 李朝阳、付晓改：《高层次人才培育机制设计——基于河南省的人才数据分析》，《全国流通经济》2020年第11期。

② 段红英：《女性教育沉思录》，北京：中国社会科学出版社2013年版，第42页。

③ 张晓梅：《女子学园与美国早期女性的公共参与》，北京：人民出版社2016年版，第47~48页。

入研究。理论是常青的，没有理论的引领，就没有实践的开拓与深化。妇女/社会性别学研究以其知识体系的广度与深度，赋予了妇女发展的价值高度，从而引发世界关注，妇女发展被认为是国家发展、人类进步的标志，这一点已达成高度共识。

(一)加强妇女/社会性别学学科建设

自20世纪60年代女权主义运动兴起以来，妇女学开始在西方大学建制化。20世纪80年代，妇女学在中国兴起，国际社会从越来越多关注妇女福利和权益，转移到女性的公共参与上。如今，妇女研究已从政治立场转向学术立场，女性主义本身也开始更多地被视为一种认识论或方法论而不仅仅是社会运动，兴起于西方大学的妇女学以及性别研究，已经对大学学科的知识结构以及大学制度产生了重大影响。

虽然妇女/性别研究通过实体建制逐步向体系化发展，且体现了明显的多学科性和跨学科性。然而，大学行政单位仍然缺乏对性别/妇女研究的认识。① 在我国大陆，中华女子学院女性学系于2001年8月才正式建立；多学科交叉参与是中国妇女/社会性别学科建设的一条特色路径，而实际上，妇女/社会性别学科在中国当下仍处于边缘与主流间徘徊的境地。总的来说，开展理论与实践研究是促进学科发展的不二法门。一门成熟的学科，必然包含理论体系、方法体系和内容体系。妇女/社会性别学要在短时间内发展成为一门成熟的学科，还不太现实，但将妇女、社会性别等问题积极纳入高等教育和学术主流，发展中国特色的妇女与社会性别研究，是迫切的也是意义重大的。当前，妇女高等教育研究主要关注妇女/性别研究、女性学学科化建设、将性别意识渗透进高等教育人才培养过程等主题。作为一门交叉学科领域，妇女/社会性别研究需多角度、多视野地吸纳人文科学、社会科学和自然科学的知识，将之建构成为一种综合性知识体系，还有待理论研究的丰富和实践路径的开拓。

(二)培养专职研究队伍

作为研究妇女/性别及其教育的主要学科，要发展妇女教育，则专业人才的培养是不可或缺的，高校是研究主阵地，师生是主力军，推进专职科研队伍建设是构建学术共同体的基础。这需要打破学科设置和学位授予的体制性阻碍，在有条件的高校设立本科必修课，同时创新机制，培养跨学科和多学科的妇女/社会性别学博士、硕士研究生，将其输送到社会和教育等领域从事性别平等事业。当前，我国知名的妇女学研究中心，如天津大学性别与社会发展研究中心、中国传媒大学媒介与女性研究中心、东北师范大学女性研究中心、延边大学女性研究中心等的研究者分布在各自专业院系，兼职教师无暇进行专精研

---

① 魏国英、王春梅：《教育：性别维度的审视》，北京：学林出版社2007年版，第131页。

究。毋庸置疑，在高校普遍开设妇女/社会性别学课程，不仅是系统传播科学女性观，造就社会平等性别意识的重要渠道，而且是培养妇女/社会性别学研究人才的主要路径。印度著名妇女学学者兼活动家就曾指出，建构新的思维来重新思考和审视女性的使命，采取改革的行动，“只有教育机构——通过研究和教学才能担此重任”。①

首先，有必要在师范教育中突出社会性别公平原则。在师范教育中，把社会性别公平确定为现代教育的基本原则之一，使每一个未来的教师在从业前就具有社会性别平等的意识和观念，把持有性别平等观念作为教师必备的基本素质要求。

其次，着力于妇女/社会性别学课程体系的开发与设计势在必行。在政府或民间妇女组织的支持下，设立妇女/社会性别学研究项目，同时建立国际间的联系，开展教学交流以及学术交流活动。一方面，要完善学位课程，设计专业课程、交叉学科课程，满足大学通识教育和专业教育要求，开展系统化的课程教学。妇女/社会性别学在中国的建构，从20世纪80年代中期至今，课程建设一直被“冷”处理，导致学科建设的“深、高、广”均体现不足。另一方面，要整合高校教师、社科系统研究者、社会活动者等多元主体参与实际问题研究，开展社区服务，反哺政府和民间妇女组织，为其提供活动设计方案，实现理论与实践相融合。

再次，继续突破建制障碍，吸纳多学科研究者参与，打造专门学术共同体，为妇女/社会性别学学科赋能。妇女学在中国社会及高校的价值远未得到充分认可。美国大学教授联合会的权威刊物《高等教育》早在1983年的评论中就指出过，“如果大学中各学科都能从妇女学对思想史的重大贡献中获得启示，整个学院的前景就会大为改观”。② 针对上述提到的我国高校妇女/社会性别学研究队伍力量之薄弱、课程教学之缺位等现状，以及妇女/社会性别学是一门从多学科研究主题走向一门跨学科的学科的这种定位，要求综合各学科来创造出一种新的认识论，重建知识结构，创造新的系统概念、方法或技巧，真正创造出心理学家皮亚杰所谓的“学科之间‘相互同化’”的成果。为此，就需要立足于某学科领域却志趣于妇女/社会性别学研究的学者们“放弃领地和以宗派态度对待知识，应反映不同领域的会合和对研究知识事业采取一种流动变化的态度”③，从而创造新的更丰富的知识范畴，实现妇女/社会性别学研究的专业化与机制化。

党的十八大以来，习近平继承和发展了马克思主义妇女思想和中国共产党历代领导人的妇女思想，强调我们要重视妇女在社会和家庭生活中的独特作用，保障妇女的受教育权，为妇女创造公平公正的就业环境，保护好妇女的合法权益，让妇女拥有更宽阔的舞台

① 余宁平、杜芳琴：《不守规矩的知识——妇女学的全球与区域视界》，天津：天津人民出版社2003年版，第474页。

② 王建华：《高等教育学的未来：来自妇女学的启示》，《高等教育研究》2008年第7期。

③ 王建华：《高等教育学的未来：来自妇女学的启示》，《高等教育研究》2008年第7期。

大展身手。因此，分析新时期我国妇女在自由全面的发展过程中所遇到的教育困境，寻找妇女进一步解放和发展的教育方略，就不得不既重视妇女发展的理论研究，也势必要依赖社会各级各类教育的合力，大力推行保障女童和妇女发展的教育实践项目，不断创新教育方式，拓展教育空间，不仅从根本上消除性别不平等现象，而且从发展上体现妇女的生命力与创造力，从而为中国特色社会主义取得新时代的进步、为中华民族伟大复兴发挥更大的作用。

◎ 基本概念

妇女科学文化素质建设　妇女思想道德建设　道德文化　自强意识

◎ 思考题

1. 为什么要加强妇女思想文化建设？妇女思想文化建设的主要内容有哪些？
2. 如何加强妇女思想文化建设？
3. 如何理解传统主流伦理文化对妇女发展的束缚？
4. 如何理解非主流伦理文化对妇女发展的积极作用？
5. 在妇女发展中如何进行道德选择？

第五章
社会与妇女发展

婚姻家庭形态与妇女社会地位的关系是怎样的？为何会有妇女的“走出”与“回归”家庭之争？社会组织对妇女发展有什么意义，妇女的力量又如何在社会组织中体现？社会保障与妇女权益形成怎样的关系，又如何真正健全妇女社会保障体系？本章将对这些问题予以回答。

第一节　婚姻家庭与妇女地位

不同社会中婚姻家庭①的形态往往并不一致，要把全球婚姻家庭的历史形态与妇女角色扮演及社会地位之变迁完全弄清楚非常困难。即使是当代，基于不同的社会结构和经济状况，全球婚姻家庭形态的差异仍然巨大，妇女的地位也不同。然而，一个公认的事实是：妇女的命运往往跟婚姻家庭紧密相连，因为在人类社会的多数时候，是女性而非男性是婚姻交换关系的主角。也就是说，家庭往往被认为是一个“隶属于女性或者适合女性的场所和领域”②。今天，婚姻和家庭都已发生深刻改变，这一过程与妇女社会地位与权利的变迁是同步的。婚姻家庭与妇女社会地位有怎样的联系？是否有必然联系？本节将对此

---

① 韦斯特马克曾说“婚姻应包含在一起生活，这同中世纪的民谚相一致：‘男女结婚意何谓，同吃同喝又同睡’”，韦斯特马克认为，婚姻和家庭关系密切，但他认为婚姻起源于家庭，而非相反。见[芬]韦斯特马克：《人类婚姻史》，李斌等译，北京：商务印书馆2002年版，第71页。北京大学的佟新教授也曾指出：“婚姻制度总和家庭制度联系在一起，常常被统称为婚姻家庭制度或家庭制度。家庭制度既规定了两性如何结合，还规定在婚姻关系和相关的亲属关系中如何安全、稳定、可持续地生育、抚育和养老。”见佟新：《社会性别研究导论》(第二版)，北京：北京大学出版社2011年版，第157页。笔者借此认为婚姻如何缔结与家庭形态有关联，婚姻的最终形式仍是家庭本身，二者是一体的。

② 吴小英：《家庭之于女性：意义的探讨与重构》，《山西师大学报(社会科学版)》2020年第5期。

予以讨论，并结合近代以来的“走出家庭”的妇女解放运动和20世纪80年代以来的“回归”家庭的争论来探讨婚姻家庭与妇女社会地位的复杂关系。

一、不同婚姻家庭形态与妇女社会地位关系探讨

对婚姻家庭与妇女社会地位关系的探讨在恩格斯作品《家庭、私有制和国家的起源》中有较为集中的体现，而此书论述的主要依据源自美国人类学家摩尔根的《古代社会》对婚姻家庭的探讨。

摩尔根在《古代社会》一书中曾根据婚配对象区分了五种类型的婚姻家族，对应五种类型的婚姻家庭：血婚制家庭，是指由嫡亲的和旁系的兄弟姐妹相互婚配；伙婚制家庭，一群男子伙同与一群女子婚配；偶婚制家庭，由一对配偶结婚而建立，但不专限与固定的配偶同居，婚姻关系在双方愿意的期间有效；父权制家庭，一个男子与若干妻子结婚而成；专偶制家庭，一对配偶结婚而建立，专限与固定的配偶同居。他认为这些婚姻家庭形态是从前往后不断转变和进化的，对应不同的社会进化阶段。① 在摩尔根这里，血婚制家庭对应社会的蒙昧时期，伙婚制家庭对应社会的野蛮时期，专偶制家庭对应文明时期。在其著作《人类家庭的血亲和姻亲制度》一书中，他将婚姻和家庭的进化分为15个阶段，其中涉及的家庭形态则包括群婚制、一妻多夫制、一夫多妻制、一夫一妻制，在血婚制、伙婚制家庭形态之下，既存在一夫多妻也有一妻多夫，那时不存在父权，也就是女性与男性是平等的。在偶婚制社会中，父权作为一种微弱的势力出现，但开始之时还是微弱和不定的，之后逐渐稳步增长，越往后发展，父权越强烈。

父权制家庭和专偶制家庭从前三种形态逐渐发展而来，父权在此确立。摩尔根根据荷马史诗指出，荷马时代的希腊专偶制社会中，女子没有什么权利。“希腊的酋长们在其赴特洛伊的途中，对于装载在他们船上的女俘，恬不知耻地、毫无克制地纵情取乐。无论诗篇中叙述的事件是真是假，它必须被认为是当时真实情况的写照。虽然这些人是俘虏，但这种情况还是反映了对女性的极不尊重。女性的尊严不为人所承认，女性的人权没有保障。……‘美人与战利品’是英雄时代恬不知耻地提出来的口号。”②摩尔根认为，从女性世系到父系世系的转变中，妻子和母亲的权利和地位遭到损失。自此，妇女的子女由她自己所在的氏族转移给了她丈夫的氏族，妇女因结婚而丧失她父方的权利，但并未得到补偿。她成了丈夫家室里的孤家寡人，这一结果“必然削弱了母党的势力，并大大降低了女子的

① ［美］摩尔根：《古代社会》，马巨等译，南京：江苏教育出版社2005年版，第306页。
② ［美］摩尔根：《古代社会》，马巨等译，南京：江苏教育出版社2005年版，第380页。

地位，阻碍她在社会地位方面取得进展”①。父系继承意味着妇女的失败。

不过摩尔根对婚姻家庭形态与妇女社会地位关系的阐述多数是不清楚的，他虽然明确指出血婚制和伙婚制中不存在父权，但对此并没有展开论述，也没有明确区分父权制家庭与专偶制家庭中的性别关系，只是笼统地说专偶制家庭是父权性质的，妇女地位低下，并没分析其原因。对婚姻家庭走向何处，他也没有做历史纵深的深入分析。

真正对婚姻家庭与妇女社会地位之间的关系有深入阐述和分析的是恩格斯，他在摩尔根资料的基础上对此进行了更深入的分析。在恩格斯看来，人类社会大体有三种婚姻形式，对应着人类发展的三个主要阶段：群婚制与蒙昧时代相适应；对偶制与野蛮时代相适应；专偶制(以通奸和卖淫为补充)与文明时代相适应，在对偶制与专偶制之间插入了男性对女性的奴隶和多妻制。

恩格斯认同在血婚及伙婚制家庭时期男女是平等的，情形类似巴霍芬所认定的母权阶段。伙婚制家庭，恩格斯也称之为“普那路亚家庭”。这两种时期社会都是“群婚”制，世系只能从母亲方面来确定，即只承认女系。此时对应原始共产经济时期，女系也意味着女权。“而共产制家户经济意味着妇女在家内的统治，正如在不能确认生身父亲的条件下只承认生身母亲意味着对妇女即母亲的高度尊敬一样。……在一切蒙昧人中，在一切处于野蛮时代低级阶段、中级阶段、部分地还有处于高级阶段的野蛮人中，妇女不仅居于自由的地位，而且居于受到高度尊敬的地位。”②这同样是对巴霍芬母权论的高度认同。

恩格斯认为在对偶制家庭(摩尔根的偶婚制)时期女性仍维持了较高社会地位，他并不赞同多妻和多夫制的普遍性，认为这只是例外。在恩格斯看来，从群婚到个体婚制的过渡是妇女完成的，是女子而不是男子实现了向对偶制的过渡，而更严格的专偶制是男性在妇女完成了对偶制后才能实行。当财富逐渐归家庭私有，新的经济形态形成对于以对偶婚和母权制为基础的社会的强力打击。随着家庭私有财富的增加，“财富便一方面使丈夫在家庭中占据比妻子更重要的地位；另一方面，又产生了利用这个增强了的地位来废除传统的继承制度使之有利于子女的原动力”③。母权制就此被推翻，这是女性“世界历史意义的失败”。对偶婚制在财富私有化过程中向专偶婚制迈进，也就是进入父权制社会了。“丈夫在家中也掌握了权柄，而妻子则被贬低，被奴役，变成丈夫淫欲的奴隶，变成单纯的生孩子的工具了。”④在专偶制社会和父权社会中，“为了保证妻子的贞操，从而保证子女出生自一定的父亲，妻子便落在丈夫的绝对权力之下了；即使打死了她，那也不过是行使他的权

① [美]摩尔根：《古代社会》，马巨等译，南京：江苏教育出版社2005年版，第381页。

② 《马克思恩格斯选集》第4卷，北京：人民出版社2012年版，第56~57页。

③ 《马克思恩格斯选集》第4卷，北京：人民出版社2012年版，第64页。

④ 《马克思恩格斯选集》第4卷，北京：人民出版社2012年版，第66页。

利罢了”①。建立在私有制经济基础上的专偶婚制就这样开始了对妇女的奴役。

专偶制家庭建立在丈夫的统治之上，婚姻关系非常牢固，而且只有丈夫能解除婚姻关系，这种新家庭形式在恩格斯看来显示了历史的“残酷性”，因为专偶实际上只是对妇女而不是对男子的专偶制。个体婚制在这个历史时期并不是男女自由恋爱与和好的表达，也不是男女两性更好关系的表现，恰恰相反，它是妇女被男性奴役的标志，是男性对女性的压迫以及两性冲突的体现。在恩格斯看来，建立在利益权衡及阶级地位考量上的婚姻不过是合法的卖淫罢了。“妻子和普通娼妓的不同之处，只在于她不是像雇佣女工做计件工作那样出租自己的身体，而是把身体一次永远出卖为奴隶。”②整个专偶婚都是父权的，是性别不平等的。为什么专偶制(无产阶级除外)婚姻家庭会让女性地位低下？恩格斯明确指出，其根源在于“料理家务失去了它的公共的性质。它与社会不再相干了。它变成了一种私人的服务；妻子成为主要的家庭女仆，被排斥在社会生产之外”③。这一见地可谓深刻。

然而，专偶制下对妇女的奴役在无产阶级中失去效力，其根源在于经济上的原因。“自从大工业迫使妇女从家庭进入劳动市场和工厂，而且往往把她们变为家庭的供养者以后，在无产者家庭中……男子统治的最后残余也已失去了任何基础。”④也就是在无产者的家庭里，专偶制原来的父权含义事实已经消散了，因为女性参加了社会生产劳动，消解了男性统治的经济根基。正是看到大工业给无产阶级妇女开辟了参加社会生产的途径，恩格斯明确呼吁要想解放妇女，其先决条件就是要让女性回到公共事业中去，同时必须消除个体家庭作为社会经济单位的属性。其方法就是将生产资料转为社会所有，消除女性为金钱献身的必要性。恩格斯认为，结婚的自由和妇女的解放，只有在消灭资本主义生产和它所造成的财产关系之后才能真正实现。在那时人们的择偶不再考虑经济因素，并将私人的家务、孩子的抚育教育变为公共事业，真正解放了妇女。⑤ 这一主张可谓极具前瞻性，这意味着恩格斯很早就看到必须给予妇女在人口再生产和物质资料生产上作用的尊重和肯定，以真正恢复妇女应有的社会地位。⑥ 而未来，随着私有制的消灭，婚姻制度将完成对男性的专偶。

尽管人们对是否存在一个母权社会仍有争议，对所有人群是否都经历了相同婚姻家庭形态的历史变迁存有疑问，对恩格斯着重强调经济因素对婚姻家庭形态的决定性作用而对妇女在人口再生产中的巨大贡献有所忽视而感到遗憾，然而，人们不能否认恩格斯(在摩

---

① 《马克思恩格斯选集》第4卷，北京：人民出版社2012年版，第67页。
② 《马克思恩格斯选集》第4卷，北京：人民出版社2012年版，第82页。
③ 《马克思恩格斯选集》第4卷，北京：人民出版社2012年版，第84~85页。
④ 《马克思恩格斯选集》第4卷，北京：人民出版社2012年版，第83页。
⑤ 《马克思恩格斯选集》第4卷，北京：人民出版社2012年版，第87、93页。
⑥ 罗萍、崔应令：《人类社会两种生产价值新论》，《湘潭大学学报》2011年第6期。

尔根的基础上）对婚姻家庭形态与妇女地位的宏大历史变迁探讨的重大意义。当然，这并不意味着是婚姻家庭形态决定了妇女地位，不如说，婚姻家庭不过是当时社会经济、政治、文化状态的综合反映，而后者决定了当时的性别关系。在人类历史长河中，婚姻家庭形态恰好能反映某一时代的性别关系，既是因也是果。今天，我们对妇女地位的探索仍然无法绕开对妇女面临的婚姻家庭状态的研究，因为后者是前者的晴雨表，是妇女所面临的整体社会经济、政治、文化境况的写照。这也是下面要讨论妇女“走出”与“回归”家庭争论的原因所在。

二、“走出”与“回归”家庭之争及其意义

正如上文所写，恩格斯明确提出，妇女的解放只有在真正走出家庭后才能实现，这也是马克思主义者持有的基本观点，其原因正是家庭领域的私人化。近代以来，“走出家庭”伴随中国的现代化转型而被提出。五四运动以后，学界对家庭的“原罪”有很多讨伐，家庭革命是近代革命的一部分，不单属于妇女，也属于男性。其涉及的不是单纯的性别革命，而是对父权和家长制的反抗，核心是反抗“长老”权力。对妇女来说，“走出家庭”是解放运动的一部分。1949 年后，国家力量推动妇女走出家庭，倡导妇女通过参加社会劳动而获得解放。“走出家庭”不单是国家意识形态要求，也是政治任务，通过广泛参与社会生产，妇女的“半边天”地位在田间、车间真正实现。不过也有学者指出，此时妇女其实是往返于社会劳动和家务劳动之间，妇女劳力起的是国家劳力市场“蓄水池”的作用。[①] 由于“走出家庭”既是国家的号召，又是解放妇女的一部分，对长期囿于家庭之中的妇女而言，并不存在“回归家庭”的争论。

“回归家庭”的提出和争论是 20 世纪 80 年代以后的事，前后有三次，分别是 20 世纪 80 年代初、90 年代中期和 2001 年。

20 世纪 80 年代“妇女回家”争论的背景是市场经济体制改革中的就业危机。经济学家们认为，让妇女回家是缓解当时就业压力的有效手段，但该观点遭到部分学者和妇联方面的反对。《中国妇女》杂志 1988 年发起持续一年的“1988—女人的出路？”讨论，各方争辩激烈。[②] 当时的劳动部基于社会就业压力，赞同妇女回家及阶段性就业。而全国妇联则坚

① 金一虹：《铁姑娘再思考——中国文化革命期间的社会性别与劳动》，《社会学研究》2006 年第 1 期。

② 黎静：《我的出路在哪里？》，《中国妇女》1988 年第 1 期；张娟、马文荣：《大邱庄“妇女回家”的思考》，《中国妇女》1988 年第 1 期；李秀玲：《家庭妇女贡献大》，《中国妇女》1988 年第 4 期；阎桂兰：《“妇女解放”不能走回头路》，《中国妇女》1988 年第 4 期；贺正时：《大邱庄妇女的模式，绝不是社会主义中国妇女的出路》，《中国妇女》1988 年第 3 期。

决反对这一提议，并得到时任中共中央总书记胡耀邦的支持，最终妇女回家提议作罢。

20 世纪 90 年代"妇女回家"的争论一般认为由郑也夫《男女平等的社会学思考》一文掀起。在文章中，郑也夫批评男女平等实践破坏了家庭角色分工，损失了社会制度和效率，并倡导妇女"或终生，或一定时间内作家庭妇女"①。其理由同潘光旦先生在 1931 年写的文章中的观点一致，即都认为妇女在家庭中的生育养育作用已经足够大，非要她们走向市场和社会，"不但妨害了女子的健康，并且把女子弄得不男不女，把社会生活也闹得不伦不类"②。李银河、李小江、刘伯红、谭深等学者均参与了此次论战，并明确反对妇女回家的倡议。③ 全国妇联同样明确反对妇女回家和妇女分阶段就业的观点，当时劳动部最终承诺"三年内不出台妇女阶段就业"的政策，最终在 1998 年以时任中共中央总书记江泽民明确指示"今后再也不要提让妇女回家了"④而结束论争。

20 世纪 80 年代和 90 年代关于"妇女回家"的两次讨论是在学术界和政府部门展开，而在 2001 年的争论里，普通社会成员也参与进来了。2001 年 3 月 8 日，全国政协委员、江西医学院教授王贤才在全国政协九届四次会议上提出"妇女回家"倡议，引起政协委员争论，不少人支持。全国妇联仍旗帜鲜明地反对这一倡议，认为不能剥夺妇女参与经济活动的权利，不能牺牲妇女的利益。时任中共中央总书记胡锦涛支持妇联的意见，最终保住了妇女就业权。⑤

在这三次争论中，最深刻的是第二次。一个非常重要的问题被提出：妇女走出家庭是否等于妇女解放？支持妇女回家的学者指出，妇女就业事实上增加了妇女负担，使她们只能双肩挑。在妇女就业和回家的角色冲突里，是当代职业妇女身上的角色紧张和责任过重问题。妇女既无法挣脱人类自身再生产的沉重义务，又要承担职业女性的重担。这种现象可归于集体时代形成的中国特有的"以生产为中心的公私相嵌型结构"⑥，跟 20 世纪 90 年代以来中国市场化转型的两种"私化"特征有关，即产权的私有化和家庭的私人化，将再生

---

① 郑也夫：《男女平等的社会学思考》，《社会学研究》1994 年第 2 期。

② 潘光旦：《妇女解放新论——介绍英人蒲士氏的学说(一九三一)》，载潘光旦：《人文史观》，北京：群言出版社 2013 年版，第 145 页。

③ 李银河：《"女人回家"问题之我见》，《社会学研究》1994 年第 5 期；谭深：《谁是选择的主体?》，《社会学研究》1994 年第 6 期；刘伯红：《对"男女平等的社会学思考"的思考》，《社会学研究》1994 年第 6 期；陶春芳：《男女平等思想应该深入人心》，《社会学研究》1994 年第 6 期；李小江：《"男女平等"：在中国社会实践中的失与得》，《社会学研究》1995 年第 1 期；王金玲：《跳出"公婆论战"的局限》，《社会学研究》1995 年第 3 期。

④ 徐加良：《利益表达：社会团体对公共政策的影响力》，《天津行政学院学报》2004 年第 1 期。

⑤ 以上三次论证参见那瑛：《"离家"与"回家"——中国妇女解放与现代民族国家的建构》，吉林大学博士学位论文，2008 年。

⑥ 宋少鹏：《从彰显到消失：集体主义时期的家庭劳动(1949—1966)》，《江苏社会科学》2012 年第 1 期。

产劳动推入家庭这个私领域，一方面造成了家务劳动和抚育照料的女性化，另一方面也导致妇女群体在劳动力市场上的结构性劣势。① 也就是说，妇女走出家门、参加劳动，并不意味着妇女能完全离开家庭，妇女并没有从根本意义上完成思想意识和社会结构上的解放。国家曾用力量推动妇女“走出家庭”，而市场又用力量逼着妇女“回归家庭”，无论是哪一种状态都没促成两性力量的平等、妇女的自主和解放，走出家庭的妇女从未真正走出，回归家庭却已难回。

对“走出家庭”与“回归家庭”的争论，吴小英老师认为，这种两分法把家庭视为固定的、静态的模式，“未能看到家庭本身所具有的实践性和多元流动性”，妇女并非文化和制度的被规训者，她们通过“参与家庭模式和关系的多元实践探索，打破主流单一的家庭框架以及意识形态，重构家庭之于女性的意义，进而给女性自由带来新的力量与可能性”。她明确提出必须走出“走出家庭”与“回归家庭”之间的循环往复，看到其背后现代性需求的力量，以及妇女面对现代化挑战时被迫做出的两难应对和选择。同时，还要看到家庭对妇女而言围城式的隐喻，“即进去的人希望得到它的保护却发现同时落入了深不可测的陷阱，而出来的人希望摆脱它的束缚和压制却发现难以获得想象中的自由。而妇女最终会选择何种方式，往往呈现出显著的代际、阶层以及自身所处的生命历程阶段等差异”。要破除作为一种制度理念的家庭本身的劣根性，如家长制、父权制和男权制；强调家庭的实践性，打破家庭的唯一正统模式，开放并接纳多元化的选择；重构家庭之于妇女的意义，真正通过女性主体性来达成妇女自身的解放。当然，在此过程中，也要警惕女性主体性在消费主义文化下的滥用，“让家庭走出封闭的疆界，并将它延伸到公共社会层面作为总体性问题来考量；同时也需要走出社会主流定位的谈论家庭的单一立场，从妇女日常生活的交叉性视角出发，构建新的界定家庭和亲密关系的方式，进而从根本上走出妇女面对家庭的两难选择以及主体性困境”②。

毫无疑问，人们必须再次重视妇女与家庭之间扯不断、理还乱的关系，重建家庭之于妇女的意义，构建妇女多元幸福的基础。

第二节　社会组织与妇女发展

恩格斯在《家庭、私有制和国家的起源》中推论，在母权社会中，由于妇女在以家庭为

① 宋少鹏：《资本主义、社会主义和妇女——为什么中国需要重建马克思主义女权主义批判》，《开放时代》2012 年第 12 期。

② 吴小英：《家庭之于女性：意义的探讨与重构》，《山西师大学报(社会科学版)》2020 年第 5 期。

核心的生产单位里占据优势地位，她们在政治、经济以及社会中掌有大权。然而随着畜养家畜成为创造财富的全新方式，作为获得了畜养控制权的男性在两性权力关系中逐步占据了高位，而人类的生产场域也由家庭内过渡到家庭外。在这个过程中，母权社会中的两性劳动分工受到挑战，男性工作的重要性不断提升，妇女劳动和生产价值则逐步降低。随之而来的是两者社会地位相应地发生改变，男性成为财富的占有者，父权制取代了母权制，也宣告了“女性具有世界历史意义的失败”。自此，妇女沦为男性欲望的“奴隶”和“生孩子的简单工具”。[①] 进入工业文明时代后，随着工业资本主义的兴起，生产性工作场域彻底由家庭向公共劳动场所转移。已婚妇女，特别是资产阶级妇女被完全排除在工作场域之外，成为“被圈养”的受害者，被剥夺了一切参与社会财富分配和公共领域事务的机会和权利。

妇女对公共领域参与权利的丧失除缘于两性间劳动价值落差的加剧和工作场域的转变外，更与父权文化刻意二元区分公私空间、强调两性气质，抬高物质生产价值和贬低人口生产价值有关。在父权文化霸权下，妇女对生产人类的贡献被刻意打压，她们被家庭、学校、媒体和社会塑造成柔弱的、感性的、情绪化的、依附性的、善于照顾他人的刻板性别印象和特质，局限于家庭这个被定义为“私”的个人空间内，专职从事生育子女、照顾家庭这一类无法直接参与市场价值再生产和分配的低价值工作。被剥夺了经济分配权的妇女不得不依附于男性，同时也被踢出经济与政治等公共领域。

为妇女争取进入公共领域的入场券正是近代自由女性主义兴起的发端。玛丽·沃斯通克拉夫特(Mary Wollstonecraft)在对卢梭《爱弥儿》的批判中指出，卢梭提出培育“理性深邃的男人”和“情感丰富的女人”的教育思想，剥夺了妇女发展理性力量的机会，而女性和男性要想达成真正意义上的平等，就必须通过接受良好的教育获得和男性一样的发展理性能力的机会，成为自主的个体。因此，平等受教育的权利是自由女性主义争取男女平权，推动妇女发展的起点。在此基础上，推动妇女获得与男性一致的财产继承权和政治投票权也是她们早期推动妇女发展的主要诉求和成就。

值得一提的是，工业资本主义的初期发展在剥夺了妇女在家庭环境内参与物质资料再生产与再分配机会的同时，也赋予了妇女直接进入市场的工作机会，工厂里出现了女工，男主外、女主内的传统性别分工随之发生了改变。随着经济独立成为可能，妇女开始摆脱男性附属品的地位。在18世纪90年代的巴黎，相继出现的女性俱乐部成了推动妇女解放运动的最初摇篮。从此，各类妇女组织相继在欧美各国诞生，成为推动妇女发展、倡导男女平权的推手。

---

① 《马克思恩格斯选集》第4卷，北京：人民出版社2012年版，第66页。

一、社会组织对妇女发展的影响

在西方的妇女解放运动中，妇女组织的组建与兴起起到了关键性的作用。法国女性活动家玛丽·戈兹(Marie Gouze)在18世纪90年代代表她的俱乐部发表了第一个《女权宣言》，宣称妇女应拥有和男性平等的公平权。1848年7月19日，美国纽约州塞尼卡村的韦斯利安卫理公会教堂召开了全美第一届妇女权利大会，并通过了《权利与意见宣言》，这次会议被视为美国女权运动正式拉开序幕的标志性事件。1859年，英国成立了第一个旨在“促进女性就业”的女权组织——“朗汉姆女士”(Ladies of Langham Place)。19世纪末20世纪初，“美国国家妇女投票权协会”(National American Woman Suffrage Association)推动并领导了持续52年的妇女解放运动，以争取妇女投票权为目标，最终成功推动美国宪法第十九条修正案于1920年通过，首次让全美妇女获得了与男性相同的投票表决权，是美国妇女解放运动的里程碑事件。20世纪60年代开始，为了进一步争取妇女平等的受教育权、劳工保障权、生育自主权、就业机会，自由女性主义者们纷纷集合到各类妇女利益团体中，例如“全国妇女组织”(National Organization for Woman，简称NOW)、“全国妇女政治核心小组”(National Women's Polictical Caucus，简称NWPC)以及“妇女公平行动联盟”(Women's Equaity Action League，简称WEAL)等。

可以说，从争取妇女投票权开始，在随后的一百多年间，妇女社会组织推动并伴随着西方妇女的成长与发展。在此期间，各类平权妇女组织推动了一次又一次的妇女解放运动，组织目标由争取普惠型的政治性别平权到代表特定群体诉求的反歧视，女性主义思潮不断发展，两性平权意识逐步深入人心，妇女的社会地位逐步提高。

对中国而言，社会组织与妇女发展关系议题可分为两类问题：一是在本土制度和文化背景下，如何定义社会组织？二是在本土历史发展进程中，社会组织是如何推动和影响妇女发展的？

(一)本土制度下的社会组织及其发展历史

在人类文明史上，无论处于哪个阶段，社会的各类组织形态，按照政治空间大致可划分为三类：公共性组织(例如政府、宗教社团)、私人性组织(例如家族企业)以及介于两者之间的非公非私的社会组织，亦被称为“第三部门”。① 社会组织不同于以社会控制为使命的公共性组织，也有别于以利益为取向的私人性组织，而是更多地将目标放在社会价值

① Levitt T. *The Third Sector: New Tactics for a Responsive Society*, New York: Am-Acom, 1973, pp. 48-49.

的创造和公共目标的达成上。① 相近的称呼还有非政府组织、非营利组织、民间组织、公民团体、中介组织、群众团体、人民团体、社会团体、第三部门组织、志愿组织等。俞可平归纳了这类组织的四个特点，即非政府性、非营利性、相对独立性和自愿性。上述特性使这类组织明显区别于政府机关和企业组织。② 这类组织往往以推动公众积极参与公共事务为目标。

尽管本质内涵一致，但相较于上述表述名称，社会组织是一个较具中国特色的名词和概念，并于2006年在中共十六届六中全会由官方首次提出。依据王名所给出的解释，社会组织可被定义为"泛指那些在社会转型过程中由各个不同社会阶层的公民自发成立的、在一定程度上具有非营利性、非政府性和社会性特征的各种组织形式及其网络形态"，而"非营利性强调社会组织具有不同于企业等营利组织的特性，非政府性强调社会组织具有不同于党政机关的特性，社会性则强调社会组织在资源来源、提供服务和问责等方面的社会属性"。③

与西方非政府组织不同，尽管中国的社会组织也具有非政府性，但带有较明显的"官民二重性"，即有积极的公共服务功能，但表现的领域集中在非政治领域。④ 有学者认为它们与政府之间的关系是依附性独立的关系，原因是"中国社会组织的实际情况及其面临的社会环境，迫使其在方方面面对国家有所依赖，然而这些组织依然可能享有各种实际的自主性"⑤。

实际上，自古以来，中国社会一直存在民间组织。早在汉唐时期，中国便出现了真正意义上的民间慈善救济组织。东汉时期，受佛教"修福"思想观念影响，带有宗教色彩的民间慈善活动开始活跃，很多寺庙在赈灾、济贫、医疗等领域扮演了重要角色。唐代的"悲田养病坊"是在寺院收容老弱病残的场所，"社邑"则是由僧人和民间的佛教信徒自愿结合而设的慈善组织，会经常开展一些诸如互助丧葬、嫁娶等慈善活动。宋代民间慈善救济极为活跃，内容上包涵了赈饥救荒、济贫恤穷、扶弱解困、公益事业等多种形式，其中，最具特色的是宗族性的慈善组织——义庄（义田），这使原本带有随意性和不确定性的民间慈善事业出现了制度化的倾向。明清时期是中国古代慈善救济事业发展的鼎盛时期，各类民

① Salamon L M. "The Rise of the Nonprofit Sector," *Foreign Affairs*, 1994, Vol. 8, pp. 109-122.

② 俞可平：《中国公民社会：概念、分类与制度环境》，《中国社会科学》2006年第1期。

③ 王名：《走向公民社会——我国社会组织发展的历史及趋势》，《吉林大学社会科学学报》2009年第49卷第3期。

④ Yang D H. "Civil Society as an Analytic Lens for Contemporary China," *China: An International Journal*, 2004, Vol. 2, pp. 1-27.

⑤ 王诗中、宋程成：《独立抑或自主：中国社会组织特征问题重思》，《中国社会科学》2013年第5期。

间社会力量举办的组织化慈善机构日益增多，民间社会慈善出现组织化和制度化的趋向。除了义庄的进一步繁荣之外，还出现了大量的普济堂、育婴堂、商会、善堂等涵盖了恤孤养老、兴办义学、济贫恤病、婚丧嫁娶、救急赈饥等领域的慈善机构。①

(二)妇女社会组织与本土妇女发展

据史料记载，早在公元959年的五代后周恭帝显德六年，中国便有最早的民间女性组织“女人社”，该组织全部由女子组成，目的是自护、自助和自娱。② 不过，在长达数千年的父权文化的辗轧之下，中国古代的妇女组织即便拥有济贫救助的功能，其实质也不过是维护男尊女卑社会秩序的工具而已。例如，18世纪末出现于江南地区的清节堂，以年轻丧夫妇女为救助对象，为亡夫“守节”是她们获取日供餐饮的前提，而非旨在为其提供更好的教育机会、生活条件和社会地位。③

直到18世纪末，在西方福利思想和新兴女性主义的影响下，“守节”不再是妇女慈善组织的救济前提，帮助生活困窘妇女摆脱困境，为她们提供掌握谋生技能的机会，成为转型后此类组织的主要目标。在此阶段，济良所、妇女救济院和中国救济妇孺会成为清末民国时期较为典型的救助妇女的慈善组织。④

与此同时，随着女学的兴办，近代中国妇女运动逐步拉开了序幕。1844年，英国东方女子教育促进会会员、传教士爱尔德赛在宁波创办了中国最早的教会女学。⑤ 1898年，我国第一所由国人自己创办的经正女学在上海成立。1902年，蔡元培先生在上海创办爱国女学。⑥ 女学的大量兴起为广大女性提供了受教育的机会，是启迪近代中国妇女意识觉醒，摆脱传统父权思维束缚的思想摇篮。

如果说女学的兴办为中国近代妇女解放运动提供了思想土壤，妇女组织的创立则为其提供了行动指引和生力军。1903年，中国最早的妇女组织“共爱会”在日本东京宣告成立；1905年，东京成立的“同盟会”中有近200名女性成员；1912年，“中华民国女子参政同盟会”在南京成立，同年，“神州女界共和协济社”也宣告成立。⑦ 近代妇女组织的相继涌现，提出了妇女参政、妇女实业的兴办、妇女家庭地位的提升、妇女婚姻的自主、妇女受教育权益的保障等平权诉求，为推动近代本土妇女发展作出了重要贡献。

---

① 王卫平：《明清时期江南地区的民间慈善事业》，《社会学研究》1998年第1期。

② 大成：《最早的民间女性社团女人社》，《光明日报》1993年9月26日。

③ 王浩：《中国女性的慈善组织发展与女性社会地位变化的关系》，《社会与公益》2020年第6期。

④ 王卫平：《论中国传统慈善事业的近代转型》，《江苏社会科学》2005年第1期。

⑤ 王新田：《中国近代女学发展该说》，《镇江师专学报》1990年第4期。

⑥ 韩志俊等：《我国近代史上三次女性文化教育运动探讨》，《唐都学刊》1989年第3期。

⑦ 沈智：《辛亥革命时期的女知识分子》，《上海社会科学院学术季刊》1991年第4期。

在马克思主义的指导下，中国共产党将妇女解放运动视为无产阶级革命的一个组成部分。1922 年，中国共产党第二次全国代表大会通过了《关于妇女运动的决议》，这是党内第一份关于妇女解放问题的文件，该《决议》指出："女性解放是要伴着劳动解放进行的，只有无产阶级获得了政权，女性才能得到真正的解放。"毛泽东创办新民学会后，非常重视妇女解放问题，他广泛吸收有新思想的女性，为她们提供舆论和思想阵地。①

1949 年中华人民共和国成立后，政府对民间的社会组织进行了整肃，外国传教士创办的慈善机构被取缔，民间各类慈善组织被解散，直到改革开放之前，中国民间的社会组织基本处于停滞状态，妇女组织的发展也自然进入了断裂期。② 不过，值得充分肯定的是，在此期间，妇联作为"非政府妇女组织"承担了多重推动中国妇女发展的任务。妇联，全称"中华全国妇女联合会"，成立于 1949 年 4 月 3 日，"是全国各族各界妇女为争取进一步解放与发展而联合起来的群团组织，是中国共产党领导下的人民团体，是党和政府联系妇女群众的桥梁和纽带，是国家政权的重要社会支柱"③。组织引导妇女贯彻中国共产党的路线方针政策、推动妇女参政议政、维护妇女儿童的权益、提升妇女的社会经济地位以及积极与世界各国女性组织友好往来等，都是妇联的任务与使命。在上述使命的推动下，妇联不仅要积极配合政府，直接参与各项妇女工作，更要在妇女研究、女性组织孵化、性别教育等领域扮演引领者。④

改革开放后，特别是随着第四次世界妇女大会在中国召开，中国与外界交流增加，大批女性 NGO(非政府组织)涌现，这些女性社会组织"以突出女性为参与主体，明确服务主体为妇女、儿童和家庭"，其所充当的角色包括"组织者、资源提供者、平台搭建者、政策倡导者"，目标是"更好地促进妇女儿童的发展与权益的维护"。⑤ 这些组织关注的主要内容包括为女童争取平等的教育机会，为妇女寻求更多参与市场的机会，呼吁男女同工同酬，反对家庭暴力等。简而言之，当代中国本土妇女社会组织大多致力于创造对女性和儿童更为友好的社会环境，并努力为妇女参与社会政治经济领域的生活提供表现平台和后台保障。

回顾整个东西方妇女组织的发展历程，我们不难看到，无论在哪个国家或时代，社会组织都是妇女解放运动的重要依托。社会组织"作为一个介于国家和家庭之间的具有公共

① 丁俊萍、吕惠东：《中国共产党创建时期对中国妇女解放道路的探索》，载谭琳、姜秀花：《中国妇女发展与性别平等：历史、现实、挑战》，北京：社会科学文献出版社 2012 年版，第 7~18 页。

② 王浩：《中国女性的慈善组织发展与女性社会地位变化的关系》，《社会与公益》2020 年第 6 期。

③ 百度词条"中华全国妇女联合会"，https://baike.baidu.com/item/中华全国妇女联合会。

④ 郭夏娟、魏苑：《数量代表与实质代表：理解女性政治地位的一个理论视角》，《社会妇女论丛》2019 年第 6 期。

⑤ 姜耀辉：《新时代女性社会组织的发展机遇、功能优势和能力提升》，《湖南行政学院学报》2020 年第 1 期。

性的空间，已经成为了女性参与公共活动的舞台”①。女性在这里被启迪、被组织、被赋能，进而找到从家庭的狭小空间挣脱出来进入公共生活领域的路径，成长为新时代的独立女性。不过，需要特别指出的是，当下本土各类妇女组织依然将主要行动目标定位于服务好妇女、儿童以及家庭上，换言之，其工作视野始终局限在“私”的领域中，而非对国家、社会和市场等更宏大的“公”领域产生深远影响。这一“公”一“私”的组织领域分野，依然体现了当下视政治、经济等物质资源为男性领域，视儿童、家庭等人情关系为女性领域的刻板社会想象。

二、社会组织中的妇女力量

妇女组织和女性主义思潮是共生发展的关系，而代表性的女性个体则是推动这两者向前发展的核心力量。

作为18世纪自由女性主义的启蒙者，玛丽·沃斯通克拉夫特(Mary Wollstonecraft)在其所著的《为女权辩护》(*A Vindication of the Rights of Woman*)里指出，教育机会不公及刻板的教育性别取向差异所致的理性思维缺乏是女性无法获得独立人格、沦为男性附属品的根本缘由。作为自由女性主义重要的理论贡献者，约翰·斯图尔特·穆勒(John Stuart Mill)和哈丽雅特·泰勒(Harriet Taylor)将两性平等的主张更推进了一步，除了和沃斯通克拉夫特一样认为妇女需要平等的教育机会以发展理性思维能力之外，他们坚决否认男性和女性之间存在天然的道德和智力差异，他们甚至认为传统的妇女“美德”是将女性束缚在私人领域的枷锁。在穆勒和泰勒看来，除了平等的教育权之外，妇女还应该获得和男性一样的政治权和经济权，也就是平等的投票和工作机会。上述三人的观点为第一次妇女解放运动提供了指引。

同样，诸多女性也是妇女解放组织的领导者。玛丽·艾斯泰尔(Mary Astell)是英国17世纪妇女解放运动的早期代表人物，她的行动被誉为英国第一次稍具规模的女性主义抗争。18世纪90年代，法国巴黎出现了一些女性俱乐部，著名女性活动家玛丽·戈兹(Marie Gouze)代表其俱乐部发布了第一个《女性宣言》，宣称自由平等的公民权不仅限于男性，也理应包括女性。在美国有“女权之母”之称的莫特(Lucretia Conffin Motl)则是美国第一届女性权利大会的发起者，这次大会被部分史学家视为美国女权运动的正式开始。在她们的带领下，19世纪初，欧美的妇女组织如雨后春笋般萌发。

① 仲鑫、张爱华：《女性、情感、私领域与慈善组织——对慈济基金会南京会所运行的个案分析》，《台湾研究集刊》2015年第5期。

在中国，同样有这样的妇女解放引领者。秋瑾，我国的著名革命家，妇女解放运动的积极推动者。她在留日期间，参加了中国最早的妇女组织“共爱会”，1907 年创办《中国女报》。在她看来，男女的权利天生就是平等的，传统的宗法制是压迫中国妇女的深刻根源，妇女要想人格独立，在政治层面上要积极参政，并与男性一起并肩作战，以推翻当时的封建清王朝。在她看来，制度的解放才有可能带给妇女真正意义上的解放。与此同时，她也看到，妇女对男性的依附源于妇女在经济上的不独立，因此获得经济上的自主权是妇女获得人格独立的必由之路。

当前，妇女在社会组织中更多是扮演组织者、管理者以及参与者的角色。在推动自身发展的解放过程中，妇女也是最为中坚和广泛的力量，妇女的就业和社会地位有了长足发展。另外，在参与决策和管理及受教育方面，妇女的比例都在不断提升。

从社会发展的角度看，“妇女是物质文明和精神文明的创造者，是推动社会发展和进步的重要力量”①，“没有妇女解放和进步，就没有人类解放和进步”②。

第三节　社会保障与妇女权益

社会保障制度是国家依法通过强制手段对暂时或永久失去劳动能力或因各种原因导致生活困难的社会成员提供基本生活保障的制度体系，其根本目的就是通过对国民收入的再分配，帮助社会成员分散并抵御各种社会风险。③ 按照保障目的、保障对象、保障层次和保障水平等标准划分，社会保障内容主要包括三方面：社会保险、社会救助和社会福利。社会保障与妇女发展之间存在着密切关系，妇女发展离不开社会保障的大力支持，而且妇女发展对社会保障亦有深远的影响。

一、社会保障与妇女发展的相互影响

社会保障与妇女发展是相互影响的，一方面健全的社会保障制度能促进妇女发展，另一方面妇女健康发展对社会保障制度的完善有积极作用。

---

① 习近平：《促进妇女全面发展 共建共享美好世界——在全球妇女峰会上的讲话》，《人民日报》2015 年 9 月 28 日。

② 马英华、谢立敏：《女性社会组织参与国家治理：作用发挥和策略优化》，《学术交流》2020 年第 3 期。

③ 邓大松：《社会保障概论》，北京：高等教育出版社 2019 年版，第 21 页。

(一)社会保障对妇女发展的影响

社会保障对妇女发展的影响包括以下三个方面：

1. 社会救助措施保障妇女生存权

社会救助是指国家对那些因社会、自然、经济、个人生理和心理等原因而造成生活困难，以致无法正常生存的公民给予资金或物质帮助，使其克服困难、摆脱困境的一种社会保障制度。[①] 社会救助是针对贫困人口的保障制度，是公民的一项基本权利，不要求受益人履行义务，不要求权利与义务的对等。社会救助是一种须经家庭经济调查的保障项目，不是“普享”制度，只有在公民无力维持最低生活水平时才能获得。社会救助是纯公共产品，为了防止和减少“搭便车”和依赖性，提供的只是最低生活保障，是最低层次的社会保障项目。社会救助资金一般来源于税收，是非缴费型的，是最具有再分配意义的社会保障项目。[②] 我国社会救助体系包括最低生活保障、特困人员供养、受灾人员救助、专项救助和临时救助等。这些救助制度能够为贫困妇女提供基本生存保障，帮助妇女摆脱绝对贫困。

妇女贫困的原因多种多样，部分妇女由于身体或精神残疾、生活环境恶劣、缺乏劳动技能、缺乏生产资金、家庭变故等原因，导致缺乏获取收入的能力和渠道，生活困难。对收入水平低于当地最低生活保障标准的“收入型”贫困妇女，城镇居民最低生活保障制度和农村居民最低生活保障制度能够为她们提供最低的生活收入保障。对无劳动能力、无生活来源且无法定赡养、抚养、扶养义务人，或者其法定赡养、抚养、扶养义务人无赡养、抚养、扶养能力的老年妇女和残疾妇女，特困供养制度能够为她们提供基本生活条件，提供必要的照料服务，提供疾病治疗和办理丧葬事宜。对遭遇突发事件、意外伤害、重大疾病或其他特殊原因导致陷入困境的妇女，临时救助制度能够给予她们应急性、过渡性的救助。对基本生活因自然灾害受到影响的妇女，自然灾害救助制度能够为她们提供资金、物资、服务等方面的救助，保障其吃、穿、住、医等基本需求，及时为受灾人员提供必要的食品、饮用水、衣被、取暖设备、临时住所、医疗防疫等应急救助。对医疗和住房等必需支出占家庭总收入的比例达到或者超过当地规定，导致“支出型”贫困的妇女，专项救助制度能够为其提供医疗救助、住房救助和就业救助等救助项目。对最低生活保障对象、特困妇女等符合医疗救助条件的妇女，通过对参加城乡居民基本医疗保险的个人缴费部分和经基本医疗保险、大病保险、其他补充医疗保险支付后的基本医疗自负费用，给予补助，实

① 邓大松：《社会保障概论》，北京：高等教育出版社 2019 年版，第 27 页。

② 李珍：《社会保障理论》(第四版)，北京：中国劳动社会保障出版社 2017 年版，第 9 页。

施医疗救助。对住房困难的最低生活保障家庭、分散供养的特困妇女，通过配租公共租赁住房、发放住房租赁补贴、农村危房改造等方式实施住房救助。对最低生活保障家庭中有劳动能力并处于失业状态的妇女，通过贷款贴息、社会保险补贴、岗位补贴、培训补贴、费用减免、公益性岗位安置等办法，给予就业救助。这些救助制度和措施保障了妇女的生存权，因此，社会救助制度也是妇女社会保障的基石。

2. 社会保险维持妇女基本生活

社会保险是指由国家通过立法形式，为依靠劳动收入生活的工作人员及其家庭成员保持基本生活条件、促进社会安定而举办的保险。社会保险是社会保障体系的核心制度，包括养老、残障、遗属、疾病、生育、工伤、失业和家庭津贴等保险计划。① 社会保险在一定程度上强调权利与义务的对等关系，它是与就业相关联的保障制度，保障对象为就业人口及其家属，资金来源于雇主和雇员的共同缴费，保障水平很大程度取决于投保人所缴纳的社会保险税(费)。社会保险不同于商业保险，它强调社会性，即通过收入再分配达到个人分散风险、缓解贫困和缩小收入差距的目的，其再分配强度弱于社会救助。社会保险与商业保险一样，收入的多少取决于制度的支出，强调制度的收支精算；同样遵循大数法则，强调风险分散机制。社会保险与商业保险不同，它具有强制性，要求符合条件者必须参加，从而做到应保尽保，以示社会公平和有效征集社会保险费税。② 我国社会保险体系包括养老保险、医疗保险、失业保险、工伤保险和生育保险等。这些社会保险制度能够为城乡妇女提供全方位的基本生活保障。

现代社会人们面临各种各样的社会风险，单靠个人力量难以应对，需要借助社会力量来化解风险。保险是化解风险的重要手段，社会保险有效地克服了商业保险带来的“逆选择”和“道德风险”问题。现实生活中，女性比男性更脆弱，抗风险能力更弱，更需要依靠社会保险制度化解各类社会风险。妇女因年老丧失劳动能力而退出劳动岗位之后，养老保险制度能够为年老妇女的老年生活提供一定的收入保障，使其维持基本生活，不至于陷入贫困境地。疾病风险是每个人都会面临的风险，其造成的经济损失往往超出个人的承载能力，医疗保险制度能够为每位妇女补偿疾病风险带来的经济损失，减轻个人及其家庭的经济负担。职业女性因失业而暂时中断收入来源时，失业保险制度能够为其提供一段时间的临时补偿，以保障其基本生活需要；并通过职业培训、职业介绍等手段帮助她们重新就业。劳动妇女在工作中遭受意外伤害或患职业病导致暂时或永久丧失劳动能力以及死亡时，劳动者或其遗属能够从工伤保险中获得一定的经济补偿，包括基本生活费用和医疗、

① 邓大松：《社会保障概论》，北京：高等教育出版社 2019 年版，第 27 页。

② 李珍：《社会保障理论》(第四版)，北京：中国劳动社会保障出版社 2017 年版，第 10 页。

康复费用，以减轻职工及其家庭的后顾之忧。妇女承担着生育繁衍后代的社会责任，职业女性因怀孕和分娩而暂时中断劳动时，从生育保险制度中获得生育津贴和生育医疗待遇，不仅有利于维持劳动力再生产，又能保证妇女产后重返工作岗位。社会保险保障了女性的基本生活，为其正常劳动、工作提供了条件。

3. 社会福利促进妇女全面发展

社会福利是指国家和社会根据需要与可能，通过一定的形式向人民提供的物质利益。从广义上说，它包括所有维持、改善、提高人民物质和文化生活水平的保障措施。从狭义上讲，是指除社会保险和社会救助以外的其他所有改善和提高人民生活水平的保障措施与公益性事业。① 社会福利是政府为全体国民或者有某些特殊需求的人群提供的，它具有普惠性特征，即与受益人的收入或者财富无关。从保障水平来看，社会福利在社会保障体系中处于最高层次，其目的是提高受益者的生活质量。社会福利容易造成“福利陷阱”，因为福利水平太高而降低了人们工作的努力程度。② 我国社会福利体系包括公共福利、特殊福利、职工福利和社区服务等，这些福利制度有助于帮助妇女提高生活质量和分享社会经济发展的成果。公共卫生是一项重要的公共福利制度，属于典型的公共产品，由政府主导、无差异地向全体社会成员提供，每一个社会成员都有平等享有的权利，能够让全体社会成员共享社会经济发展的成果。公共卫生不仅为所有妇女提供疾病预防和控制，大大降低妇女重大疾病的爆发频率，而且为所有妇女提供包括婚检、孕妇产检、生殖健康、产后恢复等妇女保健服务，以保障妇女的身心健康，提高妇女的整体健康水平。老残福利是针对老年人和残疾人的特殊福利制度，能够让老年妇女和残疾妇女群体分享社会经济发展的成果。老残福利分为老残经济福利、老残服务福利和老残发展福利三种类型。老年人和残疾人由于年龄的增长或身体功能的下降，缺乏获取生活收入的渠道，但对医疗保健的支出增加，致使这部分群体的生活质量不断下降。针对老年人和残疾人提供的经济福利，例如高龄津贴和残疾人津贴，是一种由政府以转移支付的形式，定期向老年人和残疾人提供的资金或实物性福利，津贴的多少与收入、财产的多少无关，具有很强的普惠性。老年妇女可以通过养老机构和基层社区获取基本养老服务，自主选择机构养老或社区居家养老的形式。残疾妇女的服务需求较为多样化，服务采取政府直接提供、政府与社会组织及市场合作提供、完全市场提供等多种形式。老年妇女和残疾妇女的部分发展需求，可以通过教育、文化服务和无障碍公共设施建设得到满足。残疾预防、残疾康复和促进残疾人就业等政策，为残疾妇女提供了更广阔的发展空间。多样化的老残福利体系有助于提升这部分特

① 邓大松：《社会保障概论》，北京：高等教育出版社 2019 年版，第 28 页。

② 李珍：《社会保障理论》(第四版)，北京：中国劳动社会保障出版社 2017 年版，第 11 页。

殊妇女群体的社会参与度和社会融入度。社会福利给女性提供发展的空间和可能性，对女性权益形成重要保障。

(二)妇女发展对社会保障的影响

社会保障与妇女发展的关系不是单向度的，而是双向的，换言之，妇女发展同样对社会保障产生了影响，其中妇女的良性发展对社会保障具有积极作用，而妇女的恶性发展对社会保障具有负面作用。

1. 妇女良性发展对社会保障的积极影响

妇女良性发展，有助于减轻社会保障财务负担。如果妇女能够真正享有与男子同等的政治权利、文化教育权益、劳动和社会保障权益、财产权益、人身权利、婚姻家庭权益，其自身发展便能够进入良性循环。通过接受一定的文化教育，妇女可以凭借自身劳动和所掌握的知识，获取维持本人生活所必需的收入，避免陷入贫困境地，依赖他人、社会和政府的救济，从而减少各类社会救助项目的支出，减轻国家财政负担。这类妇女就业相对稳定，劳动收入较高，参加社会保险的个人和雇主的缴费能力也较强，能够参加待遇水平较高的职工养老保险和职工医疗保险，以及参加失业保险、工伤保险和生育保险；参加城乡居民养老保险和城乡居民医疗保险时，也有经济能力选择更高的养老保险缴费档次，以期获得更高的养老待遇水平。因此，良性发展的妇女群体，不仅能够减少社会救助支出，而且能够增加社会保险收入，有利于社会保险的自身财务收支平衡，减轻政府的最后兜底人责任，从而减少财政对社会保险的补贴。

2. 妇女发展欠佳对社会保障的制约影响

妇女发展欠佳，会加剧社会保障的财务负担。如果妇女享有的政治权利、文化教育权益、劳动和社会保障权益、财产权益、人身权利、婚姻家庭权益难以得到保障，其自身发展不足，可能陷入非良性循环。由于接受较少的文化教育，这类妇女很难凭借自身能力获取维持本人生活所必需的收入，往往依赖于他人、社会和政府的救济，从而增加各类社会救助项目的支出，增加了国家财政负担。这类妇女往往没有就业或者就业不稳定，缺少收入来源或者收入水平较低，参加社会保险的个人和雇主的缴费能力也较弱，参加待遇水平较高的职工养老保险、职工医疗保险以及参加失业保险、工伤保险、生育保险的比例较低；参加城乡居民养老保险和城乡居民医疗保险时，受经济能力的限制，她们往往选择较低的养老保险缴费档次，未来获得的养老待遇水平也较低。因此，发展欠佳的妇女群体，不仅增加了社会救助支出，而且减少了社会保险收入，不利于社会保险的自身财务收支平衡，增加了政府的最后兜底人责任，导致财政增加对社会保险的补贴。

二、健全妇女社会保障体系

建立"全覆盖、保基本、多层次、可持续"的社会保障体系，保障妇女的特殊社会保障需求，逐步缩小男女两性因各种因素带来的社会保障差异，缩小不同妇女群体间的社会保障差异，既是我国的社会保障体系建立的目标，也是妇女自身发展的需求所在。健全妇女社会保障体系需要从五个方面着手进行。

(一)建立分类动态管理的社会救助体系

1. 对社会救助形式进行分类

随着社会经济的发展，"全面小康"社会的实现，社会救助对象不应仅局限于绝对贫困人口，还应涵盖相对贫困人口，应该将"低收入群体"纳入社会救助的保障范围。凡是基本生活遭遇困难的妇女群众都可以获得救助，所有生活困难妇女都应被纳入社会救助范围，并根据其不同生活需求，采取有差别的、有针对性的救助形式。妇女收入贫困问题主要通过城乡居民最低生活保障制度解决，农村"五保妇女"、城市"三无妇女"和残疾妇女的供养问题主要通过特困供养制度解决，妇女面临的医疗、教育、就业、住房等支出贫困问题主要通过专项救助制度解决，妇女面临的暂时性、突发性的急难型贫困问题主要通过临时救助制度解决。

2. 对社会救助对象实施动态管理

对社会救助对象采取定期申报和分类复核相结合的办法，对家庭救助人口、收入、财产和贫困状况进行调查，加强动态管理，切实做到进出有序、补助适时调整，确保救助公平、公正。定期跟踪检查已报和拟申请救助的家庭收入及财产状况，对通过各项扶贫措施依然无法脱贫或因病、因灾等特殊原因致贫的妇女，及时上报调整、增补资金或保障人口，及时纳入社会救助范围；建立有效的退出机制，对实施救助、扶贫后已摆脱贫困的救助对象，及时清退出救助范围，真正做到社会救助对象"应保尽保、应退尽退"。

(二)健全三支柱养老保险体系

1. 完善基本养老保险，实现妇女全覆盖

按照世界银行的提法，养老保险的第一支柱是公共支出，财务制度一般采用现收现付的形式，由当期工作人口缴纳养老保险金，以满足当期退休人类的养老金需求，其目的是为老年人提供基本生活保障。我国基本社会养老保险属于第一支柱，包括职工养老保险和居民养老保险，其中职工养老保险又分机关事业单位养老保险和企业养老保险。机关事业单位养老保险转制改革已全面启动，目前需要进一步完善养老金计发办法，实现新、旧养老保险制度的平稳过渡，以保障退休“中人”的养老金待遇。企业从业妇女参加养老保险的情况远远不如机关事业单位从业妇女，特别是就业于小微企业的妇女，由于就业不稳定、收入水平低，她们参加企业养老保险的比例较低，即使参加也往往按最低缴费标准参保，致使这部分人的养老保障权益受到侵蚀。未能参加职工养老保险的妇女，原则上应该参加居民养老保险，在自愿参保原则下，由于缺乏收入来源，部分人会选择不参保，即使参保也往往选择最低缴费档次，致使这部分人未来获取的养老金十分有限。为了充分保障妇女的养老权益，政府需要鼓励灵活就业妇女参加职工养老保险和选择较高的缴费档次，以提高基本养老金水平；同时也要提高企业养老保险统筹层次，实现全国统筹，最终达到全民参保的目标。

2. 鼓励建立企业年金制度，扩大覆盖面

引导和鼓励中小企业建立企业年金制度，扩大企业年金的覆盖范围，更好地保障企业女职工退休后的生活，这是妇女养老保障的第二支柱。由单位和个人共同缴费的职业养老金计划，是一种补充养老保险制度，其目的是提高退休老人的养老金水平。根据就业领域的不同，我国职业年金分为企业年金和机关事业单位的职业年金两种。机关事业单位的职业年金是强制性质的个人储蓄账户制度，强制参保形式，能够为每一位机关事业单位的工作人员提供补充养老保险金，从而提高了该领域就业妇女的养老保障水平。企业年金是指企业及其职工在依法参加基本养老保险的基础上，自愿建立的补充养老保险制度，财务制度采取完全基金积累制，采用个人账户方式进行管理，是一种自愿性质的个人储蓄账户制度，由企业自愿选择是否为职工建立企业年金制度。大多数国有企业建立了企业年金制度，而中小企业较少建有企业年金制度，整体而言，我国企业年金发展十分缓慢，其对养老保险的补充作用有限。因此，需要不断完善此制度，扩大妇女保障覆盖面。

3. 积极发展第三支柱，满足多样化养老需求

第三支柱是指居民个人自愿购买的、由商业机构提供的，采取完全积累制的个人养老储蓄计划，其目的是为有高品质养老需求的人提供资金支持。第三支柱养老产品包括银行的理财产品、证券公司的基金产品和保险公司的商业养老保险等。我国企业职工基本养老金的工资替代率较低，企业年金的覆盖面较窄，人口老龄化日趋严重，依靠第一支柱基本养老保险和第二支柱补充养老保险，仅能满足老年妇女的基本养老需求。随着全面小康社会的建成，老年妇女的养老需求亦随之升级，呈现出多样化态势，因此，需要发展第三支

柱养老保险和培育养老产品，以增强对老年妇女养老保障的支撑作用。

(三)完善多层次医疗保险体系

1. 需要完善基本医疗保险，提高妇女医疗待遇水平

我国基本医疗保险制度分为城镇职工医疗保险和城乡居民医疗保险两种，前者强制参保，后者自愿参保。为了实现社会医疗保险妇女全覆盖，需要加强医疗保险政策宣传，增强妇女参保意识；督促用人单位依法全员参加职工医疗保险，并足额缴纳医疗保险费；持续推进全民参保计划，实现所有妇女应保尽保。鼓励灵活就业妇女和新业态从业妇女参加城镇职工医疗保险，提高这部分妇女患病或遭遇意外伤害时的抗风险能力；提高医疗保险基金的统筹层次，实现省级统筹，依据保险“大数法则”，实现社会医疗保险的再分配功能。扩充药品报销目录，将宫颈癌、乳腺癌等妇女常见病及多发病检查费纳入基本医疗保险报销范围；提高患者基层医疗机构就诊的报销比例，引导患者合理消费医疗资源。加强医疗服务管理，规范基本医疗服务，严格执行“三目录、两定点”管理办法，合理控制医药费用水平，保障患者的基本权益。

2. 需要加强大病保险建设，防止妇女因病致贫

“因病致贫、因病返贫”是贫困的主要因素之一，面对重大疾病，基本医疗保险的支付能力十分有限。为了防止妇女或家庭成员因患重大疾病而陷入经济困境，需要加大医疗保险的保障力度，全面推行城乡居民大病医疗保险制度，以补充基本医疗保险的不足，对大病患者发生的高额医疗费用提供“二次报销”，与基本医疗保险、医疗救助一起实行“一站式”结算，以减轻大病患者的自负支付经济负担。针对女性的特殊疾病，例如宫颈癌、乳腺癌等，建立专门的女性大病互助保险，积极发展宫颈癌、乳腺癌等妇女重大疾病商业保险。

(四)提高生育、失业和工伤保险的参保率

1. 生育保险覆盖所有用人单位，提高妇女生育待遇水平

基于生育保险与职工医疗保险合并政策，督促所有用人单位依法为其员工缴纳生育保险费，提高生育保险的覆盖面。拓宽生育保险覆盖对象，探索新业态就业妇女、灵活就业妇女等群体参加生育保险的模式，促使所有从业女性和从业男性无就业配偶生育时能够享有生育保险待遇。科学合理地确定生育保险待遇水平，确保女性职工能够正常享受法定产假时长；确保女性职工在产假期间领取不低于当地上年度平均工资水平的生育津贴。落实男性

陪产假，实施夫妻共用产假制度，父母双方共同承担养育孩子的家庭责任，以减轻女性育儿压力；由国家承担女性生产费用，不增加用人单位的用人成本，从而减少女性就业歧视。

2. 提高失业保险的妇女参保率和享有率

提高劳动妇女参加失业保险的意识，督促用人单位为女性职工缴纳失业保险费，扩大失业保险在从业妇女群体中的覆盖面。失业是每一位劳动妇女都有可能面临的风险，特别是那些就业不稳定的灵活就业人员和新业态从业人员，要探索吸纳这部分群体参加失业保险的模式。确保参保失业妇女能够及时、足额地领取失业保险金；对不符合领取条件的参保失业妇女提供失业津贴。强化失业保险“促就业、防失业”的功能，合理确定失业保险金标准，使其介于社会救助标准与社会平均工资水平之间，在维持基本生活的基础上，促使失业妇女积极寻找工作；利用失业保险结余基金，开展妇女职业技能培训与提升，帮助失业者尽快就业和预防就业者失业。

3. 提高工伤保险的妇女参保率和享有率

督促用人单位为女职工缴纳工伤保险费，尤其是为女性农民工以及高风险行业女职工投保；加大对未参保单位的经济和行政处罚力度，维护妇女工伤保险权益。增强妇女参加工伤保险的自主意识，探索灵活就业妇女、新业态从业妇女参与工伤保险的新模式，扩大工伤保险的参保面。完善工伤保险理赔机制，遵循无过失补偿原则，保障工伤女职工获得及时的医疗救治和合理的经济补偿，提高妇女工伤保险享有率和待遇水平。增强工伤保险预防工伤、促进康复的功能，帮助工伤女职工恢复身体功能和职业劳动技能，提高生活质量和重新融入社会和就业岗位。

(五)建立“普惠型”社会福利体系

1. 完善专项津贴制度，关爱特殊妇女群体

建立高龄老人、失能老人和残疾人的津贴制度，由传统的“补缺型”特殊津贴转变为“普惠型”专项津贴，逐步与“最低生活保障制度”剥离，使其发展成为真正的社会福利制度。福利项目与低保制度松绑，既有利于低保制度履行最低生活的收入保障功能，又能满足特殊群体的特殊生活需求。社会福利与社会救助各司其职，生活困难问题由社会救助解决，提升生活质量问题由社会福利解决。加强无障碍公共设施建设，保障老年人、残疾人通行安全和使用便利。加强对城市空巢老人和农村留守老人、留守妇女的关爱服务，动员社区(村委会)、老年协会、为老服务机构、妇联、社工组织、志愿者等相关力量，建立关爱服务长效机制，定期关注这些群体的生活状况，不断丰富其精神文化生活。

2. 健全养老服务体系，保障妇女享有基本养老服务

建立以居家为基础、社区为依托、机构为补充的城乡养老服务体系，为老年妇女提供全方位的养老服务。积极探索医养结合新方式，不局限于在养老机构和医疗机构施行，还应推动医养结合养老方式进社区、进家庭；加强养老服务专业化建设，提升养老服务质量和服务效能；通过政府购买养老服务的方式，推动专业化养老服务团队向社区、家庭延伸。鼓励和支持社会力量通过多种方式参与养老服务，养老机构设立许可的取消，有助于促进民办养老机构的发展，使民办养老机构与公办养老机构在同一水平线上公平竞争，在一定程度上能弥补公办机构养老服务供给不足的缺陷；通过土地、税收、投资等优惠政策引导社会资本进入养老服务市场；鼓励民间资本对企业厂房、商业设施及其他可利用的社会资源进行整合和改造后用于养老服务。

3. 建立长期照护制度，保障失能妇女的照护需求

随着人口老化的加速，失能老人数量越来越多，对长期护理的需求急剧增长。一般情况下，妇女预期寿命高于男性，妇女对长期照护的需求更为迫切。而家庭结构核心化、小型化，导致传统家庭照护功能弱化，需要加强社会照护功能。结合具体国情与民情，可以考虑构建以“居家为基础、社区为辅助、机构为支撑”的长期照护服务体系，照护对象从经济困难失能老年人、计划生育特殊家庭老年人等少数贫穷老人，转变为一般失能老人及精神病患者；照护模式可由机构模式转为社区模式，以增强一般失能老人长期照护需求的可获得性。同时，加快长期护理保险制度的建设，扩大长期护理保险制度的试点范围，积极总结试点城市经验，促进长期护理保险与长期照护服务的有机衔接，为长期失能老人的基本生活照料和医疗护理提供经济支持，以提升失能老人的生活质量。

◎ 基本概念

婚姻家庭　社会组织　社会保障制度　社会保险　社会救助　社会福利

◎ 思考题

1. 妇女“走出”与“回归”家庭何以成为问题？
2. 妇女力量在社会组织中是如何体现的？意义何在？
3. 阐述社会保障与妇女发展的相互关系。
4. 如何加强社会保障体系建设以保障妇女的基本权益？

第六章
生态与妇女发展

生态问题与妇女发展都是当前我国社会发展需要勇敢面对并奋力完成的重大课题。经过实践观察与理论思考不难发现，生态问题对妇女的生存与发展会产生诸多影响，而妇女对生态问题的关注也尤为强烈。因此，建设生态文明与促进妇女发展在过程上具有重要相关性和内在一致性。妇女作为社会“半边天”，在推动生态文明建设上有着天然特殊的优势，而推动生态文明建设反过来又能更好地促进妇女发展。只有使生态文明与妇女发展不断地处于一种正向互动的关系状态中，才能最终达成建设生态文明与促进妇女发展的双赢局面。

第一节　生态问题对妇女的影响

由于城市化进程加快、经济全球化发展以及全球经济发展方式仍未彻底转变，目前生态问题在全球的整体形势不容乐观。生态问题所带来的巨大影响，包括妨碍生产力的解放与发展、不利于人与自然的和谐共生、威胁人类的生存与发展等，全人类都无法摆脱生态问题导致的劫难。妇女由于社会劳动分工、历史文化传统等限制，一般处于较为弱势的地位，生态问题会对妇女造成更大影响，包括约束妇女生存、牵制妇女发展、阻碍妇女实现自我价值，导致男女平等更难实现。

一、生态问题对妇女生存的约束

随着科技进步和社会发展，人类在认识世界与改造世界的过程中，因过度使用自然资源又不够重视生态环境保护，人为造成诸多生态问题。近年来，全球气候变暖是最为显著的生态问题，既破坏了自然生态系统的平衡，导致自然灾害增多，生物多样性减少，又对妇女身心健康产生困扰，导致妇女就业谋生诸多障碍。

（一）生态问题对妇女身心健康的困扰

女性与环境始终相互依存，其思想和行为都会受到环境的影响。因此，女性与生态环境必须保持一种动态平衡，以免对身心健康产生巨大困扰。

1. 生态问题会对女性的身体健康甚至生命安全产生不良影响

女性在日常生活中必须从多样且安全的食物中摄入足够的营养来保持身体机能正常运转，但生态问题会导致食品资源短缺并产生食品安全问题。同时，自然灾害出现频率上升，也将严重影响女性的身体健康及生存安全。一方面，近年来全球都在加速城市化进程，导致全球气温持续升高，由此将产生大量生态问题，并对女性的身体健康产生不可忽视的负面影响。由于气温升高，冰川大量融化，一旦冰川融化的速度快于其积累的速度，将面临淡水资源紧缺的生存危机。水资源作为人类的生命之源，也是人类的生存命脉。一旦缺乏饮用水，女性生命的延续将受到严重威胁。气温异常导致粮食减产、食物紧缺，生物多样性减少，生物链逐渐断裂，扰乱了自然界的生态平衡，破坏了女性日常生活物资供应的稳定性。环境恶化导致大气中二氧化碳含量提高，长期被迫生存在缺氧的环境中，不利于女性身体机能正常运行。极端天气出现概率增加，如干旱、洪水等，使女性的日常生活皆受影响。另外，水污染、大气污染、土壤环境污染等生态问题也十分严峻，致使女性患病概率不断攀升，直接破坏女性身体健康。人类生产和生活过程中产生大量污水，城市及农村面临水源污染的生态问题，长期饮用受污染的水将威胁女性的身体健康。大气污染使空气质量变差，夹杂于空气中的有害物质通过女性呼吸道进入其身体内部，危害其身体健康。土壤环境污染仍存在不少问题，不利于女性正常生活及可持续发展。

2. 生态问题对女性的心理健康造成负面影响

党的十八大以来，以习近平同志为核心的党中央高度重视心理健康问题，明确提出加强心理健康服务。[1] 女性心理健康持续承受外界不良影响的状况正在得到更多关注。女性对自然环境更为敏感，周边绿水青山减少、荒漠土地增多，耕地林地被污染，空气水源质量下降，生存环境质量整体下滑，易使女性产生悲观情绪甚至诱发抑郁症。从视觉上看，女性接收外界信息的主要途径是通过视觉感应，蓝天、绿水、青山的美丽自然风光有利于女性心理健康，而恶劣的生态环境将扰动女性心理健康平衡，使其逐渐陷入心理困境。从

① 王国强：《心理健康助力全面小康》，《人民日报》2017 年 9 月 15 日。

听觉上看，高速发展带来的噪声污染侵蚀着女性的心理健康。女性受噪声影响会出现心慌、情绪激动、焦躁不安等不良心理状态，甚至失眠导致内分泌失调，引发心理健康问题。从触觉上看，废气排放过量致使空气浑浊，雾霾等烦恼使女性饱受折磨，陷入心理焦虑而无法高质量地工作生活，甚至患上心理疾病。

3. 生态问题易使女性的主观世界遭到错误重塑，阻断其通过自然缓解压力的途径，威胁其身心健康发展

一方面，生态问题频发不利于女性树立正确的世界观、人生观、价值观。若是放任生态问题持续肆虐，地球最终将不再是人类的家园；若只顾追逐经济发展、科技进步而不管生态系统的稳定性与和谐性，展现在女性面前的最终将是失衡的一切以及不可持续的未来。在世界观上，受影响的部分女性将无法正确认识自然生态系统对于人类生存的重要性，对这个世界的整体认识或出现偏差；无法认清这个世界是先有自然后有人类，再有人类自己的家园。若是无法认清一切皆是以自然为根基，无法看清及理解世界的本质，女性终将陷入自己创造的危机中。在人生观上，女性的自我实现过程中如果忽视自然规律，只顾个人私利，将逐步形成功利的人生观。在价值观上，当女性认为频发的生态问题并没有冲击到经济发展时，容易形成经济发展重于自然生态的价值观，与“绿水青山就是金山银山”的正确价值观相背离。以不破坏生态环境为前提进行发展，这才是女性应该树立的科学价值观。另一方面，生态问题不断出现，阻断了女性纾解心理压力的自然途径。生态问题破坏自然风光，没有美丽的自然风光，女性将失去心灵治愈的天然场所。令女性开阔眼界、解放内心的自然圣地不断减少，也在不断瓦解人类永续生存与发展的自然基底。生态问题不仅破坏自然，还以更多间接形式伤害女性，令其产生生态问题恐惧，如导致女性从心理上认同在家附近活动安全，外出只会增大风险，如此便禁锢了女性自由的步伐，对其身心健康均产生不良影响。

(二)生态问题对妇女就业谋生的阻碍

生态问题导致资源减缩、环境破坏、耕地减少，众多农村妇女无法继续“靠山吃山、靠水吃水”。虽然妇女外出就业谋生的人数整体上升，但劳动力市场对谋业女性的要求不断提高，许多女性无法顺利就业维持生存。

1. 妇女就业前景变得更为艰难

生态问题导致许多没有竞争力的妇女难以顺利谋生，增加了妇女就业的不稳定性。一方面，许多乡村女性离开家乡前往城市就业谋生，女性务工人数整体上升，但劳动力市场对女性的需求并未大幅增加。劳动力用人单位至今仍存在“性别偏向”，更愿意招用男性职

员，这对涌入市场的女性十分不利。因生态问题离开家乡的女性务工人员素质水平参差不齐，其中符合市场需求的占比较低。根据《中国劳动统计年鉴》①所示，从2019年全国各地区女性就业人员受教育程度构成的相关数据中，可知女性务工人员中初中学历者占40.2%，其次是小学学历者占19.3%，超过七成的女性就业者是初中及以下受教育水平。可见大多数女性职员素质水平较低，可能遭受市场淘汰。

另一方面，适合女性的职业减少，女性就业缺乏多样性，女性整体就业竞争力较弱，使许多集中于制造业及第三产业的女性就业前景堪忧。务工于制造业的女性将受资源紧缺的影响，面临失业风险。多数女性早期就业集中于制造业中技术含量不高、工资水平较低的劳动密集型产业，有不少女性务工人员至今仍以此谋生。生态问题引发的资源加速短缺不利于制造业发展，女性谋职机会减少，甚至面临裁员危机，失业风险大大增加。集中于第三产业的就职女性也可能受资源短缺及环境污染的影响失去工作机会。随着时代发展，女性就业多集中于第三产业，如批发零售、住宿餐饮、居民服务等，这些都与百姓生活紧密相连，一旦资源不足及生态环境恶化，第三产业可持续性变差，女性首当其冲受到影响。

2. 妇女的工作条件将变得更为艰苦，不利于众多女性获取工作并在工作中实现自我

一方面，对于正在寻求就业的女性而言，生态问题必将带来更多阻碍。工作条件艰苦、资源短缺、环境污染都将使劳动力市场加速畸形饱和，对女性职工的限制及要求随之变多。生态问题若日趋严重，劳动力的整体需求会遭削弱。劳动力数量虽然减少，但质量要求不会降低，对于职工的要求将变得更为苛刻，对男性的偏好甚至会更加明显，适合女性的岗位会逐渐减少，女性职工的处境将变得十分艰难。女性由于生理限制、教育背景以及自身条件等原因，容易在工作条件变得艰难时在职场中自我淘汰。大多数女性因其生理局限，不会选择警察、法医等特定职务，同时女性可能对家庭有更大的期盼，面对日渐艰难的工作条件时易于选择放弃，自我淘汰，最终成为家庭主妇。

另一方面，对于已经工作的女性，生态问题同样影响她们的工作条件，限制她们的才能发挥。工作于室内的女性，虽然不需要直面生态问题，但她们仍会间接被动受到影响，水资源短缺、空气质量下降、噪声污染等，都会使其无法安心工作，对其职业生涯产生不良影响。工作不顺易使其身心受损，产生自我怀疑，不利于全身心投入实现自身价值。工作于室外的女性，将身处更为艰难的生存环境中，直接影响工作进度，同时直接影响身体健康甚至可能罹患疾病而无法正常工作，出现生存危机。

---

① 国家统计局人口与就业统计司：《中国劳动统计年鉴》，北京：中国统计出版社2019年版。

3. 生态问题拉大贫富差距，妇女身处不同财富阶层，面临不同的生存境地

资源短缺时，处于贫困阶层的妇女获取生存及发展的资源渐少，就业竞争力减弱并且压力增大，而富者也终将在资源耗尽时无法持续。一方面，生态问题使大多数底层女性的生存境地变得更为艰难。资源渐少使女性获取保全并发展自身的资源不足，无法提升自身综合素质去适应劳动力市场。受到来自社会多方面限制，生态问题会导致女性获取资源、谋求就业的过程更为坎坷，致使大多数女性变得不幸。全球化进程加速，资源紧缺、环境恶化、贫富差距拉大且贫困持续存在，会使全球更多中下层女性深陷贫困深渊。一旦人类的生存处境变得艰难，这些中下层女性必将承受最直接、最大化的不可持续发展带来的厄运。另一方面，从长远来看，社会上层女性若不顾生态问题，只抓经济发展，罔顾可持续发展，只管利用自然资源壮大资本，终将坐吃山空，作茧自缚，埋下悲剧的种子。女性无论身处何种地位，都将不可避免地遭受生态困境，面临谋生窘境。

二、生态问题对妇女发展的牵制

生态问题不仅限制妇女社会地位，而且压缩妇女政治空间，从多个层面牵制妇女发展。

(一)生态问题对妇女社会地位的限制

在不平等且不可持续的发展模式下，生态问题频发。生态问题愈凸显，女性社会地位愈受限，男女要实现真正平等的地位需要更长征途。

1. 妇女家庭地位降低

一方面，对于农村妇女而言，生态问题会导致资源难寻、生存困难、发展艰难的境况，致使其家庭地位下降。农村妇女可能因生态问题无法找到足够的生活资源，对家庭贡献不大。为了生存只能继续破坏已经受损的生态自然，导致恶性循环。面对生态恶化及资源耗竭的境况，农村男性外出就业的机会比女性多，男女收入差距拉大，农村妇女经济独立程度不断减弱，家庭地位总体降低。另一方面，对于城市女性而言，生态问题会导致城市环境受损及相关资源不足，持续的生态问题只会导致她们谋求生存和发展的机会变得更少，家庭地位也随之降低。城市女性多处于不公平竞争环境中，若受生态问题影响，获取资源会变得更困难，想获得经济独立也就更难了。生态问题导致从农村涌入城市的求职人员不断增多，留给城市女性的岗位会越来越少。“在社会经济活动中，不同人群为了解决

自身的就业问题会形成相互竞争，而在就业市场中能够提供的机会是有限的。”①当农村无资源可利用，便会使城市汇聚更多谋职女性。她们相互竞争，就业机会变得有限而就业竞争变得更加激烈。

2. 社会经济地位下降，社会声望可能遭受冲击

由于文化历史传统及社会性别劳动分工等因素长期影响，女性社会声望和地位并不高。随着时代进步，全球倡导男女平等，女性地位才逐渐上升。随着经济全球化迅猛发展，生态问题逐渐放大，女性地位受到新的威胁。一方面，女性谋生能力减弱，经济独立的斗争变得更加艰难，使其社会经济地位下降。女性在生态恶化且资源不足的情况下，更难获取资源，受教育的机会会受到影响，就业机会也会减少，因此收入不稳定并逐渐减少，社会经济地位下降。“妇女的生存条件与权利等都是紧密嵌入于本土的政治经济以及文化结构之中的。”②女性一直处在不甚公平的政治经济及文化结构中，生态问题只会使女性受到更大影响，承受更多不公。女性的财富储量在生态问题影响下会更易于流失，没有稳定且长期上涨的财富储值的女性，其社会经济地位将受到影响。

另一方面，生态问题由于全球发展模式的运行而不断恶化，女性一般会比男性受到更大影响，她们的各类行为也会遭受更多恶意及污名。女性会因消费对生态问题的负面影响而社会声望受损。女性作为消费的主力军，其消费观念及消费风向会对生态问题产生重要影响，一旦部分女性消费行为不当就会引发更多生态问题，比如口红的巨量消费所带来的过量包装引起的资源浪费及污染致使女性遭受污名，社会声望受到冲击。生态问题凸显，而人口数量仍在上涨，致使资源更加紧张，从而作为生育者的女性在社会中可能遭受更多污名。实际上，世界上仍有许多女性不具备独立能力，没有对性以及生育的决定权。生态问题加剧了女性无法独立且遭受歧视的处境，使其社会声望难以提高。

（二）生态问题对妇女政治空间的压缩

1. 生态问题从客观上压缩了妇女的政治空间

一方面，生态问题阻碍全球治理模式转换，不利于从客观上扩展人类整体政治空间，以男性为主导的政治空间将留下更少间隙给女性。现今整个世界仍以不可持续的经济发展模式为主，不可避免地导致生态问题持续恶化。生态问题将阻碍人类命运共同体的构建进

① 郭娜：《生态位视角下女性从业人员就业现状研究——以江苏省为例》，《时代金融》2018 年第 35 期。

② 吴励生：《女权主义视角与理论、实证、行动的三重变奏——评胡玉坤新著〈社会性别与生态文明〉》，《社会科学论坛》2016 年第 12 期。

程，影响全球治理的新思路产生，影响人类的整体政治空间，留给女性的政治空间必然受到压缩。自近代政治诞生以来，男性主导着政治空间。生态问题无疑会使女性踏入政治世界的门槛变得更高，难题也将变得更多。

另一方面，在生态问题频发时，女性易受到冲击，遭受莫须有的罪责，影响其社会基础。女性自古以来总会成为危难的罪魁祸首。历史上，亡国有妲己、杨贵妃等女性承担主要罪责，担负“红颜祸水”的污名，现今仍不乏“女性堕落致国家堕落”的荒谬言论。在生态问题上女性似乎也难逃其责。一部分人认为，一些女性的思维与行为(如女性消费异化)诱发了生态问题，从而使女性遭到歧视和责备，这既不利于男女平等发展，更不利于拓展女性政治空间。女性的社会形象受损，将削减人们对女性的政治接受度，压缩女性政治空间，不利于女性的政治参与。

2. 生态问题从主观上挤压了妇女的政治空间

一方面，生态问题若是继续保持严峻态势，就会让生存斗争变得艰难，女性便难以自由选择发展的路径。部分女性在生态问题造成的恶劣影响中饱受生存危难，难以从心底对政治抱有向往，无法树立牢固的政治信仰，较难形成丰满的政治理想。当女性谋求生存的斗争变得更激烈、更艰难，获取资源的途径愈发狭窄，就没有更多机会去培养端正的政治态度；由于对社会政治生活、社会政治制度和社会意识形态不甚了解，也就无法怀有正确的政治立场。若生态问题继续恶化，处于弱势地位的女性将减少投身政治的觉悟，部分女性会从主观上放弃政治，自我压缩政治空间。这些都将影响女性政治意识的觉醒，总体上使女性政治素养难以提高。

另一方面，生态问题频发不利于女性政治能力的提升。当处于人口渐多、资源减少、就业艰难、生存不易的大环境中，女性较之男性会面对更多压力和障碍，情感上会经历较大波动。而生态问题对从政女性的专业能力提出考验，需要其具备辨别政治是非、强化底线思维、驾驭全局以及防范管控政治风险等多项专业能力，而不是在政治中诉诸情感。

第二节　妇女对生态问题的关注

女性和自然之间有着直接联系，女性主义与生态问题也有着密切联系，这是生态女性主义思想中的重要内容。女性对生态问题的关注在生态女性主义思想中得以大量体现。20世纪70年代以来，许多女性主义者都认为环境问题是女性主义要解决的问题之一，这一思想流派也对西方国家的女权运动、环境运动、环境哲学、生态伦理学产生了重要影响。除生态女性主义者外，无论在西方国家还是中国，女性都从不同的视角出发，对女性与自然之间的关系进行了深入的思考和研究，以不同的身份对生态问题提出各自的观点与看法，在生态环境保护理论与实践中具有重要的作用与地位。

一、西方妇女对生态问题的关切

西方国家在推动经济发展和社会进步的同时，也面临着严重的生态环境危机。由于最早享受到工业文明成果，西方国家也较早开始对生态问题进行反思，寻求解决方案，并积累了丰富的经验。在探索人类与自然和谐发展的道路上，西方女性群体是不容忽视的力量。

(一) 西方女性科学家和教育家的启蒙

西方女性科学家从生态整体主义出发，关注人类发展与自然环境的和谐共生，对生态环境保护问题进行了科学性、前瞻性、长远性的思考。她们否定和超越了极端的人类中心主义，提倡人与自然之间建立良性和谐关系。西方女性科学家对生态问题的思考与研究，大部分侧重于运用生物学、生态学等科学原理，通过对环境污染、生态系统破坏、生态系统失衡等现象的调查与分析，揭露其对自然与人类社会造成的严重后果和危害，以此给予人类强有力的警示。

美国著名海洋生物学家蕾切尔·卡逊是《寂静的春天》一书作者，该书集中表达了卡逊思考生态问题形成的主要观点及其生态伦理思想，作品一经面世就一度引发世界对于生态环境保护的关注。卡逊曾多次阐明加强生态环境保护的紧迫性，向公众呼吁停止使用有毒化学品的私人和公共计划，这些有毒化学品终将会使地球生灵涂炭。她致力于把真相透彻地展示在大众面前，希望人们立刻针对现状做出行动和改变。她特别强调指出，环境保护事业应该由工业界、政府、民众三方共同付诸行动。

卡逊投身的环境保护事业多次遇到阻碍，研究过程历经艰辛与磨难。其间她不幸身患癌症，在病痛缠身时她仍然全身心投入生态环境保护研究中。《寂静的春天》发表后，也曾遭到各界激烈的争议与批判。因触及农药制造业等多方行业利益，卡逊因此受到不少言语攻击，曾有人指责卡逊是“歇斯底里的女人”“大自然的女祭司”①。这些涉及性别的语言侮辱更加体现了女性科学家在科研事业中的艰辛坎坷。还有一些科学家指责卡逊态度不严谨，认为书中内容过于感性，缺乏科学理论依据，研究具有片面性。

尽管遭受质疑和不公，有一点却毋庸置疑，那就是卡逊开展的一系列环境研究和论

---

①　梅雪芹、陈祥、刘宏焘等：《直面危机——社会发展与环境保护》，北京：中国科学技术出版社 2014 年版，第 145~146 页。

证，以及她对生态环境保护的投入，都为现代生态环境保护事业作出了重大贡献，也为我们解决当今生态问题提供了重要启示和思路方法。美国前副总统、环保积极分子艾尔·戈尔在该书中文版序言中写道，《寂静的春天》的出版应该恰当地被看成是现代环境运动的肇始。

除卡逊外，还有一些西方女性科学家对生态问题进行了研究。著名动物学家珍·古道尔致力于野生动物的研究、教育和保护，她是《国家地理》杂志封面上镜次数最多的灵长类动物学家。她奔走于世界各地，呼吁人们保护野生动物、保护地球环境。她曾前往非洲的原始森林，与黑猩猩朝夕相处，为观察黑猩猩度过了 38 年的野外生涯。除了取得对黑猩猩的研究成果外，她也对动物保护和环保事业作出了巨大贡献。为了唤起公众环保意识，1991 年古道尔建立了一个全球范围的青少年教育计划："根与芽"。通过这个平台，更多的学生和社区成员投入到关心环境、关爱动物和关怀社区的行动中来，目前，"根与芽"已经成为全球最具影响的面向青少年的环境教育项目之一，其组织的许多活动大大推进了人们对动物、人类社区和环境问题的关注。

在对黑猩猩的研究过程中，古道尔曾因女性科学家的身份遭到质疑，她说："媒体发表了几篇颇具轰动效应的文章，突出强调了我的一头金发并提到了我的长腿。正因如此，一些科学家对我的观察结果产生了质疑——但我并不在乎这点，只要能得到资金，返回贡比继续我的研究工作就行。反正我也从未想要成为一名科学家，因为当时的女性没有这种职业选择。我只想成为一名博物学者，如果我的长腿能够帮助我为黑猩猩增加曝光度，那也很有用。""由于我在大体由男性主导的科学领域取得了成功，因此我被形容成一个女权主义榜样，但我从未自视为一个女权主义者。尽管如今的女权主义运动有所不同，许多成功女性之所以成功，是因为强调了她们身上的男性特质。但我们需要让女性特质既得到接受，又得到尊重，在许多国家，这已经开始实现。"①事实证明，古道尔作为一名女性科学家，在考察灵长类动物的群体生活习性时，她对雄猩猩的威胁可能远低于男性考察员，从而使考察工作变得更可行。著名的猿人类考古学家路易斯·里基证实了这一理论，这也使得古道尔能在保护野生动物的研究中发挥其女性科学家的性别优势。

西方女性科学家和教育家以女性在科学研究中独特的视角与观察体验，为生态问题的研究提供了宝贵经验与重要启示。

(二) 西方女性企业家的力行

西方女性企业家在生态问题上，注重经济效益与环保效益并重，她们努力在企业盈利

① ［英］珍·古道尔、程旸：《珍·古道尔博士：身为女性对于我在男性主导的领域取得成功至关重要 精读》，《英语文摘》2018 年第 8 期。

与社会责任之间找到平衡，从而获得可持续的发展与长远的价值。企业作为一个大的“王国”，能对社会产生重大影响，不仅要保证商业上的正确性，同时也要保证道德上的正确性。

作为全球最大的食品和饮料公司之一，百事公司积极履行其绿色承诺：“通过维护广大公众和地球家园的健康未来，实现可持续增长。”一直坚持这一理念的前公司主席兼CEO、印裔美国人卢英德·诺伊，曾服务公司24年。作为一名女性企业家，她提出“目的性绩效”作为百事公司的可持续发展理念。“目的性绩效”，即企业既要创造利润，又要制造健康的产品，尽量不对环境造成负面影响，要在利润动机与原则之间找到平衡，这是一项人类、环境、人才的可持续发展战略。她指出：“如果只想实现两位数的增长，而不关心其他任何事情，那将是我们的错误，我们必须坚持‘目的性绩效’。”她坚持将环境可持续发展的理念融入百事公司生产的各个环节，使百事公司在商业上和价值道德层面上同时取得成功。百事公司的绿色环保意识在农业方面也得到了很好的诠释，百事公司在中国内地广泛开展马铃薯种植项目，已经成为中国最大的土豆种植企业之一。这一项目将百事自身的产业优势与企业社会责任结合起来，转变成一种责任竞争力，以一种资源节约型的方式发展农业。①

同样作为女性企业家的惠普总裁兼CEO，全球电子商务教母——梅格·惠特曼曾针对生态问题说道：“大地给予所有的人是物质的精华，而最后，它从人们那里得到的回赠却是这些物质的垃圾。”这些言论体现了一部分西方女性企业家将环保事业作为企业发展的一项重要课题，与企业命运紧密联系在一起。

（三）西方女性社会活动家的力推

不同于女性科学家与女性企业家侧重于结合自身的专业领域分析生态问题，西方女性社会活动家对于生态问题的关注具有一定的特殊性，她们对生态问题的研究更具实践性。她们对于生态问题的人文思考与所处的政治背景、社会状态、社会现象紧密结合在一起，由此发起和参与公益事业与公众事务，并推进环境保护运动。可以说，西方女性社会活动家对于呼吁民众解决生态问题，具有直接的凝聚力和号召力。

早期女权运动领袖玛格丽特·富勒是19世纪美国著名的作家、评论家、社会改革家，她在其经典作品中密切关注着女性的生存状态，同时她的作品中也包含着丰富的生态主题。生态女权主义者的一个核心观念认为“西方文化在贬低自然和贬低女性之间存在着某

---

① 罗秉鸿：《百事的两大关键词是绿色和责任》，http://huoche.youabc.cn/zixun/14153.html，2011年11月21日。

种历史性的、象征性的、政治性的内在关系”①，因此同处于人类理性对立面并且被奴役的女性和自然是存在一定内在联系的，这种联系使女性在遭受父权压迫时倾向于向有相似命运的自然寻求慰藉。在父亲强制性的高压教育下，富勒经常向自然寻求精神上的慰藉，并以大自然为素材进行文学写作，表达对大自然的亲近与依赖，并将此作为抵制父权制压迫的强大动力。②

富勒认为，自然不仅仅是客观的呈现，还蕴含着崇高的神性。她把自然当作一种具有“精神”和“感知”的存在，自然与人类应该是平等的关系，人类应该摒弃人类中心思想，学会聆听自然。于是，富勒将人类破坏自然的行为看作是人与自然进行精神交流的阻碍，批判了人们只会从实用的角度出发去征服自然，失去了对自然的敬仰，这些亵渎自然的行为使她进一步反思人与自然的关系。她的生态伦理思想是与她对父权制的批判紧密联系在一起的。在富勒眼中，一个健康的生态社会要消除一切自然歧视和性别歧视，让世界万物、人与人、人与自然和谐共生。

除了富勒对于社会改革的理论批判外，肯尼亚社会活动家、诺贝尔和平奖获得者旺加里·马塔伊通过发起绿带运动和非洲减债运动联盟，成功地将生态女性主义在肯尼亚进行了本土实践。她是第一位获诺贝尔和平奖的非洲女性，她积极在肯尼亚宣传植树造林理念，致力于环境保护并向人们提供就业机会。她创建“绿带运动”，将妇女群体与环境保护相结合，鼓励广大农村妇女参与植树运动，在推进环境保护运动的同时也解决了广大女性的就业与收入问题。“绿带运动”已经在肯尼亚种植了近 3000 万棵树，这一运动影响了肯尼亚的环境政策，提高了女性群体的平权意识和环保意识，展现了女性环保社会活动家的社会影响力，对于解决肯尼亚因砍伐森林所引起的严重生态问题起到了重要的示范作用。

马塔伊和其他生态女性主义者一样，将焦点集中在肯尼亚的女性问题和环保问题上。她在博士后期间的研究考察发现，人们大量种植经济作物，并为开发商业用地大量砍伐树木，导致森林减少、水土流失、水源污染等生态问题，这使她更加意识到解决贫穷与环境恶化问题的必要性和紧迫性。同时，肯尼亚传统的父系社会使女性地位卑微，女性参与公共事务遭到困难，马塔伊在肯尼亚求职的过程中也深刻感受到女性的边缘化，女性缺乏对公共事务的参与热情，并且缺乏斗争意识。于是，马塔伊坚定地将提升女性地位与改善生态环境结合在一起，成功策划了“绿带运动”。

---

① C. 斯普瑞特奈克：《生态女权主义建设性的重大贡献》，秦喜清译，《国外社会科学》1997 年第 6 期。

② 张巧：《敬仰自然，呼唤和谐共生——玛格丽特·富勒作品的生态女性主义解读》，《湖北经济学院学报(人文社会科学版)》2021 年第 2 期。

马塔伊关注女性的基本需求，通过“回飞镖”影响模式左右政府决策，从而捍卫人民的公共绿地。她还是肯尼亚议会成员，运用“绿带运动”的实践经验，自下而上和自上而下地影响肯尼亚环境决策。这一系列举措使得人们重新审视女性在全球环境治理中的独特地位和重要作用，体现了女性对于环境保护的独特价值和智慧。①

(四)西方女性政治家的力促

女性政治家由于代表着一定的阶级或政治势力，掌握着重要的政治权利，能够参与制定关键性的政治决策，并协调和组织政治系统。她们长期处于政治实践中，具有远见与才干，掌握着领导权力，并对社会历史发展起着重大影响作用。所以对于生态问题，女性政治家通过其特殊的身份和话语权，直接影响着生态环境保护政策的制定。

联合国助理秘书长、联合国妇女署副执行主任拉克什米·普里曾指出，女性在环保领域具有不可替代的优势，是环保事业的“催化剂”，是“改革的促成者”，尤其是在教育后代方面，母亲可以以身作则，从小培养子女的环境保护意识，所以，推动环保事业必须保证男女性别平等地参与其中。1992 年《里约宣言》也指出，“妇女在环境管理和发展中起着关键性的作用。她们的全面参与对于实现可持续发展是必不可少的”。

挪威政治家、外交家、内科医生，挪威前首相及世界卫生组织前总干事格罗·哈莱姆·布伦特兰，曾担任工党政府环境保护大臣，1981 年成为挪威 380 年历史上第一位女首相，1984 年又被联合国秘书长任命为联合国世界环境与发展委员会主席。她在国内环保工作中取得瞩目的成就，其担任环保大臣期间，三方邻国的工业污染，使酸雨持续破坏着挪威的陆地植物和海洋生物，北方邻国的核污染和核泄漏直接威胁着挪威人民的安危，对此她提出保护环境是全球性事业，只靠一个或少数国家努力不可能完成。

作为联合国世界环境与发展委员会主席，她接受了处理全球环境问题这一重担。在她的领导下，联合国世界环境与发展委员会提交了题为《我们共同的未来》这一工作报告。该报告提出了解决全球环境问题的一些根本性指导方针和原则，包括：要对环境与发展问题作出长远规划；需综合性地考虑人口、资源、环境和发展，不可割裂；不同政治制度、发展阶段、文化背景和宗教信仰的国家，尤其是发达国家与发展中国家须进行广泛合作等。报告中还首次提及“可持续发展”理论，得到了世界的认同。布伦特兰夫人对于推进环保与发展议题成为全球性事业有着巨大贡献。她面对全球性环境问题这一挑战时展现出的专业领导能力和勇气，也使她在政坛独树一帜。②

---

① 余欣：《肯尼亚的女性与环保：旺加里·马塔伊和绿带运动》，《中国非洲研究评论·北京论坛专辑》2017 年总第七辑。

② 邹晶：《格罗·哈莱姆·布伦特兰》，《世界环境》2006 年第 1 期。

德国女政治家安格拉·默克尔是德国历史上第一位女总理。她工作认真勤奋，沉稳务实，在德国政坛素有“铁娘子”之称，名列《福布斯》(*Forbes*)全球最有权力人物排行榜第二位。① 她曾说：“我来自东边(东德)，是个女人，年纪又轻，我代表了党内三种少数群体。”关于环境政策方面，她在柏林任联合国气候委员会第一届环境部长期间，签署《京都议定书》后，迅速专注投入减碳工作，关注并支持核心能源的运用，一直致力于减少国际温室效应，减少核废料，体现了她对于核能经济的治理能力和责任感。

尽管西方女性对于生态问题的关注点、处理方式及影响群体各不相同，但她们都以各自的独特身份发挥自身优势，为生态环境保护作出了多方面的贡献。

二、中国妇女对生态问题的回应

中国作为世界上最大的发展中国家，同样遭受着生态环境污染的巨大冲击，全球变暖、能源匮乏、有害化学品和废弃物污染、生物多样性减少、水资源短缺与污染……我们不仅要面对全球共同的环境污染问题，还要处理发展中国家特殊的生态环境问题。在生态文明建设过程中，中国汲取西方发达工业社会的经验教训，结合中国国情，开辟了中国特色社会主义的生态文明建设道路，这一过程离不开中国女性广泛而深入的参与。在推进生态环境保护事业的历史进程中，中国妇女发挥着“半边天”的重要作用并作出了突出贡献。

一是在社会运动领域。自 1995 年 9 月第四次世界妇女大会在北京召开后至今，中国妇女环保组织日益壮大，妇女参与环境保护运动的热情日益高涨，出现了许多妇女环保运动的领军人物。

由中宣部、国家环保总局等七部委评出的“2007 绿色中国年度人物”汪永晨，是民间环保组织“绿家园志愿者”的创建人。1999 年，她获得中国环境“地球奖”后，把所得奖金捐给中华环保基金会，设立了“绿家园教育基金”。2004 年她向怒江沿岸学校捐款，用于生态扶贫和图书馆建设。她组织志愿者到沙漠里、黄河边、长城脚下种树，在长江上保护濒危动物白鳍豚，并向世界讲述有关中国环境保护行动与公民参与环保的故事。

二是在文化教育领域。中国女性教育工作者敢于承担生态环境保护的教研任务，勇于自觉践行生态环境保护的先进理念。

北京大学保护生物学教授、自然保护与社会发展研究中心执行主任暨山水自然保护中心创始人吕植从事中国自然保护的理论研究、实践建设和政策推动。1995 年以来，她一直参与自然保护的实践，力图在科学与实践之间建立桥梁。她曾负责濒危动物国宝大熊猫的

① 《福布斯权力榜：普京蝉联第一 奥巴马跌至第三》，http://www.xinhuanet.com/world/2015-11/05/c_128396235.htm，2015 年 11 月 5 日。

保护项目，和同事一起成立了山水自然保护中心，在中国西部乡村推动人与自然和谐相处的理念传播和实践活动。

中国女性教育工作者在生态环境保护事业中既展现了优秀的专业能力，也体现了对自然的人文关怀。

三是在经济建设领域。把生态文明建设融入经济社会发展全过程，越来越多的女性企业家将“绿色发展”作为企业发展模式的重中之重，投身环保公益事业，将环保作为自身必须履行的社会责任和使命。

北京嘉博文生物科技有限公司首席执行官于家伊是循环农业的倡导者和中国低碳循环农业的实践先锋。作为学农出身的环境工作者，她坚持对农业的热爱，立足中国国情，汲取中国农耕文化精髓，搭建了一个“有机废物—土壤改良—生态有机农业”的产业链，用自主创新的生物强化腐殖化技术和装备，将餐厨废弃物中的碳氮资源最大化固定，制备成高品质生物腐殖酸肥料，获得了国家级可进入农田的用肥许可证，实现了环保与农业产业间的标准对接，让碳资源重新回到土壤中，使整个生态系统良性运转。

四是在政治和组织领域。在中国的生态环境保护工作中，中华全国妇女联合会发挥着重要作用。全国妇联拥有广泛的群众基础，鼓励广大妇女积极参与社会发展和环境保护，开展了乡村振兴、巾帼脱贫等一系列工作。例如，妇联与林业部门联合开展了“全国三八绿色工程”项目和“大地之爱，母亲水窖”公益工程项目。又如，全国各级妇联组织抓住“世界环境日”这一契机，通过线上线下结合的方式，组织开展了一系列以环保为主题的绿色家庭宣传实践活动，集中宣传了“最美家庭”活动中出现的绿色环保家庭，讲述他们在能源资源节约、环境卫生整治、自然生态保护、文明新风树立等方面的感人事迹，让绿色环保新风尚走进千家万户。妇联推动的环保事业取得了积极的效果，充分体现了妇联组织在生态文明建设中的凝聚力与影响力。在生态环境保护发展的历史进程中，中外妇女以不同方式参与其中，发挥着各自的优势。重视妇女在生态环境保护中的作用，保障妇女广泛而平等地参与生态文明建设，对于中国和世界都有重要的意义。

第三节　促进生态文明　推动妇女发展

以机器大生产为特征的现代工业文明对人类历史产生了巨大影响，它既带来生产力的快速发展，使人们的生活方式发生重大改变，也引起了人与自然环境关系的矛盾与冲突。生态环境危机促使人们反思自己在工业文明下的价值选择和行为方式，并选择以生态文明来应对人类生存和发展遇到的生态危机。生态文明是人们遵循自然、人、社会有机整体协调发展的客观规律，在全面推进人与自然、人与人、人与社会、人与自身和谐共生共荣为根本宗旨的社会实践中，所取得的全部成果的总和。它是一种旨在实现人与自然、人与人、人与社会和谐可持续发展的社会文明形态。

一、发挥妇女作用　促进生态文明

（一）生态文明需要推动力量

在中国共产党的十八大报告中明确指出，“建设生态文明，是关系人民福祉、关乎民族未来的长远大计”，必须“把生态文明建设放在突出地位，融入经济建设、政治建设、文化建设、社会建设各方面和全过程，努力建设美丽中国，实现中华民族永续发展”。党的十八大首次把“美丽中国”作为未来生态文明建设的宏伟目标，把生态文明建设摆在五位一体总体布局的高度来论述。中国共产党的十九大报告进一步对生态文明建设作出重大部署，提出加快生态文明体制改革，建设美丽中国，将“坚持人与自然和谐共生”写入新时代中国特色社会主义基本方略，“美丽”一词被写入社会主义现代化强国的目标，生态文明被提上前所未有的重要位置。

生态文明建设是一项系统工程，它是“谋求生态建设、经济建设、政治建设、文化建设与社会建设之间相互联系、相互促进、相得益彰、不可分割的统一整体文明建设，用生态理性绿化整个社会文明建设结构，实现物质文明建设、政治文明建设、精神文明建设、和谐社会建设的生态化发展”①。马克思主义认为，人民群众是实践的主体，是历史的创造者，是推动社会变革的决定力量。因此，实现这项庞大的系统工程需要落地于人们日常生产生活的实践之中，依靠人民群众的力量完成这场变革。

（二）妇女力量助推生态文明

妇女是推动经济社会发展的重要力量，也是推进生态文明建设的主力军。妇女也因其与生态环境的紧密联系、对环境问题的敏感性以及所扮演的社会角色的特点，在推进生态文明建设的进程中具有独特的优势和力量。

1. 女性具有亲自然的特性，她们对生态环境更为敏感

文化/自然生态女性主义认为女性与自然有着天然的联系，女性具有男性所没有的生育的生理特点，女性孕育生命与大自然孕育万物有着相似的“孕育”形式，因而女性更能与

---

①　方时姣：《论社会主义生态文明三个基本概念及其相互关系》，《马克思主义研究》2014 年第 7 期。

自然共情，在本质上更亲近于自然。“女性独特的情感体验和母性思维在理解和尊重生命方面具有得天独厚的优势，她们的心性更适于思考人与自然的关系，更注重联系和情境，因而能打通主体与客体、自然与环境认同，建构人与自然慈爱友善的关系。”①这种观点在不同的文化传统中都有所体现。古希腊神话中的“大地之母”盖亚，便是古人视土地能够孕育万物的一种神格化表达，中国也将黄河视为“母亲河”。但这种把女性与环境关系本质化的态度“实际上是把妇女问题和环境问题非历史化，又将女性与自然的关系‘自然化’，忽略了两者之所以形成的深刻社会根源”②。

社会/社会建构生态女性主义则强调女性与自然的特殊联系是由社会建构并由意识形态强化所导致的。在父权制社会文化下，女性被规训为照顾家庭、养育子女的角色，形成感性、善良，具有同情心和保护欲的性格气质；男性则被规训为社会强者的角色，形成理性、竞争和征服的性格气质。两种社会化导向使得男性倾向于征服和控制自然，而女性更同情和尊重自然。同时，基于性别差异和角色差异而进行的社会劳动分工，将女性分配于如照料孩子、老人以及做家务等一些与环境保持亲密关系的活动领域。长期以来妇女所履行的社会角色与自然相接近，导致女性与自然具有紧密的关系，能够对生态的破坏有着更为敏感的感知力，并从内心构建保护生态环境的责任意识，由此也使得妇女在推进生态文明建设上采取更为积极的态度。

我们回溯世界环境保护运动的历史，恰是女性最早发现环境问题并率先呼吁环境保护运动，成为人类环保运动的先锋。20世纪50年代初，美国海洋生物学家蕾切尔·卡逊开始注意到化学杀虫剂对自然生态系统的毒害和对人类健康的威胁，《寂静的春天》一书被誉为“世界环境保护运动的里程碑”，卡逊也被人们称为“环境保护运动之母”。1987年，另一位女性格罗·哈莱姆·布伦特兰，作为挪威前首相和联合国世界环境与发展委员会前主席，她在领导环境方面的专家学者对世界各地考察的基础上，撰写了题为《我们共同的未来》这一关于人类未来发展的著名的研究报告。她在该报告中首次提出了已被当今社会公认的“可持续发展”理念，引起了世界各国政府对国内经济长期发展与生态环境保护两者关系的思考，推动着全球生态文明建设事业向前发展。

2. 女性更容易受到环境问题带来的影响，因而更有推进生态文明建设的动力

在生态危机带来的威胁与灾害面前，女性对环境的适应能力相较于男性而言会显得更为脆弱，女性的生计更容易受到影响，尤其是农村贫困地区的妇女。农村女性受制于传统“男主外，女主内”的观念和照顾孩子与老人的性别角色，留守于家中，承担着农村日常生

① 李建珊、赵媛媛：《生态女性主义与中国传统文化》，《自然辩证法通讯》2008年第2期。

② 杨玉静：《生态女性主义视角下的中国妇女与环境关系评析》，《妇女研究论丛》2010年第4期。

产生活的双重劳动负担，既要下地劳作，还要洗衣、做饭、找柴、取水、生养孩子、照料老人等，负责家庭的生活起居。滞留农村的妇女在生产生活上都仰赖于自然资源和生态环境，这也意味着环境问题所带来的后果在更大程度上是由农村妇女承受。正如政府间气候变化专门委员会发布的报告指出：气候变化预期会对农村水资源可利用性及供应、粮食安全和农业收入产生重大影响，这些影响会不成比例地作用于以女性为户主的农村家庭，以及那些不易获取现代农业原料、基础设施和教育的人群。① 中国学者也通过对中国农村的实证调研发现，妇女为应对环境灾害，需要花费更多的劳动和实践在取水、饲料和取薪柴上，并在维持家庭成员健康和家庭卫生方面要付出更多。② 此外，由于女性承担更多的家务劳动，化学洗涤用品、水污染、食品污染等伤害也会更直接地作用于女性身体。女性出于维护自身生存环境以及健康的需要，会更为积极主动地参与生态文明建设。

先后获得全国治沙劳模、全国三八红旗手、联合国拉奥博士奖等一系列荣誉称号的“治沙女英雄”牛玉琴，最初只是为了改善生存环境，过上好日子，从而在缺技术、缺劳力、缺资金的情况下开始了人与沙的较量。牛玉琴是陕西省靖边县金鸡沙村的农民，该村紧靠内蒙古自治区乌审旗，地处于毛乌素沙漠南缘。30 多年前这里还是黄沙一片，风卷黄沙漫天飞，严重影响着农作物生长。为了改善这种不利的生存环境，牛玉琴和丈夫以家庭承包形式在毛乌素沙地南部沙区开始植树种草，向荒沙挑战。在她的影响下，附近的村民也逐渐加入沙海的种树活动之中。30 多年的坚持，牛玉琴治沙面积从最初的 1 万亩变为现在的 11 万亩，植树 2700 多万株，11 万亩沙漠林草覆盖率达 80%，硬是将风沙逼退 10 公里。当年的不毛之地已经变成了现在的“人造绿洲”，成为靖边县北部的一道“绿色屏障”。

3. 女性作为日常家庭生产生活的主要劳动者与消费者，其生产方式与消费方式对生态环境有直接影响

受传统社会性别分工的影响，女性在家庭生产生活领域占据着主体地位。有调查数据显示，在中国有 62%的家庭消费由女性主导。③ 随着中国城市化进程加快，农村男性大规模进城务工，农村女性逐渐成为现代农业生产的主力军。妇女通过日常的生产方式与消费方式，可以对生态文明建设所提倡的绿色发展、绿色消费以及绿色生活产生直接影响。例如，在资源使用方面，选择节水、节电、节约燃料；在消费方面，采用绿色包装，减少塑

---

① Intergovernmental Panel on Climate Change(IPCC). *Climate Change 2014: Impacts, Adaptation, and Vulnerability*, Cambridge: Cambridge University Press, 2014, p. 19.

② 胡玉坤：《气候变化阴影里的中国农村妇女》，《世界环境》2010 年第 4 期。

③ 波士顿咨询：《新世代女性和年轻妈妈引领中国“她经济”》，http://www.199it.com/archives/449387.html,2016 年 3 月 16 日。

料袋使用，这些行动能从消费终端影响生产源头，倒逼企业实施绿色生产，从而有助于生态环境的改善。因此，妇女能否选择一种低消耗、低污染、符合可持续发展的生产生活方式，不仅可以直接影响一个家庭的消费行为与生活方式，还可以直接影响社会生产结构的改变，进而影响生态文明建设进程。

4. 女性作为家庭教育的主要承担者，有助于生态文明意识的代际传播

家庭是社会的细胞，人的社会化最初是在家庭教育中进行的。家庭是下一代早期教育的重要场所，而女性在家庭教育中具有重要的影响力，她们在家庭教育中的主体地位对生态伦理、生态道德和生态价值等文化价值观的培育、传承有着独特的性别优势。妇女通过言传身教的方式，将其生态理念、消费方式、消费习惯潜移默化地传递给孩子，直接影响着下一代一生的相关行为选择。生态文明建设是一项长期的工程，妇女通过自身的行为将生态文明意识传递给后代，不仅为生态文明建设培育了有力的接班人，也决定了人类社会的可持续发展。

二、建设生态文明　推动妇女发展

生态文明建设与妇女发展是一种双向的互动过程。妇女能够发挥其优势与力量来推动生态文明建设，生态文明建设的过程也在反向促进妇女的发展。这种良性互动过程并非是一种自在的存在，在强调生态文明建设推动妇女发展的同时，也应当关注到在当前社会，妇女仍未得到充分发展与平等对待。因而要进一步促进妇女发展，使其更好地推进生态文明建设，在妇女发展与生态文明建设之间达成一种双赢。

(一)在生态文明建设中发展妇女

1. 生态文明建设改善了妇女的生存环境，提升了妇女的生存质量，保障了妇女的生存权与发展权

生态文明建设的核心目标之一便是解决人与自然的矛盾，减少环境污染以及减缓生态危机给人的生存带来的问题。为此，一方面不仅需要通过积极开展植树造林活动、推广新能源的使用等一系列绿色措施，从源头上减少环境问题产生，另一方面还需要通过修建基础设施以改善人居环境并增强对环境灾害的抵抗能力。这两种方式都在一定程度上改善了女性的生存条件。

中国政府2011年发布的《中国妇女发展纲要(2011—2020年)》将“妇女与环境”确定为妇女发展的六个优先领域之一，并对该领域提出多个目标，具体包括：“全面解决农村饮

水安全问题，降低水污染对妇女健康的危害；农村集中式供水受益人口比例提高到85%左右；农村卫生厕所普及率提高到85%。”在生态文明建设的推动下，农村大力推进改水改厕工程建设。据统计，截至2017年年底，农村卫生厕所和无害化卫生厕所普及率分别为81.8%和62.7%，分别比2010年提高了14.4%和17.7%。① 2019年农村集中式供水受益人口比重达到87%，比2010年提高29%，已提前完成设定目标。同时，城市的污水处理率和生活垃圾无害化处理率也在2019年分别达到96.8%和99.2%，分别比上年提高1.3%和0.2%。② 这些措施从一定程度上提升了中国妇女的人居环境质量，降低了环境问题对女性的健康风险，也缓解了农村妇女的劳动负担，有利于妇女的长期发展。国务院2021年8月25日召开常务会议，审议通过《中国妇女发展纲要(2021—2030年)》。会议指出，男女平等和妇女全面发展程度是衡量社会文明进步的重要标志。《中国妇女发展纲要(2021—2030年)》围绕健康、教育、社会保障和福利、家庭、环境、法律等领域，提出目标和措施，要求贯彻落实男女平等基本国策，保障妇女平等享有接受教育、就业创业、参与决策和管理等权利，全面落实男女同工同酬，拓展支持家庭与妇女全面发展的公共服务，针对妇女特殊需求完善社会保障体系，加强对困难妇女基本保障和关爱服务，健全保障妇女合法权益的法律体系。《中国妇女发展纲要(2021—2030年)》将更加及时有力地保障妇女在生态文明建设中得到更加全面的发展。

2. 生态文明建设有助于增强妇女参与社会事务的能力，提升妇女在社会公共领域的参与度和影响力，提高妇女的社会地位

妇女对生态环境问题的关注与感知，使其在社会生活的各个层面上，以不同的方式、不同程度地积极投身于环境保护运动和生态文明理念传播。生态文明建设作为一种活动媒介，能够使妇女发挥其性别优势投入社会公共事务，并在该过程中不断挖掘、提升女性自身潜能，从而扩大妇女在社会事务中的影响力，使妇女的社会角色地位逐步得到提升。

中国环境科学学会于1998年1月正式成立“妇女与环境网络”。在联合国开发计划署的资助下，“妇女与环境网络”开展了为时3年的“在可持续发展进程中女市长、女企业管理人员能力建设”项目，对数百名女干部进行了培训。女性也在环境工作的领导、管理、执法、监测等各个工作岗位上发挥着重要作用。据统计，原环境保护部及其直属单位中女性占职工总数的比例为41.4%。截至2013年，原环境保护部及其直属机关共有妇女干部

---

① 国家卫生健康委员会：《中国卫生健康统计年鉴》，北京：中国协和医科大学出版社2018年版，第278页。

② 国家统计局：《2019年〈中国妇女发展纲要(2011—2020年)〉统计监测报告》，2020年。

职工 932 人，司局级妇女干部 19 人。其中，环保部机关共有妇女干部职工 108 人，副处级以上妇女干部 50 人，占 46.3%；副司局级以上妇女干部 12 人，占女干部 11.1%。此外，环境监察执法人员中女性比例为 24.7%，全国人大环境与资源委员会也有女性担任委员。①

中国政府还联合妇女组织推动女性积极参与社会的环境保护项目。自 20 世纪 90 年代，由全国妇联和国家林业局联合开展的“三八绿色工程”在推动女性参与环保项目上发挥了重要作用。每年约有 1 亿城乡妇女参与义务植树、国家林业重点工程建设和小流域治理，有效促进了生态环境的改善和林业经济的发展。该工程也被认为是中国女性参与造林绿化人数最多、范围最广、效果最好、影响最大的一项活动。此外，妇联组织还在各地开展一系列环保实践活动，如“抵制白色污染·重拎布袋子”“低碳家庭·时尚生活”“妈妈环保志愿者”等，以此来动员妇女积极参与社会环保事业，提升妇女参与社会事务的能力。

还有许多女性主动参加社会环保实践，为政府环境决策提供事实依据，积极主动参与相关决策，提升了妇女在社会公共领域的影响力。廖晓义便是其中一位典型。廖晓义女士 1996 年创办了以开展环境教育、推动公众参与生态文明传播与实践为宗旨的民间环保组织——北京地球村环境教育中心。该组织是中国“绿色社区”理念和实践的重要原创者和推动者，并参与了绿色奥运行动计划的制订和实施。廖晓义通过创办环保组织将绿色生活方式及理念推广至广大人民群众中，为中国的环保事业和推进生态文明建设作出了重要贡献。廖晓义女士的行动也得到了社会认可，她是中国第一位获得有“诺贝尔环境奖”之称的国际环境文化大奖“苏菲奖”的民间环保人士，她也当选为 2006 年“绿色中国”年度人物、2011 年中国“全面小康”杰出贡献人物、2016 年中国社会十大推动者。

3. 生态文明建设有助于凸显女性价值，张扬女性气质，增强女性的主体意识

生态女性主义认为，女性与自然有着亲密的联系，东西方文化中自然都被喻为母亲形象，为人类提供一切所需，肯定了女性的价值。然而，在“父权制”文化下的二元对立思维方式和价值等级关系的统治逻辑中，男性被认为是理性的、文化的，女性则是情感的、自然的，女性价值低于男性价值。此外，社会劳动性别分工使女性从事私人领域的家务劳动，其劳动价值被社会忽视，从而使女性价值进一步受到排斥和贬低。

生态文明的核心是人与自然和谐相处，它强调人类在发展的过程中，应该明确人与自然是相互联系、密不可分的整体，共同生存于生态系统之中，无高低贵贱之分，人类应当尊重自然、顺应自然、保护自然，而不是妄图征服自然、主宰自然。在生态文明中，过往

① 杨玉静：《妇女与环境》，《中国妇运》2015 年第 10 期。

被贬低的自然价值重新得到了认可，而与自然有着亲密关系的女性，其价值也逐步凸显。女性价值被认为是“生态文明意识构建的基础之一，女性更具利他主义价值观使人类对生态环境有情感的回应，通过对生态环境的体验建立起对生态系统的责任和关怀，把人在私人、家庭、经济和政治上的关系视为平等，而不是控制和统治的关系，以实现价值观念的平等”①。生态文明建设中所倡导的绿色生产生活方式，也与女性在家庭生活消费中养成的勤俭节约与环保习惯有着一致性，这也在一定程度上加深了女性对自身特质的认同，张扬了女性的特质。

主体性意识是人的本质力量的一种表现，也是人区别于动物的原因所在。进一步而言，“女性主体意识是女性作为主体，对自己在客观世界中的地位、作用和价值的自觉意识。具体地说，就是女性能够自觉地意识并履行自己的历史使命、社会责任、人生义务，又能够清醒地了解自身的特点，并以独特的方式参与社会生活的改造，肯定和实现自己的社会价值和人生需求”②。在生态文明建设下，不仅妇女价值得到彰显，而且女性也对自身的特质有了肯定和认同，妇女的主体意识也由此得到强化。

(二)在妇女发展中建设生态文明

尽管建设生态文明推动了妇女的自身发展，但也不能忽视妇女发展中仍存在的问题与不足，为此，我们需要在进一步推动妇女发展中推进生态文明建设。

1. 进一步保障妇女的生存权与发展权，将性别意识纳入环境政策和项目评估中

生存权与发展权是人最基本的权利。人必须首先解决好吃、喝、住、穿的问题，然后才能从事政治、科学、艺术哲学、宗教等活动。当前，随着我国经济社会的高质量发展，妇女的生存权与发展权已得到基本保障。但不可否认的是，由于社会性别和身体生理差异等原因，在面临同样的环境灾害和气候变化时，女性所承受的压力与损失要多于男性。“由于性别造成的遇难人数差异绝不是自然现象”，而是“人们在灾害中的生死命运绝大部分取决于本身享有的社会权利和资源”。③ 因此，政府需要将性别意识纳入生态文明建设，将性别因素纳入环境政策和项目评估中，建立收集、分析和利用性别数据的有效机制，加强性别视角下的环境问题研究，从女性的需求和是否享有平等机会获取自然资源的角度评价各种政策和方案。

在我国，已有一些环境项目主动纳入社会性别视角。加拿大国际发展署与中加气候变

---

① 帅庆、平欲晓：《基于性别差异的生态文明意识培育》，《江西社会科学》2014 年第 7 期。

② 祖嘉合：《试论女性的主体意识》，《妇女研究论丛》1999 年第 2 期。

③ [挪]Elise Skarsaune(中文名艾丽思，联合国妇女署项目官员)：《社会性别与减灾：联系与挑战》，李欣译，《中国减灾》2012 年第 12 期。

化合作项目2003年3月共同主办了“中国—加拿大性别平等和气候变化研讨会”，探讨性别平等与气候变化的联系，以及如何把性别平等纳入中加气候变化合作项目中。[①] 云南省社会科学院性别与社会发展研究中心2013年同国际山地综合发展中心合作开展“喜马拉雅地区气候变化适应项目”，主要研究“适应性中的妇女和性别角色”。研究员实地调研云南省的怒江—湄公河上游流域，撰写了相关调研报告，为云南省政府在应对气候变化与妇女关系问题上，提供了决策依据。[②]

2. 切实提高妇女社会地位，重视妇女在环境决策中的发言权，促进妇女参与环境管理和决策

当今社会，妇女政治地位已有明显上升，但受传统性别观念的制约，妇女参与各级环境决策的人数和参与程度相较男性而言，仍更有限。妇女虽然在生态文明建设中发挥了自身力量，但她们被动参与环保工作和活动较多，作为行动主体参与环境管理和决策相对较少，在一定程度上阻碍了妇女通过参与环保活动实现自身的赋权和成长。此外，妇女在与周围自然环境相互作用、相互适应的过程中积累了许多地方性生态环境知识和独特的经验，但因性别偏见以及妇女权利的边缘化，这些经验知识往往被忽视。这些因素既制约了妇女的发展，也不利于生态文明建设的推进。

为了切实提高妇女的社会地位，保障妇女话语权，促进妇女充分参与环境管理和决策，有五条建议值得思考。一是从法律上保障妇女参与环境决策与管理的权利和地位，通过立法和制度规范，进一步增加妇女在环境保护立法、决策和执法方面的人员比例，提高环境保护机构和组织中的女性比例，在环境决策高层领导中女性也要占一定比例。二是强化妇女参政意识，尤其要发挥各级人大女性代表、政协女性委员以及女性干部的作用，引导她们在参政议政、参与社会各项活动中，更加关注生态环保问题。三是需要通过教育对在任的政策制定和执行人员开展环境领域的社会性别主流化的知识培训，提高他们的环境意识、性别敏感和社会性别主流化能力，使其在政策、方案制定过程中倾听妇女声音，反映妇女诉求。四是从妇女切实需求出发，将妇女贫困、发展、权益维护等问题与环境保护实践结合起来，进而提高妇女主动参与环保的积极性。五是从影响妇女社会地位的家庭、文化教育、经济收入、身体健康等方面努力，提升妇女社会影响力，从而提高妇女在生态保护和资源管理中的作用。例如，使女性在科学、技术、经济和自然环境等领域接受更多的教育，增加知识，提高参与环境决策的技能等。

---

① 中国气候变化信息网：《中国—加拿大性别平等和气候变化研讨会成功召开》，http://www.ccchina.org.cn/Detail.aspx? newsId=29525&TId=66，2020年3月20日。

② 云南省妇女儿童工作委员会：《增强气候变化适应性与社会性别座谈会在昆明召开》，云南妇女网(www.ynwoman.cn)“信息快递”栏目，2016年11月23日。

3. 进一步强化女性的环境主体意识，提升妇女参与生态文明建设的认同感

历史所形成的性别文化认为，女性相对于男性而言，是劣等的、低能的、第二性的。生态文明建设肯定了女性的价值和女性的特质，在一定意义上增强了女性的主体意识。然而，由于妇女长期遭受传统性别制度的统治，“这种历史文化已经内化成女性的深层心理结构，形成了女性的自卑心理。女性心理的自我贬抑心态阻碍了女性主体意识的提升”①。同时，受传统文化中“男尊女卑”思想的影响，社会教育与家庭教育仍存在对男女性别的刻板认知，一些女性往往在顺从和迎合世俗化的女性规范中丢失了自我，认为环境保护是男性的事情。这种现象在男权观念更为根深蒂固的农村体现得更为明显。在对湖北农村的实证调研中发现，“男性对农村女性环保参与的价值并不认同；女性也把环保参与中重要性归结于政府组织或是男性村民，无法意识到自己环保参与所取得的贡献和价值”②。

解决上述问题，一是要积极贯彻男女平等的基本国策，政府仍需大力普及男女平等的性别文化，宣传女性在生态文明建设中身份的特殊性，树立妇女参与建设生态文明的积极形象；二是要提升女性受教育的水平和机会，增强妇女掌握环境知识的能力；三是要结合女性的思想、生活和工作实际，加强对妇女的生态文明建设宣传教育，强化妇女的环境忧患意识、环保责任意识和监督参与意识。

◎ 基本概念

生态文明　妇女生存　妇女发展

◎ 思考题

1. 生态问题对妇女生存和发展会造成哪些影响？
2. 如何发挥妇女作用，促进生态文明建设？
3. 如何在生态文明建设中推动妇女发展？

---

① 杨凤：《当代中国女性发展研究》，中山大学博士学位论文，2006 年。

② 何琪：《农村生态文明建设中女性环保参与研究——基于湖北农村地区的调查》，华中农业大学硕士学位论文，2017 年。

第七章
法治与妇女发展

《中共中央关于制定国民经济和社会发展第十四个五年规划和二〇三五年远景目标的建议》明确提出，坚持男女平等基本国策，保障妇女儿童合法权益。“十四五”时期，“以推动高质量发展为主题”是我国经济社会发展的重要指导思想。具体到妇女发展领域，高质量发展意味着贯彻法治理念，以科学完备的法律保障体系促进妇女全面发展。

第一节　权利与妇女权利

早在中华人民共和国成立之初，我国就已将男女平等写入宪法。改革开放以来，随着中国特色社会主义法治体系的逐渐完善，我国已形成了较为完善的妇女权利法律保障体系，这一体系的有效运行，为妇女的高质量发展奠定了坚实的基础。

一、权利的内涵和特征

在现代法治理念下，保障人人享有法律所规定的权利的同时履行法律所规定的义务，已成为各国共识。作为法学核心概念，权利与义务常并列出现，然而界定“权利”则非常不易。德国哲学家康德论及权利的定义时指出，问一位法学家什么是权利就如问一位逻辑学家什么是真理一样让他感到为难。[①] 不过，尽管在具体观点上有不同见解，[②] 法学家们对

① 参见[德]康德：《法的形而上学原理——权利的科学》，沈叔平译，北京：商务印书馆1991年版，第39页。

② 如“资格说”“主张说”“自由说”“利益说”“法力说”“可能说”“规范说”“选择说”等。参见张文显：《法理学》(第5版)，北京：高等教育出版社2018年版，第130页。

“权利”的定义已基本达成共识。由此，我们可以将权利界定为：法律权利是规定或隐含在法律规范中，实现于法律关系中的，主体以相对自由的作为或不作为的方式获得利益的一种手段。① 这表明：

（1）权利是“实在”的，它源自法律精神及法律原则，包含在法律规范逻辑之中。未经法律规定或确认的权利主张，仅是主观要求，并无客观的法律效力。

（2）任何法律上的权利都是社会上占支配地位的统治阶级或集团的意志体现，由此产生的法律为其自身利益服务。换言之，一切标准的制定，都从占支配地位的阶级或集团的价值观出发，规定在互相冲突和重叠的利益之间法律应予承认和保护的是什么，有关正当行为的类型和尺度是什么等。

（3）权利有明确的界限。一方面，公民为追求其权利而采取的行动，限于占支配地位的阶级或集团的根本利益和社会普遍利益，以社会的承受能力为限度；另一方面行使权利时有程度上的限定，越过限度则失去其原本的性质，对权利不适当的界定易引发政治动荡或社会失序，合理地划分界限才会带来社会的稳定和发展。立法者的基本任务便是根据政治优选法的原理，正确划分权利的界线并为其分配义务。

（4）权利是工具而非目的。首先，权利是由国家分配利益以维护和促成一定阶级（集团）利益或社会的普遍利益，实现政治经济统治和公共管理的手段。其次，权利是社会成员或其集体实现主体自我利益的手段，不论权利的具体内容为何，权利的享有和行使都与主体获得一定利益相联系。鲁道夫·冯·耶林（Rudolph von Jhering）认为“权利自身不外乎是一个在法律上受保护的利益”②。换言之，没有对利益的关注便不会产生对权利这一工具的需要。利益作为权利的基础，并非指纯粹个人的利益或仅与个人相关的利益，而是指能被普遍享有、获得广泛关注的利益，正是这种利益的竞争推动了权利和法律的变化和发展。

（5）权利具有能动性和可选择性。即法律权利给权利主体在法定范围内为实现利益要求而表现意志、做出选择、从事一定活动的自由，包括在一定条件下转让或交换权利的自由，放弃某些可与人身相分离的权利的自由。权利主体能自主决定其是否实际地享有、行使或实现某种权利，而不是被迫地去享有、行使或实现该权利。③

二、妇女权利的保护及其正当性

（一）我国妇女权利意识的演进

莎士比亚曾说，弱者，你的名字是女人。种种剥夺和漠视妇女权利的行为长期并广泛

① 张文显：《法理学》（第5版），北京：高等教育出版社2018年版，第130～131页。

② ［德］耶林：《为权利而斗争》，郑永流译，北京：商务印书馆2016年版，第29页。

③ 张文显：《法理学》（第5版），北京：高等教育出版社2018年版，第131～132页。

存于世界各地，在我国古代亦是如此。在两千多年的中国封建宗法制社会中，妇女深受王权、神权、族权、夫权等思想的制度性压迫，男尊女卑被视为天经地义的法则，① 更不用说中国妇女在政治、经济、文化、家庭领域中的权利和地位。② 明末清初，士大夫对男女平等的呼声并未带给妇女实质上的利益，也未产生近代女权思想。直至鸦片战争后、戊戌变法前，我国才孕育出女权思想。太平天国运动中农民领袖提出"兄弟姐妹，皆是同胞"。在中国第一次人权运动——戊戌变法运动中，维新人士运用人权理论提出中国妇女权利问题，对中国传统性别制度中剥夺人权、违背女性权利的思想进行批判，标志着中国女权思想的产生。③ 辛亥革命时期，孙中山把男女平权作为其民权思想的组成部分。革命的失败和袁世凯的上台不仅阻断了女权思想在此前呈现出的异彩纷呈的局面，更意味着女权思想的发展遭受挫折。

1914年，马克思主义妇女解放理论在五四运动中传入中国，我国妇女解放运动新纪元由此到来，尽管第二次妇女参政运动争取政治权失败了，但中国大学男女同校的先河体现了男女平等教育权方面取得的些微进步。1921年中国共产党一大即讨论了妇女问题，随后我党创办了第一所妇女学校——上海平民学校。中共二大决定了党中央设妇女部，由向警予同志任部长，另通过了第一份妇女运动的纲领性文件《关于妇女运动的决议》，指出"妇女解放要伴随着劳动解放进行，只有无产阶级获得政权，妇女才能真正解放"，这也标志着新民主主义妇女运动阶段的到来。中共三大中，将妇女运动同反帝反封建运动相结合制定指导方针。1924年，在国共合作的背景下，中国共产党提倡和推动了第三次妇女争取参政权的运动，尽管运动再次失败，但中国妇女参政运动自此与民族解放运动紧密地结合在一起。在国民党右派叛变革命后以及抗日战争中，无数中国妇女发挥了巨大的作用。1931年苏维埃政府颁布的《中华苏维埃共和国宪法大纲》是我国历史上第一部体现男女平等和婚姻自由的根本大法，随后又颁布多部法律文件，④ 为苏区妇女获得平等的政治、经济、文

① 西周时期的"女人参政祸水论"把女人关在政治大门之外；妇女受"七出"(即封建时代丈夫休妻的七种理由。《大戴礼记·本命》中解释为："妇女七去：不顺父母去，无子去，淫去，有恶疾去，多言去，盗窃去。")的束缚没有婚姻自由权；"女子无才便是德"的教育观念剥夺了妇女受教育的权利。此外，封建制下的法律也不曾将妇女视为诉讼主体，为维护父权制权威，视夫妻为同体，甚至在量刑时对妇女的处罚更重。

② 张晓玲：《妇女与人权》，北京：新华出版社1998年版，第69~71页。

③ 在实践中，资产阶级改良维新派以宣传禁缠足和兴女学作为争取妇女权利的重点。前者反对为迎合男性的审美观，将女性作为玩物对其进行束缚，后者直接促进了中国妇女的觉醒。在梁启超的提倡下，于1898年6月1日诞生了中国人自己办理的第一所女子学校——"中国女学堂"，尽管学堂仅存在两年，但在中国妇女教育史上具有里程碑的意义。参见张晓玲：《妇女与人权》，北京：新华出版社1998年版，第73~74页。

④ 如《中华苏维埃共和国选举细则》《中华苏维埃共和国土地法》《中华苏维埃共和国婚姻条例》《中华苏维埃共和国婚姻法》。

化地位提供法律依据。抗战时期，陕甘宁边区政府发布的一系列保护妇女权利的法律法规，① 为后来新中国妇女权利的全面发展奠定了基础。1949 年中华人民共和国的成立更标志着中国妇女的权利运动取得了胜利，妇女权利的发展自此进入社会主义的全新阶段。②

(二)妇女权利的种类及其享有特殊保护权利的正当性

从字面构成来看，妇女权利由“妇女”和“权利”组成。根据《刑法》第 236 条，妇女是指年满 14 周岁的女性，符合年龄条件即享有受法律保护的相应权利。在法律上，妇女也可称为“女性”，二者的含义相同，只是在一些国际性文件和法律中，常用“妇女”而非“女性”。③ 换言之，妇女权利是规定或隐含在法律规范中，实现于法律关系中的，年满 14 周岁的女性以相对自由的作为或不作为的方式获得利益的一种手段。这种权利应是道德、法律或习俗认定为正当的，体现妇女的尊严和价值的，带有普遍性和反抗性的利益、主张、资格、权能或自由的总称。④ 从权利属性来划分，我国《妇女权益保障法》规定妇女享有六大权利，分别为政治权利、文化教育权利、人身权利、婚姻家庭权利、劳动和社会保障权利、财产权利。

对妇女权利提供法律保障的价值理念在于“公平公正”的价值观，这不仅是西方法律和政治传统中的核心理念，也是社会主义法治的价值追求。⑤ 依据美国哲学家约翰·罗尔斯(John B. Rawls)的观点，正义原则包括两个原则：“第一个原则要求平等地分配权利和义务；第二个原则认为，社会和经济的不平等(例如财富和权力的不平等)，只要其结果能给每一个人，尤其是那些最少受惠的社会成员带来补偿利益，它就是正义。”⑥前者指“平等原则”，其观念基础在于人的道德价值(或者说人格)上的平等，该原则被视为正义原则的基石，并已被各国宪法确立为重要基本原则。后者则指“差别原则”，主张对弱势群体采取特殊的积极差别待遇，该原则为缩小弱势群体与强势群体间的差距提供一种解决方案。⑦

男女平等是我国的基本国策，在何种程度对妇女进行法律及政策上的倾斜保护，是在两性关系中确保性别公正的一大难题。从法律设置的初衷来看，基于生理差异及社会性别差异的考虑，妇女享有的权利可以分为两类：一是妇女作为普通公民所享有的、同男子平

① 如《禁止妇女缠足条例》《陕甘宁边区条例》。

② 张晓玲：《妇女与人权》，北京：新华出版社 1998 年版，第 86~95 页。

③ 在学术界“妇女”和“女性”是通用的。如《消除对妇女一切形式歧视公约》《消除对妇女歧视宣言》《中华人民共和国妇女权益保障法》等。

④ 孙桂燕：《清末民初女权思想研究》，北京：中国社会科学出版社 2013 年版，第 8 页。

⑤ 李明舜、林建军：《妇女法学》，北京：法律出版社 2015 年版，第 2 页。

⑥ ［美］约翰·罗尔斯：《正义论》，何怀宏等译，北京：中国社会科学出版社 1988 年版，第 234 页。

⑦ 李明舜、林建军：《妇女法学》，北京：法律出版社 2015 年版，第 3 页。

等的权利，这些权利由宪法和各部门法加以确认及保障；二是妇女作为两性中的特殊群体而享有的特殊权利，这些权利分别由《民法典》婚姻家庭编、《劳动法》及《妇女权益保障法》等法律予以特殊保护，如对妇女免受性骚扰、家庭暴力等权利的特殊保护。

第二节　妇女权利与法律保障

一、妇女权利的法律保护体系

法律体系是法的内部结构，亦是法的内在统一、有机联系的系统。妇女权利法律保护体系，专以妇女为保障对象，针对女性和男性之间事实上的既有不平等现象，对相对弱势的妇女的合法权利予以保护，禁止和预防性别歧视。

目前，我国形成了以《宪法》为基础，以《民法典》《刑法》《劳动法》等部门法为主干，以《妇女权益保障法》《反家庭暴力法》《母婴保健法》等单行法为补充，以《女职工劳动保护特别规定》等行政法规为执行保障，以司法解释为兜底的妇女权利法律保障体系（图 7-1）。

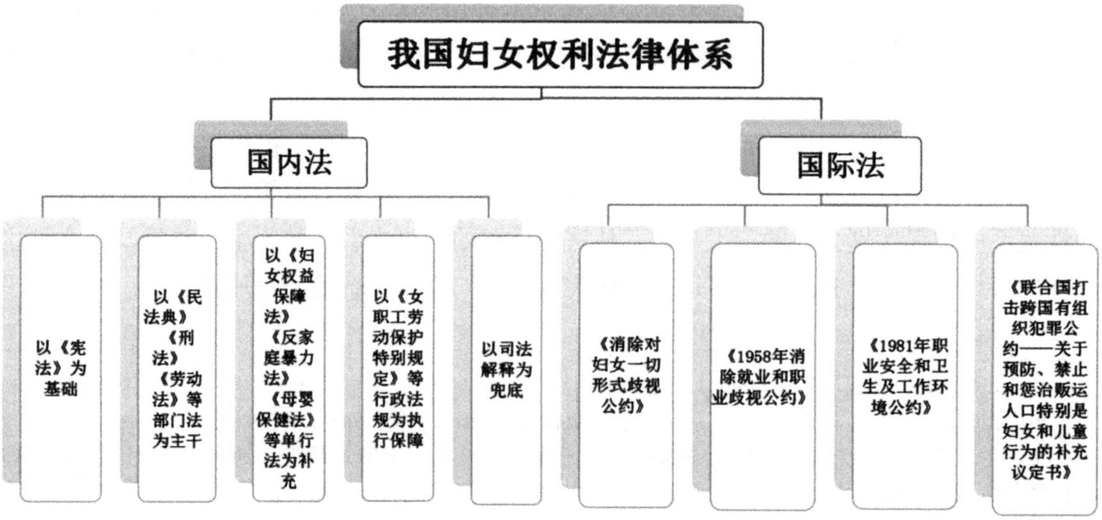

图 7-1　我国妇女权利法律体系

除国内法外，1981 年，为保障妇女权利，联合国通过的《消除对妇女一切形式歧视公约》成为保护妇女权益的国际法基础。在国际领域，2006年至2009年间我国先后签署批准了《1958年消除就业和职业歧视公约》《1981年职业安全和卫生及工作环境公约》《残疾人权利公约》《联合国打击跨国有组织犯罪公约关于预防、禁止和惩治贩运人口特别是妇女和儿童行为的补充议定书》四项国际公约。这些公约为制定和修改相关国内立法提供了明确的国际准则。

二、法律对妇女权利的保护

妇女权利概念的提出，从某种意义上来说，反映了人类追求普遍自由的理念，对保护妇女权益，促进人类的进步和发展有着重要意义。这也意味着对妇女权利的保护，不仅需要从根源上消除人们在观念、社会体制上对妇女的歧视，更需要完备、具体的法律规定，以法治保障妇女发展。

我国妇女在政治、文化教育、人身权利、婚姻家庭、劳动和社会保障、财产等多领域的权利受到法律保障，下文将分而述之。

(一) 政治权利

宪法赋予了公民基本的政治权力。在我国男女平等的基本国策保障下，妇女和男性一样享有各项政治权利。妇女的政治权利，是指女性公民享有通过各种法定的途径和形式来管理国家事务、经济文化事务、社会事务，对国家机关和工作人员进行监督的权利。① 政治权利不是一项对妇女的特权，而是根据社会正义和平等原则当然享有的权利，不因生理性别的差异被他人、团体剥夺。妇女参与国家管理和决策是社会民主政治发展的需要，标志着国家政治生活民主化的程度。只有妇女切实表达了自己的政治意愿，妇女的正当权益才可能得到法律的保护。法律对妇女政治权利的保护主要在如下几个方面：一是妇女享有和男性平等的参政权，② 这是妇女根据社会正义和社会平等原则应该享有的权利，不能以性别差异为由区别对待。二是妇女享有选举权和被选举权。③ 二者都是妇女基础的政治权利，享有选举权，才能选举出能够代表妇女利益的人参与管理国家大事；享有被选举权，妇女才有可能亲自代表人民，在管理国家的工作中发挥积极作用。具体如，妇女有权按照自己的意愿选举人大代表，任何人不得强迫其选举谁或不选举谁，也不得以威胁、贿赂等不法手段干预选举活动的进行；妇女可依法定程序当选为国家机关行政首长、法官、检察

① 孙启泉、张雅维：《妇女法教程》，北京大学出版社2010年版，第37页。

② 《中华人民共和国宪法》第33、48条。

③ 《中华人民共和国宪法》第34条，《中华人民共和国妇女权益保障法》第11条等。

官等职位。① 据2017年发布的《中国性别平等与妇女发展状况》白皮书显示，我国妇女参政比例虽有提升，但全国人大代表会议中女代表所占比例仅保持在20%左右，② 虽然队伍壮大但女性干部的比例仍明显低于男性干部。在决策部门实际选拔领导时，偏重男性的现象尤为明显。三是妇女享有政治表达的自由，具体如言论、出版、集会、结社、游行、示威等权利。③ 四是妇女享有监督权，包括批评权、建议权、申诉权、控告权、检举权。④

（二）文化教育权利

文化教育权利可分为教育权和文化权，即公民依法享有的从国家获得接受文化教育的权利以及从事科学研究、文学艺术创作和其他文化活动的权利。⑤ 文化教育权是妇女实现全面发展的重要前提，是对作为社会弱势群体的妇女的特殊保护。此项权利不仅为其生存和发展所必需，亦是缩短两性差距的重要途径，更关系到中华民族的未来发展。妇女接受文化教育的权利作为基本人权受宪法保障，且具有不可放弃性。法律对妇女的文化教育权利的保护主要体现在以下几个方面：

1. 妇女在入学、升学、毕业分配、授予学位、派出留学等方面享有与男子平等的权利

高中女生甲报考某高校航海专业，被该校以本专业仅招收男性学生为由不予招收。女生乙报考某“双一流”大学的工程物理系研究生，以笔试成绩第一名和其余13名男性一同进入复试，最终因性别差异未被录取。上述两所高校分别以不符合招生规定和面试成绩不佳为借口侵害了她们的平等受教育权。《妇女权益保障法》规定在各级各类高校招收学生入学时，女性享有与男性平等的入学机会，在同等条件下竞争入学，不得拒绝符合入学条件的妇女入学；在学生毕业分配时，对女生应和男生一样平等地向用人单位推荐；学位授予单位应严格依照《学位条例》的规定，对于依规完成学业并符合学位授予条件的女性授予学位，学校不得人为设置障碍和歧视；在派出留学、进修方面，各单位应根据有关规定，坚持男女平等的原则，一视同仁地择优选送。⑥

---

① 妇女的选举权受到侵犯可以提起选举诉讼，参见《中华人民共和国民事诉讼法》第164条，《中华人民共和国刑法》第256条。

② 国务院妇女儿童工作委员会：《中国性别平等与妇女发展状况》白皮书，http://www.nwccw.gov.cn/2017-04/11/content_155757.htm，2017年4月11日。

③ 《中华人民共和国宪法》第35条，《出版管理条例》第5条第2款，《世界人权宣言》第29、19条等。

④ 《中华人民共和国宪法》第41条，《中华人民共和国妇女权益保障法》第12、13、14条。

⑤ 孙启泉、张雅维：《妇女法教程》，北京：北京大学出版社2010年版，第64页。

⑥ 参见《中华人民共和国妇女权益保障法》第16条第1款。

2. 适龄女性儿童、少年有接受义务教育的权利

我国凡满6周岁的儿童，均享有接受义务教育的权利，父母或监护人应送其入学并完成义务教育，履行义务。政府、社会、学校同样应当采取有效措施，解决适龄女童就学存在的实际困难。①

3. 妇女有接受高等教育的权利

目前妇女接受高等教育的比例在城镇地区整体上呈现上升趋势，甚至在北京、上海等一线城市有超过男性之势。但贫困地区女性入学率依然低下，传统家庭观念中对于男女期望值不同，独子接受教育、姐姐放弃大学梦的情况屡见不鲜。②

4. 妇女有接受扫盲教育、职业教育、技术培训的权利

凡15周岁至40周岁的文盲、半文盲妇女，除不具备接受扫盲教育能力的以外，均有接受扫盲教育的权利。国家也鼓励40周岁以上的妇女参加扫盲学习。国家有责任创造条件，采取符合妇女特点的组织形式和工作方法，帮助妇女脱盲。各级人民政府和有关部门应当采取措施，组织妇女进行职业教育和技术培训。我国目前的职业教育分为就业前培训和在职培训两类。此外，国家和社会还采取多种形式对农民和其他劳动者进行实用技术培训。③

5. 妇女有文化活动参与权，能自由从事科学、技术、文学、艺术和其他文化活动，享有与男子平等的权利

基于社会性别观念，男女两性的差异不仅是生理方面的不同，受陈旧观念的影响，还对女性打上“不能从事科学研究”和“不能担重任”刻板印象。女技术员、女技师、女工程师、女院士的比例明显偏低，在科研领域中长期处于弱势地位，缺少发言权。④

(三) 人身权利

我国法律对人身权利的保护不分性别、年龄、民族、职业、家庭出身等区别，对妇女和男子的人身权利给予同等保护。我国法律对妇女的人身权保护主要包括生命权、健康

---

① 参见《中华人民共和国义务教育法》第4、11、18条，《中华人民共和国妇女权益保障法》第18条，《中华人民共和国未成年人保护法》第13条，《中华人民共和国义务教育法实施细则》第12条。

② 参见《中华人民共和国妇女权益保障法》第16条。

③ 《中华人民共和国妇女权益保障法》第19、20条。

④ 《中华人民共和国宪法》第47条，《中华人民共和国妇女权益保障法》第21条。

权、身体权、姓名权、肖像权、名誉权、隐私权、生育权、婚姻自主权等。具体体现在如下几个方面：

1. 人身自由权不受侵犯

人身自由有广义和狭义之分。狭义的人身自由，即人的身体自由；广义的人身自由是指除狭义的人身自由外，公民的人格尊严不受侵犯、住宅不受侵犯、迁徙自由、通信自由和通信秘密受法律保护等。如《宪法》规定，禁止任何人非法拘禁妇女和以其他非法手段剥夺妇女的人身权利、① 禁止以其他非法手段限制妇女的人身自由、② 禁止非法搜查妇女的身体③。实际上，侵害妇女人身自由权的行为经常发生于婚姻家庭领域，如丈夫怀疑妻子有外遇而禁止妻子外出的行为就是侵犯了妻子的人身自由权。

2. 生命健康权不受侵犯

妇女的生命健康权，指生命安全维护权和健康权。后者包括妇女的生理和心理上的健康。生命权是人赖以存在的前提，是每个妇女的最高人生利益。法律禁止他人溺、弃、残害女婴；禁止歧视、虐待生育女婴的妇女和不育的妇女；禁止用迷信、暴力等手段残害妇女；禁止虐待、遗弃病、残妇女和老年妇女。当生命安全和健康受到不法侵害时，妇女享有司法保护请求权。④

3. 身心健康权不受侵犯

常见侵害行为有组织、强迫、引诱、容留妇女卖淫。⑤ 这四种罪名的具体表现分别为：以招募、雇佣、引诱、容留、强迫等手段同时控制多名妇女卖淫的行为；以暴力、胁迫、虐待或者其他手段，违背妇女意志，迫使其卖淫的行为；利用金钱、财物、色相等为诱饵，勾引、诱骗妇女卖淫的行为；为妇女卖淫提供场所的行为。

---

① 非法剥夺妇女的人身自由是对人身自由的完全取消，包括如捆绑、拘留等拘禁行为。对该类行为依据《中华人民共和国刑事诉讼法》《中华人民共和国治安管理处罚法》等法律对违法行为人处以行政拘留。《中华人民共和国刑法》第 238 条规定了相应刑罚。

② 非法限制人身自由显然程度轻于剥夺人身自由，是对人身自由的一定程度的克减，如限制公民离开一定的区域。《中华人民共和国治安管理处罚法》对该类行为处以拘留等。

③ 非法搜查妇女的身体属于非法搜查身体的情形之一，适用非法搜查身体的所有法律规定。参见《中华人民共和国刑事诉讼法》第 109 条、112 条，《中华人民共和国刑法》第 245 条，《中华人民共和国治安管理处罚法》第 40 条。

④ 《中华人民共和国妇女权益保障法》第 38 条。

⑤ 《中华人民共和国妇女权益保障法》第 40、41 条。

4. 人格权不受侵犯

保护妇女人格权，主要是保护妇女的名誉权、荣誉权、隐私权、肖像权、免受性骚扰的权利。① 值得一提的是，《民法典》新设人格权编，该编第 1010 条，一方面规范了性骚扰行为的认定标准，规定“以言语、文字、图像、肢体行为等方式对他人实施性骚扰的，受害人有权依法请求行为人承担民事责任”②，强化了妇女遭受性骚扰后向侵权人追责的权利；另一方面，新增“机关、企业、学校等单位应当采取合理的预防、受理投诉、调查处置等措施，防止和制止利用职权、从属关系等实施性骚扰”③的内容，规定上述单位有义务辅助反性骚扰法规的推进，进一步保障了妇女的人格权利。

(四)婚姻家庭权利

婚姻家庭担负着实现人口再生产、组织消费、抚育教育的职能。婚姻家庭关系，是指因婚姻或法律拟制原因而形成的，在一定范围内的亲属之间的权利和义务关系。其大体上可以分为夫妻的配偶关系，父母子女的亲子关系，祖父母、外祖父母和孙子女、外孙子女的权利义务关系，以及兄弟姐妹关系和其他家庭成员之间的关系。④ 所谓婚姻家庭权利，是指民事主体基于婚姻家庭关系而享有的民事权利和利益，主要包括以婚姻家庭关系而产生的人身方面的权利，如婚姻自主权、生育权、对未成年人的监护权等，还包括依婚姻家庭而产生的财产方面的权利，如对家庭财产的占有、使用、收益和处分，对家庭成员财产的继承权等。根据《宪法》《民法典》《妇女权益保障法》等法律之规定，夫妻关系的内容较为广泛。法律对妇女婚姻家庭权利的保护主要表现在以下几个方面：

1. 婚姻自由权

即女性有权依法决定自己的婚姻，不受任何人干涉。广义层面为恋爱自由、结婚自由、同居自由等，狭义层面则为结婚自由、离婚自由。如父母为女儿包办婚姻或借婚姻索取财物的行为干预女儿婚事，以及公婆阻止丧偶妇女再婚等情况都是侵害妇女婚姻自由的表现。⑤

---

① 《中华人民共和国宪法》第 38 条，《中华人民共和国妇女权益保障法》第 42 条，《中华人民共和国民法典》第 1010 条，《中华人民共和国刑法》第 246 条。

② 《中华人民共和国民法典》第 1010 条第 1 款。

③ 《中华人民共和国民法典》第 1010 条第 2 款。

④ 孙启泉、张雅维：《妇女法教程》，北京：北京大学出版社 2010 年版，第 224 页。

⑤ 参见《中华人民共和国宪法》第 49 条，《中华人民共和国民法典》第 1041、1042、1046、1052 条，《中华人民共和国刑法》第 257 条。

2. 禁止对妇女实施任何形式的家庭暴力

家庭暴力指家庭成员之间殴打、捆绑、禁锢、虐待、限制人身自由的暴力行为，[①] 也是导致离婚和人身伤害的主要原因之一，直接受害者多为妇女。家暴具有普遍性和严重性、反复性和隐蔽性以及形式多样性，包括身体虐待、肉体损伤、性攻击，还有精神情感上的，如言语、心理虐待，恐吓威胁等。《反家庭暴力法》自 2015 年 12 月实施以来，至 2021 年 3 月，适用该法的司法案例共 3852 例，与“家庭暴力”有关的 173 例典型案例中，涉及人身安全保护令制度的共 89 例，其中婚姻纠纷 73 例。[②] 家庭暴力常因难以启齿和“家丑不可外扬”的传统思想而不易为人知，但这种暴行对妇女造成的伤害严重时可致其死亡。如知名的拉姆案，就是拉姆的前夫唐某在婚姻存续期间长期对拉姆实行家暴，离婚后仍多次施暴，最终杀害拉姆。[③]

3. 妇女对夫妻共同财产有平等的所有权

婚姻存续期间内，夫妻双方对共同财产拥有平等的所有权，属于法定共同共有。即夫妻双方对共同财产平等、不分份额地享有占有、使用、处分和收益的权利。因生活日常需要而处理夫妻共同财产的，任何一方均有权决定，属于日常家事代理权。非日常的决定需要夫妻双方平等协商。[④] 对妇女财产权利的平等保护是为了提升妇女的经济能力，只有保障了经济能力才能提高妇女在社会和家庭中的地位，才能使妇女摆脱“弱者”标签，从家庭的私人领域走进社会同男性平等竞争，充分实现劳动权利。[⑤] 如丈夫在婚后与他人保持婚外不正当关系，并用夫妻共同财产为该人购买住宅的行为即侵犯了妻子的夫妻共同财产所有权。

4. 继承权不受侵害

妇女在婚姻家庭关系中，基于特定的亲属身份和共同生活关系，因夫妻、父母子女、

---

① 参见《中华人民共和国妇女权益保障法》第 46、58 条，《中华人民共和国反家庭暴力法》第 23 条，《中华人民共和国民法典》第 997 条，《最高人民法院关于适用〈中华人民共和国民法典〉婚姻家庭编的解释(一)》第 1 条。注：《反家庭暴力法》针对实施家庭暴力侵犯人格权作出专门行为禁令，而《民法典》第 997 条对这些年司法实践成果进行吸收和升级，对被侵权人申请行为禁令作出了明确规定，今后可以将人格权益的司法保护的时间提前，从而防止损害的发生和扩大。

② 数据源于“北大法宝—司法案例库”，173 例典型案例中，民事类 150 例，刑事类 22 例，公安机关对家庭暴力施暴者发出告诫书 1 例。参见 https://mp.weixin.qq.com/s/bj5cC-GiM6-DoYRDz8iA-w，2021 年 8 月 31 日。

③ 《痛心！被前夫纵火焚烧重度烧伤，网红拉姆不幸去世》，https://baijiahao.baidu.com/s?id=1679328282579973960&wfr=spider&for=pc，2021 年 8 月 31 日。

④ 《中华人民共和国民法典》第 1060、1062 条。

⑤ 《中华人民共和国宪法》第 13 条，《中华人民共和国妇女权益保护法》第 31 条。

其他家庭成员的身份关系而享有继承权，其继承丈夫、家庭成员遗产的权利受《民法典》婚姻家庭编、继承编和《妇女权益保护法》保护。① 其中《民法典》继承编对法定继承作出全面的规定，即按法律规定的继承人范围、继承顺序、遗产分配原则，有法律直接规定的继承方式。② 生活中，丈夫死后公婆以儿媳未生育为由拒绝将遗产分与儿媳，以及父亲死后祖父母以孙女没资格继承为由将遗产全部划给孙子等行为，都是对妇女继承权的违法侵害。

(五)劳动和社会保障权利

劳动和社会保障是个人生存与社会发展必不可少的要素，亦是宪法规定的公民基本权利。③ 作为公民，妇女当然地享有劳动权及社会保障权。

妇女的劳动权，指妇女依照法律法规的规定或劳动合同的约定，在劳动就业、劳动报酬、劳动卫生安全保护、休息休假等方面享有权利。社会保障权，是指公民因年老、疾病、伤残、失业、生育、家人死亡、灾害等事故或风险造成了生活陷入困境或生活质量降低，为保障生存安全或保持一定质量的生活水平和不断提高生活水平的需要，向国家提出给予物质帮助的权利。④ 由于我国的社会保障制度以保护弱势群体为主，由此妇女作为弱势群体之一，除了享受一般意义上的社会保障权之外，基于自身特殊的生理特征还享有不同于男性的特殊社会保障权。⑤ 妇女享有的社会保障权包括社会保险权、社会救助权、社会福利权和医疗卫生权等。⑥ 首先是社会保险权，包括妇女获得工伤保险、疾病保险、医疗保险、失业保险、养老保险、生育保险、家庭补贴、遗属津贴等权利。其次是社会救助权，指没有参加社会保险的女性陷入无法自力克服的生活困境，而向国家和社会请求无对应条件的、能保障其基本生存要求的物质和服务的权利。再次是社会福利权，指公民享有国家提供的文化、教育、娱乐、医疗保健等方面的社会公共服务以提高自身生活质量、发展自我的权利。最后是医疗卫生权，指国家和社会通过建立医疗卫生机构、培养医疗卫生人员和发展药品产业，以及建立医疗保险制度、提供计划生育服务和加强疾病控制等公益性、服务性的事业，保障女性身体健康、提高女性生活质量的一种社会政策。我国法律对妇女劳动和社会保障权利的保护主要表现在以下几个方面：

---

① 《中华人民共和国民法典》第1061、1126、1129条，《中华人民共和国妇女权益保护法》第34条。

② 值得注意的是，法定继承有一定的适用情形。

③ 目前，我国关于女性劳动及社会保障权利的立法主要有《中华人民共和国妇女权益保障法》《中华人民共和国劳动法》《中华人民共和国劳动合同法》《中华人民共和国就业促进法》《中华人民共和国劳动争议调解仲裁法》《女职工劳动保护特别规定》《消除对妇女一切形式歧视公约》等。

④ 《中华人民共和国妇女权益保障法》第28条。

⑤ 孙启泉、张雅维：《妇女法教程》，北京：北京大学出版社2010年版，第98页。

⑥ 李明舜、林建军：《妇女法学》，北京：法律出版社2015年版，第113页。

1. 妇女有平等就业和选择职业的权利

保护妇女的平等就业和选择职业权是对其劳动权利的最基本保障。生活中就业性别歧视现象层出不穷，如快递公司不招收女快递员，企业和事业单位因应聘者为女性而拒招，用人单位在女职工怀孕后将其辞退等行为都侵害了妇女的平等就业和选择职业的权利。①

2. 妇女有获取劳动报酬的权利

妇女享有的获取劳动报酬权是《宪法》和《劳动法》中贯彻“按劳分配原则”和“同工同酬”的具体体现。法律保障妇女享有同工同酬、最低工资、工资支付等保障，妇女有权要求用人单位依法支付其在法定休息休假期间以及依法参加社会活动期间的工资。和男性在同一工作岗位的妇女，在同等劳动数量和质量的情况下，享有和男性相同的劳动报酬，用人单位未能合理分配报酬的行为即侵害了妇女的劳动报酬权。②

3. 妇女有获得劳动安全卫生保障的权利

具体包括：对用人单位管理人员违章指挥，强令冒险作业，妇女有拒绝执行的权利；对危害生命安全和身体健康的行为，妇女有权提出批评、检举和控告；从事有职业危害作业的妇女，有权要求进行定期健康检查；职业禁忌症患者有权要求不从事所禁忌的工作；职业病患者有权要求及时治疗并调离原岗。③

4. 享受社会保险、救助和福利的权利

我国自2001年加入的《经济、社会及文化权利国际公约》规定人人有权享受社会保障，包括社会保险。法律保护妇女在养老、医疗、失业、工伤、生育方面享受的权利不受他人侵害。④ 妇女还享有最低生活保障、农村五保供养和生育救助等社会救助。⑤ 此外，妇女除享有公共福利和集体福利、优抚对象的福利、老年人福利以及残疾人福利外，还享有生

① 《中华人民共和国就业促进法》第27条，《中华人民共和国妇女权益保障法》第23条。

② 《中华人民共和国宪法》第48条，《中华人民共和国劳动法》第48、50、91条，《中华人民共和国妇女权益保护法》第24条。

③ 《中华人民共和国劳动法》第58~64条。

④ 《中华人民共和国社会保险法》《工伤保险条例》《中华人民共和国妇女权益保护法》《女职工劳动保护特别规定》。

⑤ 参见《城市居民最低生活保障条例》《农村五保供养条例》《中华人民共和国妇女权益保障法》。

育福利，[①] 例如提供出生补助或为新生儿提供日用品等。

(六)财产权利

西方有法谚“无财产即无人格”。妇女是否享有财产权利，在何种程度上享有财产权利，往往影响甚至决定其在家庭和社会中的地位。财产权利，是指以财产利益为内容，直接体现经济利益的民事权利。[②] 妇女本该享有一般社会成员具有的一切应有权利，但出于历史传统、生理状况等原因，尤其在财产权利方面，妇女长期缺乏话语权，被排除在有权继承、分割财产的主体范围之外。基于这一现实问题，为保障妇女的财产权利，立法机关对其作出一些特殊的保护性规定。

妇女的财产权利多集中于《民法典》物权编、合同编、继承编，散见于其他部门法和单行法中。根据我国现行法律规定，妇女享有的财产权主要包括：财产所有权，财产继承权，土地承包经营权，宅基地使用权，抵押权，留置权，典权，知识产权中的财产权利，债权，接受扶养、抚养、赡养的权利。现实生活中，侵犯妇女土地使用权的现象较为突出，故这里重点讨论法律对农村妇女的土地承包权和宅基地使用权的保护。

1. 农村土地承包经营中的妇女权利保护

土地承包经营权是指农村集体组织成员及其他民事主体对国家或集体所有的土地，依合同规定对其承包的土地享有占有、使用、收益和一定处分的权利。我国立法中有很多保护妇女土地承包经营权的规定，任何组织和个人不得以妇女未婚、结婚、离婚、丧偶等为由，侵害妇女在农村集体经济中的各项权益。[③] 未婚妇女与男子平等享有土地承包经营权；出嫁女在新居住地未取得承包地的，发包方不得收回其原承包地；妇女离婚或者丧偶，仍在原居住地生活或者不在原居住地生活但在新居住地未取得承包地的，发包方不得收回其原承包地。对上述妇女的土地承包经营权，农村集体经济组织不得以任何理由进行侵害，否则应当承担停止侵害、返还原物、恢复原状、排除妨害、消除危险、赔偿损失等民事责任。[④]

2. 妇女的宅基地使用权保护

宅基地使用权是指农村集体经济组织的成员依法享有的在农民集体所有的土地上建造

---

① 生育福利是指国家在女性生育时为其和家庭提供的各种福利制度。如提供补助或为新生儿提供日用品等。参见《中华人民共和国妇女权益保障法》《中华人民共和国母婴保健法》。

② 孙启泉、张雅维：《妇女法教程》，北京：北京大学出版社2010年版，第138页。

③ 《中华人民共和国妇女权益保障法》第32、33、55条，《中华人民共和国农村土地承包法》第6、30、63条。

④ 孙启泉、张雅维：《妇女法教程》，北京：北京大学出版社2010年版，第154页。

个人住宅的权利。妇女依法享有该项权利，可占有和使用宅基地，如在宅基地上建造庭院、沼气池或其他建筑物；可收益和处分，如在宅基地空闲处种植果树等经济作物而产生收益；可在依法出租房屋时出租宅基地使用权。① 当妇女外嫁进入新的集体经济组织后，村委会和其他组织不得因妇女是新成员而剥夺其使用宅基地的权利，尤其在妇女分家或分割遗产时该项权利不受他人剥夺。相应地，在房屋拆迁中，妇女也享有和男子一样的拆迁补偿。②

第三节　妇女权利的法律救济

在讨论对妇女的法律救济体系之前，有必要厘清何为“保障妇女权利”，“保障妇女权利”与“维护妇女权益”有何关系。不论是“保障”或“维护”，“权利”或“权益”，二者的共同之处在于实现妇女权益的目的。但具体到主体、作用、立场、表现形式方面，二者又有较大差异。首先是主体不同。权利从狭义层面来看，需要由法律和国家机关来予以保障，权益则不仅包括权利，还有利益。因此，保障妇女权利的主体是国家机关，特别是司法和行政机关，维护妇女权益的主体则是妇女组织和其他社会组织。其次是作用不同，国家机关对妇女权利的保障具有基础性作用，相关组织维护妇女权益仅具补充性作用。再次是立场不同。国家机关保障妇女权利的出发点是对于公平、公正、平等的追求，以及维持社会稳定的目的。维护妇女权益的立场则是以妇女为本位。最后是表现形式不同，妇女权利的保障多样化，包括立法保障、司法保障、政策保障、组织保障、经济保障、物质保障等，而维护妇女权益的形式仅有依法维权。③

在法治国家，无救济则无权利。妇女的合法权利不仅需要其自身维护，更需要社会各界和法律的支持、保障。为实现妇女权利，法律必须设立相应的保障。一方面要预防侵害妇女权利的行为发生，另一方面在妇女权利受到侵害时，要保障妇女能依法采取各种手段和方法保护或恢复受侵害的权利。妇女权利的救济，指当妇女的权利受到侵害或在实现权利的过程中遇到障碍时，法律允许妇女自身或国家和社会有关组织等，依法采取各种保护或恢复权利的手段和方式。无论法律对妇女权利的规定多么完备、具体，如果其权利在受到侵犯时不能得到有效的法律救济，那么相关规定只能成为一纸空文。④

我国建立了一套妇女权利的救济机制，即为了实现保障妇女权利而形成的一个工作系统。这个系统即广义的法律救济，不仅包含公力救济，还有自力救济和社会救济。在这套

① 李明舜、林建军：《妇女人权的理论与实践》，长春：吉林人民出版社 2005 年版，第 127 页。
② 《中华人民共和国妇女权益保障法》第 32、33 条。
③ 李明舜、林建军：《妇女法学》，北京：法律出版社 2015 年版，第 130 页。
④ 李明舜、林建军：《妇女法学》，北京：法律出版社 2015 年版，第 130 页。

救济机制的保护下，各构成要素之间相互作用，相互联系。具体到救济手段的选择时，当公力救济不能及时、高效地对妇女权利予以救济时，其他救济途径可阻止不法行为的发生，或减小侵权行为对妇女合法权利的伤害，使妇女得到最大程度的救济。

一、自力救济

自力救济又称私力救济，指当权利受到侵害时，妇女在没有第三者协助和介入的情形下，依靠自身或其他私人力量来实现权利救济的方式。自力救济产生于生产力低下、文明程度不高的人类社会早期，是一种人类基于本能的古老救济手段。时至今日，自力救济因其迅速性、便捷性同公力救济一样成为实现权利救济的主流方式。依据纠纷解决的方式，可将自力救济分为和解与自决。和解是基于双方当事人自愿、平等、互谅之基础上的纠纷协商解决机制，而自决则指纠纷主体一方凭借自身力量强行使对方服从。①

（一）和解

和解又称协商，具有高度自治性，过程及结果完全取决于双方主体的意思自治（以不违背法律法规和公序良俗的有关规定为前提），既可在纠纷发生之后，亦可在诉讼程序后于庭外进行。具体如，劳动关系三方协商机制以及协商解除婚姻关系。在我国，通过三方协商机制协商的主要内容有劳动就业、劳动报酬、社会保障、职业培训、劳动安全卫生、工作时间和休息休假、劳动合同等。② 双方当事人达成和解后，制定的和解协议具有民事合同或民事契约的性质及效力，受法律保护，但不具有强制执行力，需要靠双方自觉履行。但若就同一事项向法院起诉，和解协议可作为诉讼中的关键性证据予以适用。若一方反悔或不履行和解协议，另一方当事人可另寻其他救济方法。

以常见的和解方式——协议离婚为例，指男女双方在平等自愿的前提下，通过协商，在子女抚养、房屋居住、财产及债务处理等事项达成一致意见，并形成双方共同签署的离婚协议书，之后由双方亲自到一方所在地的婚姻登记机关办理离婚手续的离婚方式。③ 协议离婚因其方便快捷且几乎没有成本，成为妇女在解除婚姻关系时常用的救济方式。此外，2011年《第三期中国妇女社会地位调查主要数据报告》的数据显示，包括与配偶联名的在内，女性有房产的比例为37.9%，男性为67.1%。④ 而女性平均预期寿命比男性长，⑤

---

① 孙启泉、张雅维：《妇女法教程》，北京大学出版社2010年版，第257页。

② 李明舜、林建军：《妇女人权的理论与实践》，吉林人民出版社2005年版，第328~329页。

③ 李明舜、林建军：《妇女人权的理论与实践》，吉林人民出版社2005年版，第329页。

④ 《第三期中国妇女社会地位调查主要数据报告》，http://www.china.com.cn/zhibo/zhuanti/ch-xinwen/2011-10/21/content_23687810.htm，2021年8月31日。

⑤ 胡英：《中国分城镇乡村人口平均预期寿命探析》，《人口与发展》2010年第2期。

往往是最需要居住保障的群体。为避免在婚姻关系中处于较强势地位的男性在协议离婚时，剥夺和侵害妇女的房屋所有权，致使其居无定所，《民法典》新增居住权，① 规定双方当事人达成合意后，妇女可在离婚协议书中约定为自己设立居住权，② 居住期限可以是长期性的，也可以是暂时性的。虽然居住权并非是仅针对妇女的特殊权利保护，但能为解决妇女居住问题保驾护航。

（二）正当防卫

参照《刑法》第 20 条，正当防卫是指“为了使国家、公共利益、本人或者他人的人身、财产和其他权利免受正在进行的不法侵害，而采取的制止不法侵害的行为”。学界对正当防卫的认定标准有不同看法，主流观点有“四条件说”和“五条件说”。依据“四条件说”，不法侵害必须同时符合如下条件：必须具有不法的侵害行为；必须是正在发生的侵害行为；必须是针对不法侵害本人进行的防卫；防卫行为不能明显超过必要限度造成重大损害。③ “五条件说”则是在“四条件说”的基础上另附一个主观要件——防卫人在进行正当防卫时必须具有防卫意思。④ 实践中，正当防卫和防卫过当较难区分，正当防卫是受法律许可的在危急关头保护自身权益的自救手段，而防卫过当不具有违法阻确事由，若造成不法侵害人伤亡，需负刑事责任。

2019 年 2 月，云南丽江发生了一起“90 后”女孩“杀人”案件。退伍女兵唐雪在回家的途中被醉酒的李某湘侮辱，唐雪打电话给父亲，父亲带着唐雪找李某湘理论，三人之间发生厮打。当晚李某湘持菜刀到唐雪家砸门，唐雪出门查看情况，两人再次发生打斗。扭打中，唐雪持刀伤及李某湘，致其失血后经抢救无效死亡。结合唐雪案进行分析，她的“反杀”行为是防卫正在进行的不法侵害，并无杀人的主观故意，且未超过防卫的必要限度，应认定为正当防卫。根据《刑法》“对于正在进行的行凶、杀人、抢劫、强奸、绑架以及其他严重危及人身安全的暴力犯罪，采取防卫行为，造成不法侵害人伤亡的，不属于防卫过当”的规定，不负刑事责任。这一规定保障了妇女在遭遇不法侵害时进行私力救济的权利。不过现实中唐雪案这类情形比较罕见，司法实践中的认定也比较复杂。

（三）自助行为

《民法典》规定，受害人的合法权益受到侵害，情况紧迫且不能及时获得国家机关保护

---

① 《中华人民共和国民法典》第 66、67、68、69、70、71 条。

② 即使在离婚后双方也可通过书面形式订立居住权合同。

③ 高铭暄：《刑法学》，北京：法律出版社 1982 年版，第 164~166 页。

④ 陈兴良：《正当防卫论》，北京：中国人民大学出版社 1987 年版，第 50~51 页。

的，受害人可在必要范围内采取扣留侵权人的财务等合理措施。[①] 其构成要件一般包括以下几个方面：(1)须为保护自己的合法权利；(2)须不法侵害状态已经存在且被侵害的权利可以被恢复；(3)须情况紧迫而来不及请求有关国家机关的援助；(4)须具有自助的意思，即行为人主观上为了将被侵害的权利恢复到原有状态；(5)自助行为须具有相当性，即自助行为应当为法律或公共道德所认可，且不应超过必要的限度。为维护自己的合法权益，妇女可以在适当的情形下实施相应的自助行为。[②] 例如，E女士经营一家餐馆，客人D在就餐后未付饭钱便以有急事为由要离开，E立即拦住客人不让其离去并报警。D声称E限制其人身自由且以给其造成损失为由要求E赔偿。本案中，E的财产权正处于不法侵害状态且时间紧迫，不拦住D便难以挽回财产损失，故其行为构成自助行为，且随后立即报警请求公权力的介入，合理合法。

二、社会救济

顾名思义，社会救济即是依靠社会力量救济、维护妇女权益的机制。当妇女通过自力救济无法摆脱权利遭受侵害的困境时，可以选择社会救济来保护自己的合法权益。主要的社会救济手段有三种：调解、协调、仲裁。

(一)调解

调解，指第三者依据包括习惯、道德、法律等在内的一定社会规范居间调处，通过纠纷主体之间的信息沟通，促成纠纷主体相互谅解、妥协并最终达成解决纠纷的合意。调解的形式很多，包括民间调解、行政调解(如基层人民政府的调解、公安机关的调解、婚姻登记机关的调解等)、律师调解和法院的诉前调解(因我国法院的调解发生于诉讼程序阶段，且常作为法院结案的一种方式，是公力救济的一种，故此处所提的调解是诉讼外调解)。[③] 在我国，实践中的调解包括人民调解委员会的调解、企业劳动争议调解委员会的调解、消费者协会的调解等。

妇女遇到常见民事纠纷时可由人民调解委员会进行调解。人民调解委员会是在基层人民法院和基层人民政府指导下，由村民委员会和居民委员会设立的、调解民间纠纷的群众性组织。调解的重要特征是调解人的居中性。我国对调解的程序要求并无严格标准，程序

---

① 《中华人民共和国民法典》第1177条。需注意，实施自助行为后应立即请求有关国家机关处理。受害人采取的措施不当造成他人损害的，应当承担侵权责任。

② 孙启泉、张雅维：《妇女法教程》，北京：北京大学出版社2010年版，第258~259页。

③ 孙启泉、张雅维：《妇女法教程》，北京：北京大学出版社2010年版，第258~259页。

的启动及展开较灵活，道德、习俗、法律规范等均能作为纠纷解决的规范适用。妇女可以书面或口头形式向上述组织提出申请，人民调解委员会受理后应在调解前以口头或书面形式告知人民调解的性质、原则和效力，以及当事人享有的权利和承担的义务。纠纷的调解一般在一个月内调结。需要注意的是，调解协议同和解协议一样不具有强制执行力，仅具民事合同的效力，需依靠当事人之间自觉履行。①

女职工与用人单位若产生劳动争议，可向企业劳动争议调查委员会申请调解解决。企业可在用人单位内设立该委员会，成员由职工代表、用人单位代表和工会代表组成，在企业工会委员会内设办事机构。若企业内未设立工会组织，设立及组成调解委员会应由职工代表和企业代表协商决定。委员会在遵循双方当事人自愿原则下，经调解达成协议后制定调解协议书。调解不成或一方不履行的，妇女可转寻劳动仲裁委申请仲裁。调解委员会调解劳动争议，应自当事人申请调解之日起30日内结束；到期未结束的，视为调解不成。②

（二）协调

社会救济中的协调，指向妇联、工会组织申请的协调。妇联主要指中华全国妇女联合会及各省分会，其基本职能就是代表和维护妇女的权益，促进男女平等。当妇联接到妇女投诉后，即开始协调工作。③ 妇女的合法权益，如人身、劳动等权利受到侵害时，可向妇联组织投诉，较典型的情形便是妇联对遭受家庭暴力的妇女的保护。妇联在接收受害妇女的投诉后，即开始协调工作。在充分了解事实的基础上，妇联可要求有关部门或单位查处，即时保护受害妇女的权益；对侵害妇女权益的普遍现象，可以就该问题写成专门的调查报告提交政府机构，用于政府机构制定法律或采取相应行政措施时的参考。妇联还应做好投诉妇女的安抚工作，对妇女或其子女生活、学习、工作中遇到的困难，尽可能地帮助解决。如果妇联抓住与妇女权益相关的热点问题展开工作，就能成为妇女可依靠和信赖的强大社会维权组织。

除妇联外，各级工会组织中也设有女职工委员会，当女职工的劳动权受侵害时，可向工会投诉。工会组织有权要求用人单位或有关部门进行处理，纠正违法行为。工会可受理的投诉主要包括以下几个方面：(1)用人单位违反职工代表大会制度和其他民主管理制度，侵犯女职工依法享有的进行民主管理的权利的行为；(2)用人单位违反劳动法律、法规，侵犯女职工合法权益的行为，如用人单位克扣女职工工资、随意延长劳动时间、不提供劳动安全卫生条件、侵犯女职工特殊权益等行为；(3)女职工认为用人单位作出的辞退、开

① 孙启泉、张雅维：《妇女法教程》，北京：北京大学出版社2010年版，第258~259页。

② 李明舜、林建军：《妇女人权的理论与实践》，长春：吉林人民出版社2005年版，第337页。

③ 中华全国妇女联合会：《中华全国妇女联合会章程》，http://www.women.org.cn/art/2018/11/4/art_946_159084.html，2021年8月31日。

除、除名、处分等决定不适当的；(4)女职工因自动离职、辞职而与用人单位之间产生纠纷的；(5)用人单位因执行国家有关工资、社会保险、福利、培训以及劳动保护等方面的规定，与女职工之间产生纠纷的，等等。①

(三)仲裁

仲裁又称公断，是指纠纷双方依据双方达成的仲裁协议或合同中的仲裁条款，自愿将纠纷交给仲裁机构作出裁决的一种纠纷解决机制。换言之，是一种双方当事人协议将争议提交第三者，由其对争议进行判断和裁决的一种争议解决办法。

仲裁的特点有四。首先是仲裁的自愿性，即仲裁的前提是双方当事人在纠纷发生之前或之后自愿就该争议订立仲裁条款或达成有效的仲裁协议书。该有效仲裁协议书具有防诉抗辩的效力，阻断人民法院对该争议的管辖。其次是仲裁的民间性，即推进仲裁进行的主体是作为民间机构的仲裁委员会，系社会团体法人，无上下级之分。再次是仲裁的自治性，双方当事人在仲裁程序中可自行选择仲裁员，约定仲裁规则，商定仲裁地点，适用何种实体法以及庭审方式等。最后是仲裁的合法性。即仲裁受仲裁程序法和民事实体法的规范。此外，我国仲裁采取的“一局终裁”制意味着即使当事人对仲裁裁决不服，也不能再提起诉讼。② 劳动仲裁的特殊性在于其程序前置性，未经仲裁不得诉讼。③ 因涉及婚姻、收养、监护、扶养、继承的纠纷通常不在仲裁范围内，故针对妇女权益的仲裁主要是劳动争议仲裁。

如女职工孕期请假被开除的仲裁案中，《女职工劳动保护特别规定》规定，除非女职工存在重大违纪问题，否则用人单位不得在孕期、产期、哺乳期(被称为三期)期间，以此为由降低女职工的工资、予以辞退、与其解除劳动或聘用合同。④ 不愿调解、调解不成或达成调解协议后不履行的，女职工可自被开除之日起6个月内，以书面形式向劳动争议仲裁委员会申请仲裁。女职工因不可抗力或者有其他正当理由超过规定的申请仲裁时效的，仲裁委员会应当受理。

妇女申请仲裁应提交仲裁申请书，载明下列事项：(1)女职工的姓名、职业、住址和工作单位；(2)企业的名称、地址和法定代表人的姓名、职务；(3)仲裁请求和所根据的事实和理由；(4)证据、证人的姓名和住址。劳动争议仲裁委员会应当自收到申请书之日起7日内作出受理或者不予受理的决定。劳动争议仲裁委员会决定不予受理的，应当说明

① 李明舜、林建军：《妇女人权的理论与实践》，长春：吉林人民出版社2005年版，第338~341页。

② 孙启泉、张雅维：《妇女法教程》，北京：北京大学出版社2010年版，第260页。

③ 《中华人民共和国劳动争议调解仲裁法》第4、5条。

④ 《女职工劳动保护特别规定》第5条。

理由；决定受理的，应当自作出决定之日起 7 日内将申请书的副本送达被诉人，并组成仲裁庭。仲裁庭对劳动争议应先调解，在查明事实的基础上促成双方自愿达成协议，并依据协议制作调解书，调解书自送达之日起具法律效力。若当事人反悔，仲裁庭应及时裁决。女职工对仲裁裁决不服，可自收到裁决书之日起 15 日内向人民法院起诉。逾期不起诉则判决书发生法律效力。对方当事人如对调解书和裁决书逾期不履行，女职工可申请人民法院强制执行。①

三、公力救济

公力救济，即运用国家公权力解决纠纷的机制，同时也是最具权威性和国家强制力的救济模式。当妇女的前述各项基本权利受到侵害，根据行为的性质、程度、侵权主体的不同，可以追究行为人的行政、民事、刑事责任。行为主体在行政方面侵害妇女权益，妇女可要求有关主体对侵权主体责令改正，给予行政处分以及行政处罚。行政处分主要包括警告、记过、记大过、降级、降职、开除几种。行政处罚②主要包括警告、通报批评、罚款、没收违法所得、没收非法财物、暂扣许可证件、降低资质等级、吊销许可证件、限制开展生产经营活动、责令停产停业、责令关闭、限制从业、行政拘留等具体措施。在民事方面妇女可得到损害赔偿，停止侵害，消除影响、恢复名誉、赔礼道歉；在刑事方面，一切专门或主要以妇女为对象，损害妇女合法权益的行为必须受到刑事处罚。③

（一）行政救济

行政救济是指妇女认为具体行政行为直接侵害其合法权益，请求有权的国家机关依法对行政违法或行政不当行为实施纠正，并追究其行政责任，以保护妇女的合法权益。行政救济的途径主要有行政机关救济和司法机关救济两种。

行政机关救济，即一种内部救济，是指妇女向有权的国家行政机关请求对行政主体的行政违法或不当行为进行纠正或追究其行政责任的一种救济途径。在我国，行政机关的救济主要是通过行政复议实现的。行政复议是与行政行为具有法律利害关系的人（如有利害

---

① 李明舜、林建军：《妇女人权的理论与实践》，长春：吉林人民出版社 2005 年版，第 342 页。

② 《中华人民共和国行政处罚法》2021 年 1 月 22 日第十三届全国人民代表大会常务委员会第二十五次会议修订版。

③ 我国《刑法》虽未设专章对侵害妇女合法权益的罪名作出系统规定，但这类犯罪散见于刑法分则及一些单行刑事法律中。专以妇女为对象的犯罪，如强奸罪、强制猥亵罪、侮辱妇女罪等。以妇女为主要对象的犯罪，如组织卖淫罪、暴力干涉婚姻自由罪等。

关系的妇女）认为行政机关所做的行政行为侵犯其合法权益，依法向具有法定权限的行政机关申请复议，由复议机关依法对申请行政行为合法性和合理性进行审查并做出决定的活动和制度。换言之，只有当妇女对行政机关做出的具体行政行为不服时，才能申请行政复议。如民政部门侵害妇女婚姻自主权，对应准予登记而不为的行为，婚姻登记机关应当对婚姻登记相关管理人员实施行政处分或撤销其资格。

司法机关救济，即行政诉讼，是一种外部救济，是指当公民、法人或其他社会组织认为行使国家行政权的机关和组织及其工作人员所实施的具体行政行为侵犯其合法权利，依法向作为审判机关的人民法院起诉。人民法院接受诉讼请求后，在当事人及其他诉讼参与人的参与下，依法对被诉具体行政行为进行审查并作出裁判，通过处理和裁决行政争议，纠正行政违法，维护当事人合法权益，监督行政主体的行政活动。行政赔偿也是行政救济中一个很重要的组成部分。即当国家机关和国家机关工作人员违法行使职权侵犯公民、法人和其他组织的合法权益并造成损害时，受害人有依照《国家赔偿法》取得国家赔偿的权利。①

（二）司法救济

司法救济，是指当宪法和法律赋予人们的基本权利遭受侵害时，人民法院应对这种侵权行为做出有效的补救，对受害妇女给予必要和适当的补偿，以最大限度地缓解她们的生活困难、保障她们的正当权益，从而最大限度地维护基于利益平衡的司法和谐。换言之，司法救济是运用国家权力调整处理各种关系和矛盾并强制相关当事人履行法定义务的一种救济手段。司法救济具有权威性、强制性，一般来说是各种救济途径中最终的救济方式，即纠纷通过其他救济途径无法解决或对解决结果不满意时，权利人可以寻求司法救济（即司法最终解决原则）。相比其他救济途径而言，司法救济（诉讼）的特征如下：其一是强制性，即指法院代表国家行使审判权，处理纠纷主体之间的权利义务关系，并以国家强制执行权迫使义务主体履行生效的裁判；其二是严格的规范性，即诉讼必须严格遵照法定程序规则进行。依据诉讼的性质不同，可以划分为民事诉讼、刑事诉讼和行政诉讼。诉讼的范围非常广泛，妇女一般的合法权益受到侵犯，均可通过诉讼途径进行救济，这也是妇女维护自身合法权益最强有力的手段。②

（三）法律援助

法律援助源于19世纪的英格兰，发展至今已成为世界各国为维护社会正义，向经济

① 孙启泉、张雅维：《妇女法教程》，北京：北京大学出版社2010年版，第261页。
② 孙启泉、张雅维：《妇女法教程》，北京：北京大学出版社2010年版，第261页。

困难或特殊案件的当事人提供法律服务的法律制度。论及法律援助制度，虽然各国各具特色，但主要分为两种。其一是以英国、美国为代表的私人社团型法律援助制度。在该制度下，国家居于从属地位，除一定财政支持外，主要通过制定有关法律、法规，从宏观视角对整体社会的法律援助进行规范、控制和指导。其二是以瑞典、丹麦为代表的国家福利型法律援助制度。① 此种模式下，国家居主导地位，律师协会和律师个人虽然在整个法律援助体系中有所发挥，但整个援助机制的运行，以及法律援助如何落到实处，主要由国家及其所组建的法律援助机构来实现。

在我国，因经济贫困而难以支付法律服务费用或作为刑事案件中的犯罪嫌疑人、被告人时，妇女可以且应当获得法律咨询、代理、刑事辩护等无偿法律服务。法律援助对符合申请条件的妇女应当立即提供援助，也应对由人民法院指定辩护的案件当事人进行援助。法律援助机构可指派律师事务所或安排本机构的工作人员办理援助案件，亦可根据其他社会组织的要求，安排其所属人员办理援助案件。②

四、妇女权利保护的典型案例

下面列举一些具有代表性的案例，帮助读者理解救济手段在实践中如何具体保障妇女权利。

（一）性骚扰案中的妇女人身权利保护

1. 案例

知名作家蒋某在微博实名举报章某在酒局上摸她大腿，随后有多名曾与章某共事的女性同事在网络上回应，称自己也被章某摸过大腿，因担心风言风语便一直隐忍不说。

2. 性骚扰案件中的证据搜集

在性骚扰发生之时，除防止不法侵害的继续之外，还应注意证据的搜集和保存。性骚扰案件往往发生在一瞬间，因此收集证据应尽快。证据包括以下几种：(1)如果是公共场所，留意事发现场或附近是否有监控，报警要求封存、调取视频；(2)遭遇性骚扰后，详

① 陶髦、宋英辉、肖胜喜：《律师制度比较研究》，北京：中国政法大学出版社1995年版，第210~216页。

② 李明舜、林建军：《妇女人权的理论与实践》，长春：吉林人民出版社2005年版，第375~378页。

细记录时间、地点、人物、衣着、行为、感受等；(3)证明发生过性骚扰的聊天记录、录音、邮件(最好可以展示出坚决反对态度)或物证；(4)对方承认性骚扰的证据，例如保证书、录音、聊天记录等(第一次摊牌的时机很重要)；(5)证人证言，如事发时的目击证人(须记录目击证人的联系方式)，知情的同事、朋友、老师等(遇到性骚扰可以告诉值得信赖的人，他人以后可以证明受害者为制止性骚扰所作的努力以及对受害者的影响)，其他遭遇过该施暴者性骚扰的受害者；(6)向有关部门机构求助的记录，如派出所笔录，妇联、用人单位、学校、公益机构记录等(《民法典》第1010条，新规定了机关、企业、学校等单位有防止性骚扰的义务)；(7)证明精神损害程度的证据，如精神科门诊病历、诊断证明、医疗发票、心理咨询记录(求助时应说明遭遇性骚扰的事实，让咨询师如实记录，以便法院推断性骚扰和精神损害的因果关系)。

3. 维权途径

性骚扰发生后，可以向妇联、公安、工会、纪检委、法律援助中心等部门求助。如果性骚扰发生在学校，可向所在学院、学校保卫处、学校纪检委或者省教育厅求助。如果性骚扰发生在工作单位，可以向单位主管部门投诉，向劳动争议仲裁委员会申请仲裁，向工会或妇联投诉，或者在掌握一定证据的前提下向公安机关报警。对劳动仲裁结果不服或公安机关不立案时，可以直接向人民法院起诉。

(二)家庭暴力案中的妇女人身权利保护

1. 案例

陈某(女)与被申请人段某系夫妻关系。双方婚后感情一般，段某常为日常琐事责骂陈某，一次两人因言语不和发生争吵，撕扯中互有击打行为。此后双方再次因琐事发生争吵厮打，段某在陈某报警后被拘留，段某及其父母扬言要在拘留期满后上门报复陈某及其父母。陈某诉至人民法院，申请法院作出人身保护裁定并要求禁止段某对其实施家庭暴力，禁止段某骚扰、跟踪、接触其本人、父母。

2. 家庭暴力案件中的证据搜集

为避免纠纷进入诉讼程序后因证据不足，导致事实不清以及双方责任难以认定，在涉及家庭暴力的离婚案件中，受害妇女应保留相关证据，以维护自身合法权益。主要如下：(1)受害妇女遭受暴力侵害后，及时、全面地收集、保存各种物证，包括身上的伤痕、带血的衣物、被打掉的牙齿、被揪掉的头发、撕破的衣服，施暴者的凶器如刀、针、铁棍、木棒、石头等。(2)注意保留书证，如病历记录、伤情鉴定意见等。(3)受害人在遭遇家庭暴力后向妇联组织、人民调解组织、居民委员会或村民委员会、公安机关或其他组织求助或报警，相关的证明或书面记录可作为证据使用；施暴人因施暴而做出的口头、书面悔过或保证也可用作证据。(4)家庭暴力的特殊性使一些证人不愿出庭作证，为维护受害人的合法权益，可向法院申请调取相关证人的证言。

3. 维权途径

情节较轻微时，可由村委会或居委会出面调解，或向公安机关报警。情况严重时可向法院申请人身保护令。构成犯罪的(虐待罪)，当事人可向法院起诉或由公诉机关起诉，追究其刑事责任。

值得一提的是，人身保护令是《反家庭暴力法》创设的重要制度，主要适用于婚姻关系中夫妻之间发生家庭暴力的案件。依规定受害人遭受家庭暴力或者面临家庭暴力的现实危险时，可以书面或口头形式向法院申请人身安全保护令。保护令的申请主体包括：(1)遭受家庭暴力或面临家庭暴力现实危险的当事人本人；(2)当事人本人为无民事行为能力人、限制民事行为能力人，或者因受到强制、威吓等原因无法申请的，其近亲属、公安机关、妇女联合会、居民委员会、村民委员会、救助管理机构可以代为申请。适格主体申请后，申请人居住地、被申请人居住地、家庭暴力发生地法院均有管辖权。人民法院受理申请后，一般应在72小时内作出裁定，情况紧急的，应当在24小时内作出。人身安全保护令的有效期以人民法院作出的裁定所载明的有效期为准，由人民法院根据实际案情确定，自裁定作出之日起生效。人身安全保护令失效前，人民法院可以根据申请人的申请予以撤销、变更或延长。保护令的内容包括禁止被申请人实施家庭暴力；禁止被申请人骚扰、跟踪、接触申请人及其相关近亲属；责令被申请人迁出申请人住所；保护申请人人身安全的其他措施。人民法院依受害人及其近亲属、公安机关、妇女联合会、居民委员会、村民委员会、救助管理机构提出的申请作出裁定，保护受害人及其子女和特定亲属的人身安全。

(三)就业性别歧视案中的劳动和社会保障权利保护

1. 案例

王某(女)在招聘公司网投递简历申请某速递公司快递员工作，通过面试后该速递公司却拒绝与她签订劳务合同。王某向该速递公司劳务部门咨询原因，被告知该公司认为快递员一职属不适合妇女的工种。因王某为女性，速递公司才不予考虑。

2. 就业性别歧视案件中的证据搜集

此类案件中一般需劳动者提出证据，证明：(1)公司人力资源部门工作人员能够代表该公司作出拒绝录用的判断；(2)拒绝录用的原因是应聘者的性别；(3)该被拒工作岗位不属于国家限制妇女从事的工种或者岗位。

而现实生活中，招聘单位往往以较为隐蔽的方式——比如只接收简历、不通知面试，或以专业不对口等非性别原因掩盖核心的性别原因——拒绝录用女性，使得女性在就业时因性别而遭受歧视。

3. 维权途径

就业性别歧视行为发生后，妇女可向公司单位劳务部门、工会、妇联、劳动争议调解委员会、法律援助机构、人民法院求助。若发生劳动争议，当事人应当协商解决；不愿协商或者协商不成的，可以向本单位劳动争议调解委员会申请调解；调解不成的，可以向劳动争议仲裁委员会申请仲裁。当事人也可直接向劳动争议仲裁委员会申请仲裁。对仲裁裁决不服的，可以依法向人民法院提起诉讼。

◎ 基本概念

权利　法定权利　妇女权利　法律救济　诉讼

◎ 思考题

1. 如何理解妇女权利与人权之间的关系？
2. 当妇女的继承权遭受侵害时如何救济？
3. 双方达成调解协议后，若对方拒不履行，妇女还能通过哪些途径寻求救济？

第八章
健康与妇女发展

随着性别平等日益作为全社会共同遵循的行为规范和价值标准，女性在推动社会进步和经济发展中的作用越来越重要，在孕育下一代、提供家庭关爱以及维系社会稳定中更是不可或缺。而女性健康作为全民健康的基石、人类可持续发展的前提和基础，须将其摆在更加突出的位置。

第一节　妇女健康与疾病风险

女性与男性生理结构和生活状态的不同注定了两群体健康和疾病风险的差异，有效健康评价指标的建立是疾病风险评估和防治的重要基础。

一、健康的概念及标准

（一）健康的概念

健康的概念是随着科技进步和社会的发展而不断完善的。在人类早期，因对自然认知不足，生存环境恶劣，首要任务是保全个体生命。随着人类的开化，人们开始追求健康、长寿。18 世纪下半叶至 19 世纪初，人类开始逐渐认识到诸多生物因素可以造成人类疾病，健康概念得到丰富和发展。通过疾病定义健康，形成了健康就是能正常工作或没有疾病的定义。19 世纪后期，特别是 20 世纪以来，随着近代和现代科学技术发展和新兴边缘科学的出现，健康的内涵越来越丰富。美国健康专家贝克尔认为，健康是指一个有机体或有机体的部分处于安宁的状态，特征是有机体有正常的功能，没有疾病。帕森斯用社会文化来定义健康，即“可以解释为已社会化的个人完成角色和任务的能力处于最适当的状态”。他认为“健康与人在社会上的状况，即角色的不同类型和相应任务结构有关，如性别、年龄、受教育程度等”，在当时的背景下开创性地提出“健康的社会文化概念更适合发达社会，健康定义不能仅以生理机能失调为依据”，将健康概念的内涵从生物学角度定义延伸到社会学角度。①

世界卫生组织(WHO)1948年在宪章《阿拉木图宣言》中这样定义健康：健康不仅仅是机体处于不发生疾病和不虚弱状态，而且是体格、精神都处于完全良好状态。后来WHO对健康概念进行了修改：“健康是一种在身体上、心理上和社会上的完满状态，而不仅仅是没有疾病和虚弱的状态。”1989年，WHO再次定义：“健康不仅是没有疾病，而且包括躯体健康、心理健康、社会适应良好和道德健康。”1999年，联合国教科文组织也提出“道德健康”，即“指人能够按照社会道德行为准则约束自己，并支配自己的思想和行为，有辨别真伪、美丑、荣辱等是非观念的能力”。“道德健康”使健康的内涵得到提升，由原来的三维健康概念形成四维健康概念。随着人们物质文化生活水平的快速提高，人们对健康要求的层次不断提升。健康涉及面之广、要求之多，使人们进入了强体增寿的“大健康”时代，并伴生了一些新的健康理念。

(二)健康的标准

健康包括生理健康和心理健康两大方面。

1. 生理健康

生理健康主要指人体结构、器官和组织功能的完好状态。我国常以“体质”代称。教育部2014年印发的《国家学生体质健康标准(2014年修订)》选用的指标主要是与身体健康关系密切的身体成分、心血管系统功能、肌肉的力量和耐力，以及关节和肌肉的柔韧性等要素的基本状况。欧美国家也有“体适能”的概念，美国疾病预防和控制中心(CDC)认为“体适能是人们具有或达到的执行体力活动的能力”。美国医学科学院(ACSM)指出，体适能是指通过执行特定身体活动或任务反映出个人能力的一种状态，与人当前和未来的健康积极相关。生理健康的评价指标主要包括以下几个方面：

一是身体形态，评价指标主要包括：BMI(Body Mass Index)，即身体质量指数，计算方法是体重(kg)/身高(m)^2；克托莱指数，即“体重身高指数”或“肥胖指数”②，计算方法

① 朱素蓉、王娟娟、卢伟：《再谈健康定义的演变及认识》，《中国卫生资源》2018年第2期。

② Zinenko G M, et al. “Prognostic Significance of Arterial Pressure, Blood Plasma Lipids, Ketle's Index and Smoking in Relation to the Possible Development of Arterial Hypertension,” *Biull Vsesoiuznogo Kardiol Nauchn Tsentra AMN SSSR*, 1983, Vol. 6, No. 1, pp. 38-42.

是体重(kg)/身高(cm)×1000，通过体重与身高的比例关系表示每厘米身高的重量，以相对体重或等长体重反映人体围、宽度、厚度及机体组织密度，还有体脂率、腰胸比、腰臀比等指标。

二是身体成分，即人体组织器官各种成分的总称，主要包括水、蛋白质、脂肪、无机物等。身体成分中的脂肪含量、瘦体重、肌肉量和矿物质等比例关系可反映人体肥胖程度、机能状况。适当的身体比例有助于机体维持生理结构与功能，一旦平衡受到破坏，不仅会降低生理功能，还会引起病理状态。体脂含量、脂肪百分比是反映身体肥胖程度的重要指标，一般认为女性体脂百分比超过35%为肥胖；处于30%~35%则为肥胖边缘。瘦体重又称去脂体重，是除脂肪以外身体其他成分的重量，肌肉是其主要部分，由身体细胞重量、细胞外水分和去脂的固体部分组成。女性大约从40岁开始，其瘦体重会逐步降低，主要原因是肌肉量减少；老年女性肌肉量减少与体力活动不足、肌肉蛋白合成率下降、肌肉分解率不变或升高有关。

三是基础代谢(Basal Metabolism，BM)，即指人体维持生命的所有器官所需要的最低能量。测定方法是人体在清醒而又极端安静的状态下，不受肌肉活动、环境温度、食物及精神紧张等影响时的能量代谢率。影响基础代谢率的因素除了瘦体重外，还有年龄、体温、体表面积、心理压力、激素等。

四是心率，即指正常人安静状态下每分钟心跳的次数。一般为60~100次/分，理想心率应为55~70次/分，因年龄、性别或其他生理因素产生差异。一般来说，年龄越小，心率越快，老年人心跳比年轻人慢，女性的心率比同龄男性快。

五是血压，即血液在血管内流动时作用于单位面积血管壁的侧压力，是推动血液在血管内流动的动力。正常成人安静状态下的血压范围为收缩压90~139mmHg，舒张压60~89mmHg，脉压30~40mmHg。

六是肺活量，即指最大吸气后尽力呼气的气量，包括潮气量、补吸气量和补呼气量三部分，是呼吸系统的最大工作能力，可反映呼吸道通畅程度和呼吸肌力量大小，是早期发现老年女性肺组织弹性降低以及是否存在呼吸道狭窄阻塞通气障碍风险的评价指标。肺活量平均值为2039~2587ml，成年女性肺活量在30~34岁达峰值2587ml，之后随年龄增长逐渐缓慢下降。

七是身体柔韧性，即是指人体关节活动幅度以及关节韧带、肌腱、肌肉、皮肤和其他组织的弹性和伸展能力。随着年龄的增长，成年女性的身体柔韧性呈现逐渐下降的趋势。

八是心肺耐力，即有氧功能或有氧适能，是呼吸和循环系统为肌肉供氧而维持身体活动的能力。评量心肺耐力的主要指标有最大摄氧量(maximal oxygen uptake)、运动经济性(exercise economy)、最大摄氧量的速度(the velocity at VO_2max)、乳酸/换气阈值(lactate/ventilatory threshold)以及摄氧量动力学(oxygen kinetics)等。

九是生殖健康，主要包括性健康和生育健康两方面，也是女性健康中的重要内容。①性健康包括生殖系统和性心理的发育、成熟，性活动和性传播疾病等方面。生育健康的核心是生育调节，重点是避孕节育、优生优育，包括不孕不育的诊治等内容。中共中央、国务院于2016年印发的《"健康中国2030"规划纲要》强调，要普及健康生活，减少不安全性行为，以青少年、育龄妇女人群为重点，开展性道德、性健康和性安全宣传教育和干预，加强对性传播高危人群的综合干预，减少意外妊娠和性相关疾病的传播。

2. 心理健康

"心理健康"的概念最早由美国精神病学家William Sweeter提出，即人的内部心理和外部行为和谐、协调，并适应社会准则和职业要求的良好状态。② 一百多年来，国内外无数学者对心理健康给出了不同的理解和定义。归结起来，无外乎个体内部协调与外部适应相统一。有学者指出：心理健康是一种持续的心理状态，在这种状态下，个人具有生命的活力、积极的内心体验、良好的社会适应，能够有效地发挥个人的身心潜力与积极的社会功能。心理健康的评价标准包括对现实正确的认知，自知、自尊与自我接纳，自我调控能力，与人建立亲密关系的能力，人格结构的稳定与协调，生活热情和工作效率。③

大量研究显示，心理健康具有明显的性别差异。1987年Kastrup在丹麦精神病学登记册中进行为期10年的调查发现，男性以精神分裂症和成瘾障碍患者为主，女性以神经症患者和躁郁症患者为主。1995年Nonen等研究表明，女性抑郁症的发病率几乎是男性的2倍。随后大量研究证实，抑郁症的性别差异最开始出现于青春期，女性更易抑郁，且这种趋势会一直持续到成年，男女发病率之比约为1∶2。这可能与女性在不同年龄时期所特有的心理特点密切关联，女性在情感方面较男性丰富，对刺激也比较敏感，面对人际方面的压力，女性比男性更容易为此烦恼。《心理健康蓝皮书：中国国民心理健康发展报告（2017—2018）》显示：12～18岁阶段女性心理健康指数显著低于男性，抑郁和焦虑的概率明显高于男性。

心理健康受多种因素的影响，主要包括如下几个方面：

一是人格特质，即指先天遗传因素与后天环境因素相互作用而形成的相对稳定及独特的个体心理行为特征。人格特质是心理健康的主要影响因素。

二是社会事件，即因各种难以预料的突发重大社会变动所造成的客观现实表现情况，

---

① Lateef O M, Akintubosun M O. "Sleep and Reproductive Health," *J Circadian Rhythms*, 2020, Vol. 18, p. 1.

② Prince M, et al. "No Health Without Mental Health," *Lancet*, 2007, Vol. 370, No. 9590, pp. 859-877.

③ 刘华山：《心理健康概念与标准的再认识》，《心理科学》2001年第4期。

如重大公共卫生事件、社会动乱、战争和罢工等。国内外均有文献报道，重大应激状态可严重影响人群的心理健康，可导致创伤性应激障碍。据 2002 年 Galea 等报道，“9·11”事件后 4 周内，美国工人抑郁症呈上升趋势；2019 年 Marthoenis 等报道，地震经历是创伤后应激障碍和抑郁症的重要危险因素。2017 年 Okuyama 研究表明，2011 年东日本大地震发生一年后，受影响者抑郁、焦虑和创伤后应激障碍的发生率分别为 15.6%、51.4% 和 18.7%。2020 年 8 月，联合国发布《新冠肺炎疫情与精神健康》政策简报指出：疫情不仅损害人的生命和身体健康，同时对人的心理和精神也带来严重的影响，并导致相关疾病出现。此外，经济衰退、经济危机、金融危机等对心理健康也会产生负性影响。

三是生活事件，即人们在生活环境与社会支持系统中出现的各种应激性情况。心理健康与生活事件存在显著负相关，个体经历生活事件感受越大，出现的心理症状会越多，心理健康水平就越低。有研究还表明，经历的负性生活事件越多，个体的主观幸福感就越低，其抑郁程度越高。

四是心理弹性(resilience)，即个体在受到生活创伤、遭遇灾难等损害发展潜力情况下的积极适应。良好的心理弹性能够使人抵御困难情境或者从中快速恢复，从而解决生活困境中的问题，得到良性的身心发展。心理学领域对心理弹性的定义分为特质性、结果性和过程性定义三类。心理弹性包括从创伤经历中的复原、克服或成功应对各种生活中的压力等。美国心理学会认为，心理弹性是指个体在面对各种重大应激源时，都能够适应良好的过程。通常将心理弹性分为能力、忍受消极情感、接受变化、控制、精神影响等五个维度。良好的心理弹性可以促进个体心理健康，是预测个体心理健康的重要指标。心理弹性高的个体，有更好的心理健康水平。①

五是情绪调节自我效能感。自我效能感是指人们在活动前对完成该活动任务的一种信念或主观判断与感受。情绪调节自我效能感(Regulatory Emotional Self Efficacy，RESE)属于一般自我效能感，主要包括两种：一是积极情绪表达的自我效能感，即面对一个成功或愉快的事件，人们认为他们可以表达出相应的积极情绪和快乐经验的信心程度；二是消极情绪管理的自我效能感，指面对失败、逆境或不愉快的事件，人们相信他们可以提高对负面情绪的信心程度，如愤怒或失落。研究发现，个体情绪稳定性与情绪调节自我效能感正相关，情绪调节自我效能感可直接影响行为，也可通过认知和情绪间接影响行为，经过外部行为和个体人格的调控，进而决定心理健康水平。国内外多项研究表明，对保持良好心理健康水平，消极情绪调节效能感比积极情绪调节效能感更有贡献价值。

① 刘朝霞、郑凯莉等：《心理弹性与神经质中介压力知觉与抑郁症状的关系：基于路径分析》，《中国临床心理学杂志》2021 年第 2 期。

二、妇女健康及其评价

妇女健康的评价包括个体健康评价和群体健康评价。

(一)妇女个体健康及其评价

“人人享有卫生保健”是世界卫生组织提出的总体目标。在此基础上，妇女健康的主要目标是以做好生殖调节为首要任务，降低由生殖问题引起的伤残率、发病率和死亡率，保障母婴安全，同时做好妇女一生其他各期的卫生保健工作。生殖健康的主要内涵为：能进行满意和安全的性生活，没有疾病传染和意外妊娠发生；有权决定生育和生育时间；能够安全妊娠和分娩；保障婴儿存活并健康成长；能够做到有效计划生育，具有安全的节育措施。生殖健康的提出赋予了妇女保健更深刻的含义和更宽广的范围，从提供保健服务、维护妇女的权利和地位、保证妇女生育质量、促进社会健康等各方面满足和保障了妇女健康的需要，这也是人类社会文明的体现和科学进步的标志。

女性青少年的生殖健康问题是社会女性发展的重要内容。这不仅是医学和生理问题，更是健康知识、行为、社会和生活环境，相应健康服务的可及、可获得和可接受性等问题。女性青少年的特定健康风险取决于其风险暴露的可能性(如是否与男性有亲密关系)，而这种风险暴露又与在校和婚姻/同居状况密切关联。《妇女、儿童和青少年全球健康战略(2016—2030)》中，将性和生殖保健信息及服务列为促进妇女健康循证干预措施的第一条。基本的生殖保健与妇女终生相伴，无论是否结婚、是否生育，生殖保健服务应当覆盖所有妇女的生命全程。在生育率低于更替水平的社会中，女性在跨度35年的育龄期平均生育不到两个子女。育龄期女性的生殖健康工作需要超越妇幼保健模式，针对各种类型的需求提供全方位的服务，确保有需求的人都能获得服务，而不仅局限于生育本身。

女性更年期一般指45~54岁阶段，在此期间女性从生殖期过渡到非生殖期，因卵巢功能下降、激素水平波动会带来一系列生理和心理症状，并增加某些疾病的发生率。更年期的女性保健往往需关注激素水平变化导致的生理或心理症状。而对这个时期的生殖保健需求重视不够，特别是50岁以上女性的服务需求。她们的许多生殖健康问题与早期避孕节育有关，比如使用避孕环(宫内节育器)的需要取环、节育手术后遗症治疗以及生殖道感染防治问题等。

(二)妇女群体健康及其评价

妇女群体健康是针对女性不同时期的生理、心理特征，以群体为对象，通过采取以预防为主、以保健为中心、防治结合等综合措施，促进妇女的身心健康，降低孕产妇死亡率，控制疾病的传播和遗传病的发生，从而提高妇女的健康水平。保障妇女健康，筑牢全民健康基石，是实现健康中国战略目标的重要支撑。中华人民共和国成立70多年来，特别是党的十八大以来，妇幼健康事业取得了巨大历史性成就，妇女健康水平显著跃升。特别是进入中国特色社会主义新时代，党和政府立足于“以妇女儿童健康为中心”的发展理念，通过国家意志依法对妇女儿童健康权利进行强力维护，努力为全体妇女儿童提供公平可及和系统连续的妇幼健康服务，使妇女全生命周期的健康得到保障。妇女群体健康的评价指标包括如下方面：

1. 孕产妇死亡率

在育龄期妇女健康方面，中国最突出的成就是孕产妇死亡率的降低。改革开放以后，国家从政策上对妇幼卫生加大了重视程度，使妇幼保健成为国家优先领域之一；另外，逐步引入国际上先进的妇幼保健理念和围生医学技术，积极利用国际机构的援助项目提升妇幼保健服务能力，尤其是近年来在提升妇幼保健服务质量的同时普遍推动住院分娩，极大改善了偏远农村地区的母婴保健水平。近年来农村地区的住院分娩率已达到99%，城市地区接近100%。中国孕产妇死亡比例从2000年的53/10万降至2014年的21.7/10万，并在2016年将孕产妇死亡率进一步降至19.9/10万，提前实现了2030年可持续发展议程中的孕产妇死亡率目标。①

我国政府于2016年9月发布了《中国落实2030年可持续发展议程国别方案》，进一步提出降低孕产妇死亡率，确保普及性健康和生殖健康保健服务，将生殖健康纳入国家战略和方案。同年10月，《“健康中国2030”规划纲要》发布，这是中华人民共和国成立以来首次在国家层面提出健康领域的中长期战略规划，并要求将健康中国建设列入经济社会发展规划，将孕产妇死亡率等主要健康指标纳入各级党委和政府考核指标，进一步强化了党委和政府主体责任。联合国于2015年通过的《2030年可持续发展议程》中也包括多项与女性健康有关的具体目标，最显著目标就是到2030年，全球每10万例孕产妇活产的死亡率降至70人以下。

2. 性别平均预期寿命和健康预期寿命

平均预期寿命是根据调查当年的年龄死亡水平所得的综合指标，国际上常用于反映人口总体健康和死亡水平。平均预期寿命的男女差距则在一定程度上反映了女性健康状况。

① Aziz M M, et al. “Termination of Pregnancy as a Means to Reduce Maternal Mortality in Pregnant Women with Medical Comorbidities,” *Obstetric Anesthesia Digest*, 2021, Vol. 41, No. 1；罗雅丽、程郁离等：《1999—2018年深圳市宝安区孕产妇死亡情况分析》，《中国妇幼卫生杂志》2021年第2期。

正常情况下女性预期寿命高于男性。但在一些发展中国家尤其是欠发达国家，由于女性在社会中的不利地位、较差的健康状况，尤其是较高的孕产妇死亡水平影响了女性预期寿命，因而这些地区的两性预期寿命差距较小。经验数据证明，两性预期寿命差距随着死亡水平的下降呈扩大趋势，20 世纪 80 年代发展中国家的预期寿命性别差距在 3 岁以下，发达国家的预期寿命性别差距则多数在 5 岁以上。① 中国人口平均预期寿命及其性别差距自 20 世纪 80 年代以来不断改善，随着人口平均预期寿命的上升，男女预期寿命的差别也越来越大，2015 年平均预期寿命为 76.3 岁，女性高于男性 5.8 岁。健康预期寿命反映人口处在健康状态下的平均预期寿命。除极少数国家外，全球总的趋势是女性的健康预期寿命高于男性。中国的健康预期寿命近年来在 67~69 岁之间，男女之间的差距不到 2 岁。

3. 出生性别比

出生性别比失衡的现象是在生育率下降到更替水平之下后，因生育数量挤压和家庭生男需求共同导致的胎儿性别选择造成的，其根源是男女不平等的理念、制度安排和文化习俗。中国政府在 21 世纪极度重视该问题，采取了一系列措施(如“关爱女孩”项目)，并收到一些成效，但要从根源上解决这个问题，仍需要国家和全社会对这个问题的重视和更长时期致力于男女平等的共同不懈努力。

4. 常见病筛查

妇科常见病筛查信息是卫生系统长期收集的信息，也是中国现阶段的一个有意义的指标。在城乡基本医疗保险尚不能覆盖妇科常见病定期检查的情况下，在适龄妇女群体中开展妇科常见病检查，体现了面向广大妇女群体的健康服务保障。我国常见病筛查包括妇科常见病、乳腺癌及宫颈癌筛查，这两种癌症(简称“两癌”)容易在更年期发展，是中国女性癌症死亡原因的首位。② 如果能够早期检测诊断并及时治疗，可对其进行有效控制，从而降低患者死亡率。因此，2009 年起我国就启动了农村妇女“两癌”检查重大公共卫生服务项目，实现“两癌”免费检查全覆盖，并逐步建立筛查、转诊、追踪随访的工作机制，确保筛查出来的患者能得到及时诊治。常见病筛查是妇女健康赋权过程中的一个重要环节，作为过程监测指标，可反映需要这项服务的妇女群体是否都享受到了应有的服务。我国常见病筛查的覆盖面已经逐渐扩大，但尚未做到“应查尽查”，仍存在很大的改善空间。此外，该指标往往是以享受妇科常见病筛查的妇女数量来统计的，而不是覆盖率，因为部分

---

① Weegar R. “Applying Natural Language Processing to Electronic Medical Records for Estimating Healthy Life Expectancy,” *The Lancet Regional Health - Western Pacific*, 2021, Vol. 9.

② 郑莹：《中国女性癌症预防和控制策略》，《中华预防医学杂志》2013 年第 2 期。

城镇妇女已享受其单位提供的包括常见妇科病检查在内的常规体检。

5. 社会保障的覆盖

与妇女健康有关的社会保障主要包括城乡基本医疗保险和生育保险，这两项保险的覆盖率可反映妇女是否享有健康服务资源并具有使用基本服务的权利。虽然城乡基本医疗保险覆盖情况较好，但在一些特定群体中仍存在问题，如迁移流动群体。社会保障的覆盖不是结果测量，而是妇女健康赋权的过程监测，旨在消除健康资源享有方面的不平等问题。①

三、妇女疾病和患病风险

（一）妇女疾病

男女寿命上存在差异，患病风险也有差异。妇女疾病主要包括以下三类：一是妇女生殖系统疾病。妇女健康往往容易受到妇科炎症、乳腺癌、宫颈癌等疾病的威胁。二是孕产及孕产相关性疾病。自然流产是妊娠最常见的不良后果之一，其在妊娠中的发生率为12%~24%。大量证据表明，有自然流产史的妇女患非传染性疾病的风险更高（如高血压、心血管疾病和2型糖尿病等）。三是在妇女中发病风险更高的疾病。在机体神经敏感性和对炎症的反应上存在一定的性别差异，妇女患抑郁症的可能性远大于男性，特别是可能会表现出炎症特性的抑郁症。妇女更易于患自身免疫性疾病，诸如多发性硬化症、风湿性关节炎和系统性红斑狼疮等自身免疫性疾病的发生率在妇女人群中远高于男性人群，妇女机体中雌激素的分泌能够诱发这些疾病的病理学表现。运动和睡眠是健康风险管理的重要指标。当今，生活节奏越来越快，在这一领域，妇女情况也十分严重。据《中国女性健康与风险管理白皮书》显示，74%的受访妇女每周运动时间少于3小时，27%的受访妇女几乎不做任何运动，65%的受访妇女存在睡眠时间少、入睡困难甚至失眠等问题。调查结果还显示，妇女的心理压力问题不容小觑，58%的妇女受访者感到焦虑，其中采取积极手段干预的人数不足10%。受访人群中认为自己不需要心理咨询服务的妇女占比小于男性，但使用过心理咨询服务的妇女比例是男性的3倍。因此，重视妇女心理健康刻不容缓。一项大脑影像学研究表明，绝经后妇女体内雌激素水平的降低，或许与触发阿尔兹海默病（俗称老年痴呆）相关的大脑病变有关。研究人员对许多存在认知健康的中年受试者经详细研究

① 汪三贵、孙俊娜：《全面建成小康社会后中国的相对贫困标准、测量与瞄准——基于2018年中国住户调查数据的分析》，《中国农村经济》2021年第3期。

后发现，这种机制可能是导致妇女患者比例较男性更高的原因之一。威尔康奈尔医学院的 Lisa Mosconi 表示：“约有 2/3 的阿尔兹海默病患者为妇女，因为妇女的寿命普遍较男性更长。”①

(二)女性患病风险

妇女患病风险同生理结构以及社会因素密切相关，女性生殖器官特殊构造使腹腔与外界环境连通，月经、妊娠、分娩等有别于男性的生理过程，让妇女承受更多压力和患病风险，文化、信仰、法律等社会因素又会使得不同群体在疾病发生风险以及健康服务供给方面出现差异。随着妇女自我意识的觉醒、医学科学发展以及国家医疗和社会服务设施的完善，妇女健康问题被提升到一个至高水平，妇女患病风险也随着生活、社会环境的改变而悄然变化。与女性患病风险相关的因素主要有以下方面：

1. 女性的身体结构和生理特征

男女两性之分在于身体结构和生理功能的差异，妇女应充分认识自己的身体结构和生理特点，在日常工作和生活中采取适当防护措施以保持机体的健康状态。女性生殖器官即第一性征，分为外生殖器(包括阴阜、大小阴唇、阴蒂、前庭)和内生殖器(包括阴道、子宫、卵巢、输卵管)。外生殖器在自我防御和性功能行使中发挥重要作用，内生殖器功能正常是维持妊娠、分娩过程的必要条件。随着青春期到来，女性第二性征逐渐明显，表现为乳房发育、月经来潮，并伴随生长加速、骨盆增大、皮下脂肪增厚、嗓音变细和阴毛及腋毛的出现等。卵巢作为女性生殖器官中最重要的部分，其周期性的排卵和激素分泌作用促进了生殖器官的发育和第二性征的形成。尽管女性腹腔在结构上暴露于外环境，闭合的小阴唇、阴道和宫颈口，以及阴道的弱酸性环境通常能够阻挡病原菌的入侵，但这种防御机制会随着机体的免疫状态以及会阴部的环境而变化，拥有健康的身体和正确的卫生理念是减少妇女患病风险的必要手段。

2. 社会因素影响

随着我国政治稳定、经济水平的提升，人口平均预期寿命逐步延长，老龄妇女人口比例扩大，使心血管疾病、老年退行性疾病、癌症等年龄相关性疾病的发生率明显增加。在经济发展及义务教育政策的刺激下，妇女受教育程度也稳步提升，受高等教育的妇女占比近年来已超过 50%。妇女能从教育中获知健康的重要性，并从生活、经济方面投资以降低

① Rahman A, et al. “Sex-driven Modifiers of Alzheimer Risk: A Multimodality Brain Imaging Study,” *Neurology*, 2021, Vol. 95, No. 2, pp. 166-178.

自身患病风险。在价值观念及就业结构变化推动下，妇女劳动范围也不只停留在传统认知对女性的任务限定，职业女性已遍布各行各业。妇女患病风险也受到相关法律政策的影响，《中华人民共和国母婴保健法》对母婴保健服务机构及相关服务人员从业活动进行了规范，保证了服务效率和质量，为降低妇女妊娠、分娩相关疾病风险提供了保障。《“健康中国2030”规划纲要》也提出提升妇女健康水平的目标，倡导优生优育并为孕产妇提供免费的基本医疗保健服务。国家在基层卫生环境改善特别是妇幼保健方面的投入，极大地降低了孕产相关死亡风险。生活理念的变化以及计划生育政策的全面实施，也对妇女健康带来新挑战，生殖健康、高龄孕产相关并发症已成为当今面临的重点问题。健康社会环境的维护、正确价值观念的普及以及相关法律政策的制定，是有效保护妇女健康、降低疾病发生风险的必要条件。

3. 环境污染和气候变化

空气、水、土壤的污染以及气候变化引发的恶劣生存条件，也加大了妇女的患病风险。大气中的含硫化合物、含氮化合物、烃类化合物、颗粒物等随空气进入人体后沉积于肺部，同时进入血液引发呼吸系统、神经系统不适甚至肺癌、消化道肿瘤、乳腺癌的发生。水或土壤中的有机污染物和重金属随饮水或食物链进入人体后不易排出，长期累积后易引发脏器损坏甚至肿瘤。环境污染还能够影响妇女生殖健康，造成流产、早产、胎儿生长受限等不良妊娠结局。气候变化能够增加人群特别是老年群体中心血管类和精神类疾病的发生和死亡风险，影响传染性疾病的防控效果。加强环境治理，减少污染物暴露，控制碳类氧化物排放，恢复气候稳态，从源头上消除自然环境稳态失衡对人类健康的危害，对减少妇女疾病发生极为重要。①

四、妇女常见疾病与防治

妇女常见疾病包括乳腺疾病、生殖系统疾病和内分泌、心血管疾病等，根据疾病发生特征，防治手段各异，主要介绍如下。

（一）乳腺相关疾病

乳腺疾病主要包括乳腺炎、乳腺增生和乳腺癌等，近年来发病有年轻化趋势，是影响妇女健康的主要疾病类型之一，以乳房疼痛和包块为常见临床表现。乳腺炎常发生于哺乳

① Silbergeld E K, Flaws J A. “Environmental Exposures and Women’s Health,” *Clin Obstet Gynecol*, 2002, Vol. 45, No. 4, pp. 1119-1128.

期妇女，疾病发生后应及时排乳、控制感染以预防乳腺脓肿的形成。乳腺增生是育龄期妇女常见病，发生率高达40%，因其具有一定的癌变倾向，患者应定期随访以观测肿块生长情况。

乳腺癌是全球女性最常见的恶性肿瘤，且发生率呈上升趋势。我国乳腺癌高发年龄段为45~50岁，发病和死亡人数居世界首位，占比分别为17.6%和15.6%。年龄增长、绝经、初潮年龄小是乳腺癌发生的高危因素，总脂肪摄入过量能增加乳腺癌发生风险，食物中天然叶酸、维生素和钙具有保护效应。除不健康饮食习惯，污染物暴露、雌激素治疗、吸烟饮酒等不良生活方式均会增加妇女乳腺癌发生风险。预防、筛查以及早期诊断和治疗是肿瘤防治的重要手段。① 在乳腺癌预防方面，应在饮食上增加水果、蔬菜、谷物、鱼类、低脂乳制品和膳食纤维的食用，减少动物脂肪、加工合成肉类等高热量食品，以及精制碳水化合物的摄入，同时应限制饮酒，成年妇女每天酒精摄入量应不超过15g。生活中应杜绝激素滥用，雌孕激素治疗性使用应在专业妇产科医师指导下进行。在生活方式方面，应保持规律、充足的睡眠，戒烟且杜绝二手烟；成年妇女应坚持每周不少于150分钟(30分钟/次)的中等强度体育锻炼以增强体质，预防肥胖及乳腺癌的发生。

分娩和母乳喂养对乳腺癌具有保护作用，但乳腺癌发生风险随着首次分娩年龄的增加而增大，因此提倡妇女首次分娩年龄不超过35岁。乳腺癌的发生有遗传倾向，一级亲属中有乳腺癌患病史的妇女发病风险明显高于无家族史女性。乳腺癌常规筛查一般是针对40岁以上妇女，但对于高危人群，筛查年龄应适当提前(20~40岁)，检查内容除常规的临床检查、乳腺钼靶、彩超检查外，还可结合MRI、基因诊断等新兴手段。② 乳房自检也是早期发现乳腺肿块的手段之一，妇女都应学会乳腺自我检查方法并每月进行一次，自我检查时间应尽量避免受到雌激素影响，在月经后9~11天进行最佳。高危妇女可在专科医师指导下，选择适当的药物和手术治疗以预防乳腺癌的发生。随着乳腺癌诊疗水平的进步，乳腺癌术后远期生存率比以往已有大幅度提升，已确诊的乳腺癌患者应及时寻求医学治疗，争取最佳疗效。

(二)妇科肿瘤

妇科疾病特别是妇科肿瘤的发生对患病妇女的身体健康和生命安全造成了极大威胁，宫颈癌、卵巢癌和子宫内膜癌是三大常见妇科生殖系统恶性肿瘤。妇科肿瘤患者的数量呈

---

① Johnson H M, Mitchell K B. "Breastfeeding and Breast Cancer: Managing Lactation in Survivors and Women with a New Diagnosis," *Ann Surg Oncol*, 2019, Vol. 26, No. 10, pp. 3032-3039.

② Bovbjerg D H, et al. "Persistent Breast Pain in Post-surgery Breast Cancer Survivors and Women with No History of Breast Surgery or Cancer: Associations with Pain Catastrophizing, Perceived Breast Cancer Risk, Breast Cancer Worry, and Emotional Distress," *Acta Oncol*, 2019, Vol. 58, No. 5, pp. 763-768.

逐年增加趋势，认知不足是疾病防治中的最大障碍。通过健康宣教普及肿瘤防治知识，不仅能够指导妇女培养健康生活习惯，还能够提高妇女对妇科肿瘤的认知度和警惕性，助其树立正确的防癌理念，这是降低疾病发生风险、保护妇女健康的必要条件。

宫颈癌是妇女中最高发的生殖道恶性肿瘤。青少年女性因宫颈尚未发育成熟，且大多尚未开始性生活，是世界卫生组织（WHO）推荐的HPV疫苗接种首选人群。目前九价HPV疫苗的推荐使用年龄为16~26周岁女性，二价及四价HPV疫苗接种年龄已放宽至45岁以内。我国《子宫颈癌综合防控指南》也提出，应当通过开展以健康教育和HPV疫苗接种为主要内容的一级预防进行宫颈癌的有效防控。此外，癌症的早期诊断和早期干预能够降低患者的因癌死亡风险，针对适龄妇女的宫颈癌筛查也是宫颈癌防治工作中不可或缺的一环，细胞学筛查、高危型HPV检测以及阴道镜检查是已建立的规范的宫颈癌筛查方案，定期宫颈癌筛查能够提高癌前病变或早期癌症的诊出率，无症状高危女性的确定也是筛查工作的重要目标。①

卵巢是处于盆腔深部的器官，卵巢癌无法像宫颈癌一样通过直接肉眼观测或病理检查进行筛查，临床主要通过肿瘤标志物CA125水平测定结合妇科彩超进行诊断。卵巢癌的发病同样有遗传倾向，病因和发病机制尚不明确，一旦发生需通过综合手段长期持续性治疗。

子宫内膜癌的发病率在近些年有升高倾向。外源性雌激素的单独长期应用会增加子宫内膜癌的发生风险，因此应严格避免激素类药物的滥用。子宫内膜癌尚无成熟筛查方案，阴道不规则出血是常见临床症状，主要依靠彩超和CA125、HE4等肿瘤标志物进行检查。子宫内膜增厚是子宫内膜病变的征象之一，确诊有赖于分段诊刮或宫腔镜术后进行的病理学检查。在妇科肿瘤防治中要警惕异常阴道出血、分泌物改变、下腹痛和腹部包块等临床症状，发现后及时前往医院做进一步检查确诊病变部位及性质。在生活中应戒烟限酒、健康饮食、适量运动、保持合适的体重和良好的精神状态，增强免疫力，预防癌症发生。

（三）妇女生殖系统炎性疾病

阴道是盆腔、输卵管、子宫与外界相通的器官，临近肛门和尿道口。妇女外阴皮肤中有较多汗腺和褶皱，极易引起污垢侵袭。通常，外阴的闭合状态以及阴道内乳酸杆菌的酸性作用会抵御病菌的滋长。当生理或病理因素造成女性自净系统或屏障系统被打破，生殖器官会受到微生物的侵袭以致炎症的发生。妇科炎症主要包括外阴炎、阴道炎、宫颈炎、附件炎等，其发生如同感冒一样常见，以外阴瘙痒、阴道分泌物增多、异味、疼痛为常见

① 周晖、王东雁等：《〈FIGO2018妇癌报告〉——子宫颈癌指南解读》，《中国实用妇科与产科杂志》2019年第1期。

临床表现。妇科炎症的发生会干扰妇女的免疫及内分泌系统，同时有炎症播散、交叉感染等风险，甚至会因输卵管堵塞、宫腔粘连等导致不孕。妇科炎症的不恰当治疗还会导致疾病的反复发作，慢性炎症的持续刺激有诱发恶性肿瘤发生的风险。因此，了解妇科炎症的发病机理，加以适当的预防以及及时合理的干预对维护妇女健康尤为重要。

保持外阴卫生是妇科疾病防治中的重中之重。成年女性应坚持每日温水清洗外阴，经期和白带分泌多的时候可早晚各一次，清洗顺序应从大阴唇开始，依次向内清洗小阴唇、阴蒂和阴道前庭，然后向外清洗阴阜、大腿内侧，最后清洗肛门部位。大便后应用手纸从肛门向后擦拭，小便后应从尿道口往前擦拭，以避免阴道口污染。性生活前后夫妻双方都应清洗外生殖器，避免因房事造成病菌传播。此外应每日更换内裤，选择合格的经期用品。当妇科炎症发生后，应及时前往医院进行病原体确认并选择合适的治疗方式。

外阴炎和阴道炎是最常见的妇科疾病，两者可同时发生，常由外阴不洁、细菌和霉菌感染引起，老年妇女因绝经后阴道抵御能力减弱，常发生细菌侵袭而诱发老年性阴道炎。外阴炎或阴道炎发生后应做好局部清洁工作，在专科医师指导下针对病因进行治疗。宫颈炎主要是病菌侵蚀宫颈所造成，大多患者无不适症状，部分可表现为白带异常增多、性交后出血。急性宫颈炎以抗生素药物治疗为主，慢性宫颈炎可予以局部物理治疗，治疗前应排除宫颈癌或癌前病变。盆腔炎常发生在不洁性生活、子宫腔内手术操作后，也可继发于临近脏器感染，以输卵管炎和输卵管卵巢炎最为常见，可导致不孕、输卵管妊娠、慢性盆腔痛等不良结局。盆腔炎发生后以抗生素药物治疗为主，必要时可行手术干预。妇科炎症患者应保持良好的生活习惯，饮食方面应多食用新鲜的水果蔬菜，忌食油腻辛辣食物，生活中要保持良好的睡眠和适量的运动以增强自身免疫力。

(四)内分泌和心血管疾病

内分泌系统通过分泌多种激素维持人体正常生理功能、参与新陈代谢调节。内分泌失调是临床常见病，其发生与激素分泌障碍相关，受环境、精神状态、饮食等因素影响。卵巢是女性特有的内分泌器官，在第二性征发育、正常生理周期调节中具有重要作用，卵巢功能减退是妇女内分泌失调的常见病因。患病女性常有皮肤老化、情绪烦躁、体重增加等表现，甚至会出现子宫、乳腺、卵巢病变以及不孕。对于内分泌疾病的防治要特别注意饮食和运动的重要性，良好的饮食习惯和适量的运动是维持内分泌平衡的重点，同时要拥有充分的睡眠及平和舒畅的心情以保持身体健康。长期严重的内分泌失调应在专业医师指导下进行药物干预，同时警惕器质性病变的发生。

心血管疾病是涉及循环系统的一系列疾病，包括高血压、冠心病、心绞痛、心肌梗死等，是致妇女死亡最常见的病因。女性心血管疾病发生率随年龄增长而增加，相关危险因素包括家族史、肥胖、糖尿病、抽烟、作息不规则等，且受到内分泌系统的影响。雌激素能够稳定血压、减少动脉粥样硬化、预防冠心病，围绝经期妇女随着雌激素保护作用的减弱，心血管疾病发生风险迅速升高。女性特别是围绝经期妇女应提高对心血管疾病的认知，及时监测自身体重及血压、血糖水平，通过改善生活方式、控制饮食来维持血压、血糖及血脂正常，中等强度以上的体育运动和减重也有益于心血管疾病的防治。患病妇女应及时使用降压药物、降脂药物、阿司匹林及激素进行干预，防止疾病的进一步进展。

第二节　妇女健康与健康保障

女性健康赋权、女性健康的特殊要求，是合理的健康保障制度制定的重要基础。

一、妇女健康赋权

(一)健康赋权的内涵

赋权源于社会意识形态领域自主、自立的概念。1978 年 WHO《阿拉木图宣言》提出健康赋权后，受到健康教育和健康促进领域的关注。综合不同时期健康赋权理论，其内容应包括获取健康知识的能力，自主参与健康决策的过程，提升自我效能的结果。健康赋权不仅是医务工作者为患者提供有针对性的健康教育、健康咨询和以患者为中心的服务过程，也是患者通过上述过程而提升自我效能的结果。健康赋权强调在提升个人健康知识与能力的基础上病友之间的互动作用，患者通过赋权过程提升知识与能力，与同伴分享疾病管理经验。

(二)我国健康赋权内容

《中华人民共和国基本医疗卫生与健康促进法》第 4 条第 1 款规定“国家和社会尊重、保护公民的健康权”，明确提出健康权概念，将宪法上这一基本人权进行全面解释和落实，对于我国卫生法治事业和人权保护有重大的里程碑式的意义。健康权属于社会权，政府应当对其尽积极义务。《基本医疗卫生与健康促进法》第 15 条规定“基本公共卫生服务由国家免费提供”，第 29 条规定“基本医疗服务主要由政府举办的医疗卫生机构提供”，第 39 条第 2 款规定“政府举办非营利性医疗卫生机构，在基本医疗卫生事业中发挥主导作用，保障基本医疗卫生服务公平可及”。《基本医疗卫生与健康促进法》赋予公民的健康权主要包括：

1. 公共卫生服务权

基本公共卫生服务作为公共产品应当由政府免费提供，包括接受传染病防控服务的权利、免疫规划疫苗接种的权利、慢性非传染性疾病防控与管理服务的权利、职业健康保护的权利、妇幼保健服务的权利、老年人保健服务的权利、残疾预防和残疾康复服务的权利、院前急救的权利、精神卫生服务的权利。

2. 医疗服务权

医疗服务不同于公共卫生，不是完全的公共产品。国家要保障公民有地方(医院)去看病，有合格的医生为其看病，有适宜的药品可用。

3. 健康促进服务权

公民有权从政府获得健康信息，接受健康教育。国家应组织健康状况调查和统计，建立疾病和健康危险因素监测、调查和风险评估制度，开展爱国卫生运动，建立食品、饮用水安全监督管理制度，建立营养状况监测制度，发展全民健身事业，制定特殊人群健康工作计划，完善公共场所卫生管理制度，控制吸烟饮酒等，促进公民健康。

4. 健康社会保障权

公民有依法参加基本医疗保险的权利；另外，贫困人口有获得医疗救助的权利。在我国不推行全民免费医疗的制度背景下，医疗救助是实现医疗公平，落实联合国《经济、社会及文化权利国际公约》第12条规定“人人享有医疗照顾”的兜底保障制度，关系到我国健康权保障的整体水平。医疗救助的资金保障则完全由政府承担，保障符合条件的困难群众获得基本医疗服务。

5. 救济权

当公民的公共卫生服务权、医疗服务权、健康促进服务权得不到保障时，公民可以提起行政给付诉讼，要求政府或者其卫生健康主管部门提供。

二、妇女健康的特殊要求

妇女健康反映了一个社会的性别平等状况。不少国际发展议题中都包括与妇女健康有关的内容。在有关性别平等的各种国际指标体系中，大多也包括了健康指标，如健康预期寿命的男女差异等。我国一向将健康作为妇女发展监测和评估内容之一。妇女健康不仅与社会经济发展和健康事业发展有关，也受到诸多社会文化或制度因素的影响，在具有明显性别偏见的社会中或性别不平等的情况下，女性往往在健康状况改善和健康服务利用方面处于不利地位；在快速发展阶段，健康促进的成果也会因男女两性受益不平等而存在性别差距。经济、社会、文化和公共政策会影响女性，同时女性的健康也是反映发展和性别平等的重要方面。

中国已进入一个新的发展阶段。2020年中国已消除绝对贫困，全面进入小康社会。在健康方面，一些在发展阶段初期的重要问题已经基本解决，但也同时存在发展进程中的问题和社会经济发展带来的新挑战，一些新出现的问题尚未引起足够重视。在这样一个过渡阶段，有必要回顾和思考现有妇女健康指标在中国目前发展阶段的适用性，分析这些指标的局限和问题，探讨能够有效评价中国发展和变化的指标。

三、妇女健康保障

居民健康保障制度是现代社会解决社会成员健康问题的一种制度安排。伴随着社会的发展和人民生活理念的不断进步，居民健康问题也不再归因于单一的致病因素。因此，居民健康保障制度不仅仅是解决医疗费的问题，根本问题是要全面保障国民有更良好的医疗和健康体系，从而实现居民幸福生活，更好地满足人民对美好生活的向往与追求。

健康保障制度即指通过个人、集体(包括单位、集团、行业)和政府多渠道筹集基金，按约定公平分配和有效使用该基金，用于保护和增进健康支出的规程。健康保障制度的基本功能是资金筹集、风险集合与服务购买。任何一个国家实施的政策都通过影响健康保障制度的上述三大功能，来动员足够的资源提供基本卫生服务，减轻公众在支付能力上存在的不平等，为发生大额医疗费用支出的社会成员提供财务保障，避免其陷入贫困。

基本健康保障制度的模式通常分为国民卫生服务制度、社会医疗保险制度以及商业保险制度。中国的基本健康保障制度由城镇职工基本医疗保险制度、城镇居民基本医疗保险制度、新型农村合作医疗制度以及医疗救助制度构成。健康保险在保障民生中发挥了重要的作用，尤其是2020年年初的一场新冠肺炎疫情发生之后，人们购买健康保险的意识普遍提高。2019年7月国务院出台了《国务院关于实施健康中国行动的意见》，其中针对肿瘤、心血管疾病等重大疾病防控都做了工作部署，商业健康保险为推动该方面工作采用了人工智能、大数据、医疗新技术、新药品等新技术，为广大群众提供健康保障。新技术的应用，为解决重大疾病保障不足的问题发挥了重要作用，未来产品创新、服务创新是助力多层次医疗保障体系建设的关键。

获得基本健康保障是公民有尊严地生活的社会底线，也是人类追求幸福生活的重要内容。健康既是经济和社会发展的前提，也是经济和社会发展的目标，更是人全面发展的基础。女性健康不仅是女性生存和发展的基本体现，也是衡量一个社会保障体系完善程度的重要指标，更是社会进步的必然表现。

女性健康不同于男性健康，往往容易被一些妇科疾病，如乳腺癌、宫颈癌等癌症威胁，同时女性独特的生理时期——怀孕期、育儿期、更年期也会带来一定的健康风险。正因为女性所具有的独特生理功能，决定了女性在罹患重疾方面的概率要大于男性。从2021年5月31日我国全面开启“三孩”政策，给社会和医疗卫生服务带来诸多挑战，更加重了我国母婴保健的工作负担。

目前，我国健康保险是一个多层次的保障体系，主要由社会医疗保险、补充医疗保险、长期护理保险制度和商业健康保险构成。其中，社会医疗保险是我国多层次医疗保障体系的基础，是一个逐步建立、覆盖人群逐步扩大、保障水平逐步提升的进程，并且着眼于完善国民医保体系、建立更加公平和可持续的社会保障制度。女性健康保障的内容有三大类：一是人类疾病的医疗保险；二是针对女性生理健康的疾病保险；三是针对女性生育时期保障费用的赔付。

联合国卫生组织统计，尽管在大多数国家妇女的预期寿命高于男性，但一些卫生和社会因素综合起来导致妇女的生活质量较低。不能平等地获取信息、护理和基本卫生措施，进一步增加了妇女的健康风险。基于性别的歧视给妇女带来了许多健康危害，包括肉体和性暴力、性传播感染、艾滋病、疟疾和慢性阻塞性肺病等。烟草使用是年轻妇女中一个越来越大的威胁。

由于各项措施不尽完善，妇女家庭负担重、受传统思想观念桎梏、缺乏疾病预防的基本知识等导致妇科病多发，宫颈癌、乳腺癌、性传播疾病等严重侵蚀着广大妇女健康的肌体。

国家立法规定，在劳动者因生育子女而导致劳动力暂时中断时，由国家和社会及时给予物质帮助的一项社会保险制度就是生育保险。生育保险待遇主要包括两项：一是生育津贴，用于使女职工产假期间的基本生活需要得到保障；二是生育医疗待遇，用于保障女职工怀孕、分娩期间以及实施节育手术时的基本医疗保健需要。生育保险关系到广大女职工的切身利益，对社会劳动力的生产与再生产具有十分重要的保护作用。我国生育保险工作的实践证明，在市场经济条件下，实行生育费用社会统筹和社会化管理服务，对均衡企业负担、改善妇女就业环境、切实保障女职工生育期间的基本权益发挥了重要作用。同时，对计划生育、优生优育等工作也产生了积极影响。

女职工享受产假的待遇是对女职工实施特殊劳动保护的重要措施之一，是我国社会保险的一项重要内容。《劳动法》第62条规定，女职工生育享受不少于90天的产假。劳动部颁发的《企业职工生育保险试行办法》第5条规定：女职工生育按照法律、法规的规定享受产假。产假期间的生育津贴按照本企业上年度职工月平均工资计发，由生育保险基金支付。《国有企业富余职工安置规定》第 8 条规定：企业可以对职工实行有限期的放假，职工放假期间，由企业发给生活费，孕期或哺乳期的女职工，经本人申诉，企业可以给予不超过两年的假期，放假期间发给生活费，假期内含产假的，产假期间按照国家规定发给工资。[①] 按照上述法律法规规定，无论是在岗职工还是富余人员、下岗职工，在产假期间，都能享受到一样的生育保险待遇。

第三节　妇女健康促进与发展

妇女健康和妇女健康促进直接影响妇女社会参与程度与参与能力，影响着家庭的和谐及社会发展。

一、妇女健康促进

“健康促进”(Health Promotion)一词早在 20 世纪 20 年代已见于公共卫生文献，1986 年 11 月 21 日 WHO 在加拿大渥太华召开的第一届国际健康促进大会上正式使用。其含义是运用行政的或组织手段，广泛协调社会各相关部门以及社区、家庭和个人，使其履行各自对健康的责任，共同维护和促进健康的一种社会行为和社会战略。美国健康教育学家格林对其进一步拓展为：健康促进是指一切能促使行为和生活条件向有益于健康改变的教育与环境支持的综合体。其中环境包括社会的、政治的、经济的和自然环境，而支持指政策、立法、财政、组织、社会开发等各个系统。2000 年在墨西哥城召开了第五届全球健康促进大会，世界卫生组织前总干事布伦特兰对“健康促进”给出了更明晰的定义，健康促进就是要使人们尽一切可能让他们的精神和身体保持在最优状态，宗旨是使人们知道如何保持健康，在健康的生活方式下生活，并有能力作出健康的选择。

美国健康促进杂志将健康促进表述为：“健康促进是帮助人们改变其生活方式以实现最佳健康状况的科学(和艺术)。”其中，最佳健康被界定为身体、情绪、社会适应性、精神和智力健康的水平。在这个定义中，强调健康促进的途径是帮助人们改变其不良的“生活方式”，实现其“最佳健康状况”，并将健康促进描述成一门“科学和艺术”，要用科学的技术和高超的方法来实现。2020 年 6 月 1 日起实施的《中华人民共和国基本医疗卫生与健康促进法》是我国第一部关于基本医疗卫生与健康促进的专门法律，包括 10 章 110 条内容，对我国基本医疗卫生事业与健康促进工作产生了积极影响，也成为推动《“健康中国

① 丁月宾：《女职工产假待遇问题研究》，《科教导刊—电子版(中旬)》2017 年第 7 期。

2030”规划纲要》顺利实施的重要法律依据，对我国国民的健康水平提升发挥了重要作用。

《基本医疗卫生与健康促进法》第六章标题为“健康促进”，涉及第 67 条到第 79 条的法律条款。国家将健康教育纳入国民教育体系，明确公民是自己健康的第一责任人，应树立和践行对自己健康负责的健康管理理念，主动学习健康知识，提高健康素养，加强健康管理。倡导家庭成员相互关爱，形成符合自身和家庭特点的健康生活方式。国家制定并实施未成年人、妇女、老年人、残疾人等的健康工作计划，加强重点人群健康服务。

2008 年 3 月 1 日国家卫生部新闻办公室发布“中国妇女健康行动”倡议书，强调中国政府始终把维护妇女权益，促进妇女的全面发展作为义不容辞的责任。“中国妇女健康行动”的健康促进策略包含以下方面：

(1)广泛进行社会宣传和健康教育。围绕妇女生殖健康，加大健康教育力度，使妇女了解女性主要疾病、主要危险因素的防治知识，养成健康、文明的生活方式和行为习惯，增强妇女自我保健的意识和能力。

(2)着力强化政府主导责任。各级政府应当把推动实施“中国妇女健康行动”、保障妇女人人享有基本医疗卫生服务列入优先议程，重点加强中西部地区和东部困难地区妇女主要健康问题的防治工作，强化早期干预措施，努力降低妇女主要疾病风险，提高妇女健康水平。

(3)充分发挥各相关部门的职能和社会各界的作用。建立政府统一领导、部门各司其职、切实形成合力的协调工作机制，共同推动妇女健康行动的实施和落实。发挥非政府组织的作用，充分利用国际国内的卫生资源和适宜技术，扩大国际项目合作，积极引入国际的先进经验、先进理念，动员社会各种力量，参与妇女健康行动。

(4)切实采取有力措施，建立妇女健康保障制度。城乡医疗保障制度应逐步覆盖妇科病的筛查项目，并对妇女重大疾病的诊治费用给予适当补偿。应加快城乡医疗救助制度建设，对困难群体的妇女病诊治提供救助补偿。在各级政府的大力支持下，逐步提高中西部困难地区的住院分娩率、婚前医学检查率和妇女常见疾病普查率。

(5)积极创造有利于妇女健康的生产生活环境。按照职业卫生的相关法律法规，围绕保障妇女生殖健康、预防和控制主要疾病，加强工作场所和公共场所的妇女健康保护和监护工作，确保妇女在特殊生理时期所处的生产生活环境的安全。关注女性外出务工人员的职业卫生和职业安全，使她们与城镇户籍妇女同等享有基本医疗卫生服务。

(6)大力开展妇女保健工作，防治妇女常见病、多发病。强化妇女常见病、多发病的普查普治、群防群治的干预力度，控制和消除生殖道感染、梅毒、艾滋病、宫颈癌、乳腺癌等常见病、多发病、传染性疾病对妇女健康和生命的危害。积极推动妇女保健工作，规范保健服务，提高服务质量。促进生育安全，提高出生人口素质，对妇女提供从青春期到孕期、更老年期的综合保健服务，提高妇女人群的健康水平。

(7)继续加强保护妇女健康的服务能力建设。把妇女主要疾病的防治工作重点放在农村和城市基层，依托城乡基层卫生服务网络，推进以预防为主的群防群治工作。强化基层妇幼卫生服务能力建设，建立有效预防疾病和转诊急救的工作协调机制。及时掌握辖区内的妇女健康状况，并提供有效的健康指导和健康服务。针对影响妇女健康的主要疾病风险，加强科学研究和技术攻关。按照保基本、广覆盖的原则，普及成本低、效果好的适宜技术，切实解决危害妇女健康的突出问题。

(8)加大贯彻保护妇女健康的法律法规的力度。依据《母婴保健法》及其他相关法律法规，坚决取缔非法行医、非法接生，规范母婴保健服务，切实保护妇女健康。我们相信，有各级政府的高度重视，有相关部门的共同努力，有社会各界的积极参与，一定会开创全社会都来关心和保护妇女健康的新局面。"中国妇女健康行动"必将在全社会的积极推动下，为实现人人享有基本医疗卫生服务的目标，全面建设小康社会作出应有的贡献。

二、妇女健康对妇女发展的重要意义

中华人民共和国成立以来，我国妇女得到彻底解放，女性发展成为主题，健康成为女性发展的前提和基础。曾获 1998 年诺贝尔经济学奖的印度著名经济学家阿玛蒂亚·森(Amartya Sen)说过，健康和教育一样，是使人类生活体现价值的基本潜能之一。个人健康水平是一种能够影响个人在未来获取收入能力的人力资本。提高个人健康水平不仅能使个人及其家人幸福程度提高，而且能使人力资本质量、数量提高，减少个体因疾病损失的经济活动时间，并保证个体旺盛的精力，提高其工作效率，最终为个人未来的发展提供保障。

国民健康水平的整体提高还能促进一国经济的增长。如果没有良好的健康状况，无论对个人还是社会，都是悲剧或者灾难。拉什·费恩(Rashi Fein)在《精神疾病经济学》(*Economics of Mental Illness*)一书中对精神病的经济损失进行分析并提出和界定了疾病的直接代价和间接代价；詹姆斯·摩根(James Morgan)和哈维·布雷泽(Harvey Brazer)在《美国收入和福利》(*Income and Welfare in the United States*)一书中将健康状况作为变量引入收入方程发现，健康状况是解释小时工资率、劳动力参与率的决定性因素。曾获 1979 年诺贝尔经济学奖的美国著名经济学家西奥多·舒尔茨(Theodore W. Schultz)在《论人力资本投资》一书中提道，人的后天能力，如教育、技术、健康状况是实现经济发展的关键因素，社会发展依靠的不是有限的自然资源，而是人口质量。他认为"生命的延长以及制造出较长生命的健康状况之改善，都肯定会提高生命的价值，使低收入国家的劳动者参与劳动生产的时间更长一些、由于疾病所造成的缺勤更少一些、每日的有效工作时间得以增长”①。提高人们的健康素质，可以使人获得更多的学习、工作和生活时间，以至长期获利。

在卫生经济学家看来，健康是一种能够增加人们效用水平的耐用消费品，这种产品的数量表现为人生某个时点上的健康状况，或可理解为健康存量(Stock of Health)。根据这一健康的定义，卫生经济学认为人生来就有一个给定的健康存量，而且在人生的任何一个时点上健康状况的改善对以后人生的健康都会产生影响。卫生经济学强调健康的生产，即将健康生产的投入转化为健康结果的过程，它认为健康是由相应的投入生产出来，继而健康再生产出效用。

1990年舒尔茨指出，人力资本一般被认为是与物质资本相对应的一种资本形态，它是体现在劳动者身体上的知识、能力和健康。健康与知识、能力一样，是人力资本的一个方面。较高的健康存量表现为更长的生命周期和更多的健康时间以及较少的医疗支出。一个人健康存量的增加，就意味着他的人力资本存量的增加，健康存量越高的人，他的人力资本的存量也就越高。健康的个体能够增加自身的健康存量，有效地减少各种疾病的发生率，使自己体力充沛、精力旺盛、肢体灵活、动作敏捷，在单位劳动时间内生产出更多优质的产品、提高劳动生产效率，最终为组织乃至整个社会创造更多的价值。

人的生命内部的各要素应该是一个动态的平衡体系，且具有持续性、全面性和协调性，只有这样人才能谈得上可持续发展。人的可持续发展体系主要由以下基本要素构成：人的发展指向、发展能力以及身心素质。人的发展指向是指个人根据先天禀赋、潜在志趣和社会需求而对一生发展走向的预期性宏观规划。人的发展能力主要包括一般能力和特殊能力。健康是可持续发展的必备条件。

女性作为具有独特生理功能和社会角色的性别群体，其健康状况必然对女性自身发展以及整个社会的发展产生直接而深远的影响。健康既是衡量女性发展的重要指标之一，也是影响女性生存与发展的重要因素，女性健康对女性的经济、政治、社会参与能力和女性生活质量等都产生着直接和间接的影响。

1. 健康影响妇女社会参与程度与参与能力

中华人民共和国成立以来，中国妇女的地位和社会参与程度一直不断提升，当前女性在政治、经济、社会和家庭生活方面与男性平等，法律赋予她们参与国家及社会事务管理的权利。以妇女工作为主体社会柔性链接对于社会稳定至关重要，妇女感情丰沛、温柔细腻，更有利于她们在家庭中扮演“多重角色”，妇女对婚姻和家庭有着更大的责任

① [美]舒尔茨：《论人力资本投资》，吴珠华等译，北京：北京经济学院出版社1990年版，第9页。

感，承担了更多的义务，在维系家庭的稳定及促进家庭的和睦幸福等方面发挥着积极的、无法替代的作用。同时当代妇女参政意识逐渐增强，议政水平不断提高，并且其主动适应经济结构调整，成为推动经济建设的重要力量。随着社会建设脚步的增快，中国梦的实现离不开妇女的参与、创新和创建，妇女健康直接影响了妇女的社会参与度和社会建设进程。

2. 健康影响妇女的就业领域和质量

研究成果表明：女性健康程度越高，在智力型行业就业的人数也越多，就业质量越高，而就业质量的高低直接影响着就业人员收入的高低，两者呈正比例关系。妇女在业人口从社会性别角度看反映着女性参与国民经济各部门发展的性别人口比例，体现着女性参与社会经济发展的程度与水平，从侧面印证着女性健康和能力状况。女性虽分布在各个行业，但从总体上看，女性劳动力的行业分化程度较低，大多数仍滞留在第一产业和服务业。

3. 健康程度直接影响妇女的婚姻及生育行为

女性健康是良好的婚姻关系和生育行为的保障。生育健康是女性最突出的健康问题，不仅仅是指女性自身的健康，更包含社会性别关系及其作用于女性健康的具体表现，涉及人口控制、女性权利和社会可持续发展。由于生理和社会的原因，女性健康在整个生育健康领域占有突出地位，生育健康应当以女性为中心，应突破传统的医疗保健模式，从更广阔的领域去认识和解决健康问题。人类生育健康的情况，很大程度上取决于女性健康权利的实现程度，婚姻和生育行为与女性的社会健康是相辅相成、相互促进的。

4. 健康程度影响妇女的家庭地位

健康水平高的女性大多从事较好的职业，有稳定的收入，经济基本独立，她们在处理家庭开支及日常事务中的自主性很大，在夫妻生活中处于较为平等的地位，表明她们的家庭地位相对较高。健康程度低的女性收入低，在经济上依赖丈夫，在处理家庭事务中的自主性很小，在夫妻生活中多处于从属地位，表明她们的家庭地位低。

三、实现妇女全面发展的妇女健康促进要求

为保持社会稳定和发展，应全方位保障女性健康，这需要国家、社会和个人的共同努力。

(一)健全保障体系，分摊生育成本

在当前现实背景下，女性就业歧视状况在全面三胎政策下有所加重。建立健全女性就业保障体系才能稳固女性现有就业地位，改善女性就业环境。根据女性特点健全生育保险、失业保险等制度是重要一环。完善家庭政策可通过增加儿童津贴、父母津贴等方式，缓解家庭育儿压力，减轻生育成本，确保女性能兼顾多种角色，平衡家庭与工作之间的关系。个人承担生育成本会阻碍女性尤其是生育后女性再就业，加重女性就业歧视。由政府、企业、个人分摊生育成本，改善女性就业环境，创造就业岗位，有利于释放女性性别红利，充分发挥女性价值。

(二)提高女性健康素养

健康素养是个体寻找、理解、评价和应用健康信息以做出合理决策，降低健康风险和提高生活质量的一系列能力和技能。我国的《“健康中国 2030”规划纲要》强调，要“提高全民健康素养”。提高人们的健康素养，不仅仅是丰富人们的健康知识、提高人们的健康技能，关键是要养成对健康重要性的肯定性情感，因为只有在认识的基础上对其产生肯定性的情感，才能真正接受关于健康问题的理论和知识，对健康教育加以认同，养成健康的行为习惯。

健康素养的关键在于对疾病预防、健康生活方式与行为养成、健康维护和促进的影响，包括基本知识和理念素养、健康生活方式与行为素养、基本技能素养。低健康素养者缺乏卫生保健知识，对医学信息了解相对较少，对健康问题和治疗情况了解不全面，会影响自身健康状况。另外，低健康素养者对医疗卫生服务的利用不容乐观，导致卫生资源浪费、医疗保健费用增加等情况发生。要学会利用互联网提高健康素养。互联网的快速发展，促使越来越多的人利用网络资源获取健康相关信息。健康信息素养是指人们识别健康信息需求、寻找可能的信息来源并对获取的信息进行质量及适用性评估，运用这些信息做出正确健康决定的一系列能力。电子健康素养是指从电子资源中获取、理解及评估健康信息，并运用这些信息解决健康问题的技能，包含了基本素养、健康素养、信息素养、科学素养、媒介素养和计算机素养六大核心技能。互联网的普及使得从电子资源获取、甄别和理解健康信息成为一项重要能力。①

(三)加强疾病筛查和健康体检新模式探索

要继续完善妇女重点疾病筛查，全面落实妊娠风险筛查与评估、高危孕产妇专案管

① 巴义然：《“健康中国”视域下女性领导健康素养提升策略》，《南阳师范学院学报》2016 年第 9 期。

理、危急重症救治、孕产妇死亡个案报告，提升医疗机构服务能力，强化质量安全管理。继续深入开展育龄妇女健康检查、妇女"两癌"筛查。探索和发展"互联网+妇幼健康"服务新模式，不断满足妇女儿童多样化、多层次健康需求。

(四)建立健康的生活方式

建立健康的生活方式，要改善饮食和加强运动。增加绿叶蔬菜、豆类、全谷物、瘦肉和海鲜等天然食物，特别是包括镁、叶酸、锌和必要的脂肪酸，富含多酚的食物。适宜的锻炼方式有游泳、慢跑、快步走等。涉及社会互动和接触自然的活动可提高个体的心理健康水平。要减少不良习惯，有饮酒和吸烟问题的女性更易产生健康问题。妇女要重点考虑休息和睡眠，存在睡眠质量问题的人应调整咖啡因的使用、调节睡眠时间，严重者应医学治疗。要多感受大自然，置身野外能帮助个体提升自尊、稳定情绪，尝试森林浴被认为能有效增强机体的心理健康。保持心理健康的关键在于坚强自我内心、提升应对能力、调适不良情绪。

(五)强化生殖健康认知与生殖健康行为

生殖健康正日益成为人类健康和美好生活的关键。要加强生殖健康认知和生殖健康行为的健康教育和健康促进，让民众更容易获得"常见妇科病防治""计划生育政策法规"和"优生优育"等方面的生殖健康知识。要对性行为、避孕行为、人工流产行为等生殖健康行为加强指导，建立人们的避孕意识，杜绝重复人工流产。

◎ 基本概念

生理健康　心理健康　健康赋权　妇女疾病风险　健康保障　健康促进

◎ 思考题

1. 妇女健康与疾病风险有何特征?
2. 当前社会健康保障制度和策略如何维持妇女发展，有何不足?
3. 在实现女性全面发展的过程中对女性健康有何要求?

附　　录
女性文学

在古今中外的文学发展史上，妇女都占据着不可磨灭的重要地位。妇女通过文学表现其生存境遇、理想追求与精神力量，借助创作把自己嵌入世界和历史，用文学的笔触发出自己的声音，表现女性诉求，表达对平等权利的追求和建功立业的愿望，取得了不逊色于男性的文学成就。文学则因为有妇女的参与和推动，呈现出了更丰富、更多样、更细腻的内容与面向，妇女的生命状态、精神世界、情感面貌、观念领域等成为文学创作的重要元素和表现对象，女性的视角与意识激发了文学新的生命力与活力。妇女发展史带动和造就了女性文学史，女性文学史也是妇女发展史的文化载体。经历了漫长的寂静无声、默默无闻的历史时期，妇女与文学终于在18世纪以来女权主义运动的推动下走进世界各国人们的视野，引起广泛的关注，受到应有的重视，关于妇女与文学的研究开始兴盛起来，并于20世纪以来不断走向繁荣。中国古代文学视域中的女性作家、中国当代文学中的“女性写作”、西方女性文学与女性发展、大众文化视阈中的女性形象等话题成为研究和讨论的热点，是有待不断探索和完善的命题。

附录一　中国古代文学视域中的女性文学

在中国古代文学史上，女性文学是占有一席之地的。据考证，《诗经》中就有不少篇目属于女性创作，春秋战国时期也有关于女性创作的记载，到汉魏六朝时期，更涌现了名动后世的戚夫人、班婕妤、王昭君、刘细君、卓文君、班昭、蔡琰、谢道韫等知名诗人。唐代不仅出现徐惠、鲍君徽、上官婉儿、花蕊夫人等著名宫廷诗人，还有薛涛、李冶、鱼玄机等歌妓才女。两宋时期，女性擅诗词者众多。据《全宋诗》《全宋词》考，两宋女诗人有200余人、女词人约90人，还诞生了光耀千秋的著名女词人李清照。明清以后，女性文学创作走向新的里程碑。据胡文楷《历代妇女著作考》，中国古代女作家有近4000人，而明清时期即高达3750人，其中清代女作家尤盛，有约3500人。在古代女性文学史上，明清妇女文学无疑是最璀璨的星光，无论是参与文学活动的女性数量，还是作品质量及刊刻传播，都达到了空前的高度，应该给予应有的关注和研究。

一、从“德言容功”到“德才色艺”

明清女性及其文学在中国古代文化史上之所以显得格外突出，首先与当时社会风气的变化有关，传统“德言容功”的“四德”观念得到更新，“德才色艺”成为新的时尚风潮。它不仅带来了女性思想的解放、女性意识的觉醒，更引领了才媛文化的盛行，为女性文学创作的繁荣奠定了基础。

(一)传统“德言容功”观念的桎梏

在古代漫长的历史时期，中国女性一直生活在“内言不出，外言不入”的社会环境中，男性主宰的社会为女性制定了“三从四德”等一系列规条。所谓“三从”是指“未嫁从父，既嫁从夫，夫死随子”(《仪礼·丧服·子夏传》)，要求女子以一生中最重要的三个男性——父亲、丈夫、儿子的意志来生活，明确体现了“男尊女卑”的社会准则。所谓“四德”是指“妇德、妇言、妇容、妇功”(《周礼·天官·九嫔》)，这是作为女子应该达到的品德、辞令、仪态、女红等方面的要求。班昭《女诫》云：“妇德，不必才明绝异也；妇言，不必辩口利辞也；妇容，不必颜色美丽也；妇工，不必工巧过人也。”①可见，“德言容功”主要重视女性的道德品行及必备的生活技能，不重视女性的才华及美貌。由于《女诫》巨大的影响力，“德言容功”这“四德”的女教内容影响深远。

明代在思想上推行程朱理学，以律令、大诰、祖训录等方式，对各类人群的道德品行进行规范。与之相适应，女教也受到重视，并不断由宫廷向民间推广。洪武元年(1368)明太祖命儒臣修《女诫》，永乐元年(1403)成祖命黄淮、杨士奇、沈度等辑成《古今列女传》，并亲制序文，刊印颁行。永乐二年(1404)，徐皇后因高皇后之教撰成《内训》二十篇，成祖将其颁发群臣，使教于家。万历年间，神宗命儒臣王相笺注《内训》，并为之作序，再次颁布天下，与班昭《女诫》、宋若昭姐妹《女论语》、王相母刘氏《女范捷录》合刻为“女四书”，成为风行一时的女学教科书。受皇家编撰女教书籍的影响，民间的女教典籍也层出不穷，种类远远多于官修。影响较大的有乌程温璜母陆氏《温氏母训》，宁陵吕得胜《女小儿语》，高邑赵南星《女儿经注》，仁和徐士俊《妇德四箴》，彭泽王孟箕《御下篇》，江阴夏

① (汉)班昭：《女诫》，载范晔《后汉书》卷八十四，长沙：岳麓书社1994年版，第1220页。

树芳《女镜》，归安茅坤增补的《古今列女传评林》，太仓吴震元《奇女子传》，东海犹龙子演义、西湖须眉子评阅的《列女传演义》，安徽汪氏增辑、“吴门四大家”之仇英绘制插图的《绘图列女传》等。这些女教读本的编纂与刊刻，进一步控制了女性的言行及思想。

浓厚的女教氛围对女性生活产生了巨大影响，女子从小受到极其严格的教导。海南庞尚鹏撰《庞氏家训》谓：“女子年六岁诵《女诫》，不许出闺门。”①姚舜牧著《药言》云：“蒙养不专在男也，女亦须从幼教之，令归正。”②嫁人之后，则专事家庭。《许云邨贻谋》谓：“主妇职在中馈，烹饪必亲米盐……日守闺阁，躬习纺织，至老勿逾内门。”③妇女一旦违犯家规训条则被严加斥责，甚至拘至祠堂，告于祖宗，重加责治。在这种风气的重压之下，女性生活犹如处在重重枷锁之下，透不过气来。

（二）“德才色艺”的新女性价值标准

明万历时期开始，思想解放的浪潮为女性生活的改善带来了契机。在正德、嘉靖年间兴起的阳明心学，以挽救世道人心为目的，提出“致良知”的学说，主张“良知良能，愚夫愚妇与圣人同”④，极大地拉近了普通人与圣人在道德本体上的距离，这于妇女来说无疑是有利的。李贽、何心隐、杨复所等更是从“童心”“欲望”等角度来说明和倡导男女平等，其观点之前卫，言论之活泼，思想之“异端”，极大地影响了一些女性，为她们的思想解放开了一扇窗户。

在这种情形下，传统“德言容功”的“四德”观念得到更新，“德才色艺”成为衡量女性价值的新标准。“德”虽被保留，但更倾向于后三者，“才”主要指诗才、文才、才学，“色”指女子的姿色、美貌，“艺”指女子在琴、棋、书、画、曲等方面的艺术才能。女子的“才”“色”“艺”被放到与“德”并置的位置上加以重视，可见当时社会对女性的精神世界有更高的期待。文人士大夫心中理想的佳人模范，不仅德行出众，还要花容月貌，更要是“妙解文章”的才女。“不娶一个有才有色有情有德的绝代佳人终身相对，便做到玉堂金马，终是虚度一生。”⑤明末叶绍袁明确提出女子“三不朽”的新观念：“丈夫有三不朽：立德、立功、立言。而妇人亦有三焉：德也，才与色也，几昭昭乎鼎千古矣。”⑥这里将“德、才、色”看作女性的最高人生追求，与男性的“立德、立功、立言”相提并论。他认为女

① （明）庞尚鹏：《庞氏家训》，《丛书集成初编》本，北京：中华书局1985年版，第5页。

② （明）姚舜牧：《药言》，《丛书集成初编》本，北京：中华书局1985年版，第3页。

③ （明）许相卿：《许云邨贻谋》，《丛书集成初编》本，北京：中华书局1985年版，第6页。

④ （明）王阳明：《传习录》卷中《答顾东桥书》，张怀承注译，长沙：岳麓书社2004年版，第144页。

⑤ （清）岐山左臣：《女开科传》第一回，沈阳：春风文艺出版社1983年版，第9页。

⑥ （明）叶绍袁：《午梦堂集》，冀勤辑校，北京：中华书局1998年版，第1页。

子之“才”与“色”是古已有之的事情，而那些所谓正人君子对女子之“才”“色”极力回避的做法是极其虚伪的表现。其妻沈宜修还用这种新标准来评价诸女，如称“季女琼章，才色并茂，德容兼备”①，盛赞叶小鸾“德、才、色”三者兼备。以叶绍袁为代表的文人以真性情的张扬来反抗传统儒家话语权威，提倡新的女性价值标准，促进了女性思想的解放。

“德才色艺”新价值观念的风行，直接导致了才媛文化的盛行。当时，培养才女逐渐被社会认可。以吴江叶氏为例，叶绍袁的妻子沈宜修，爱女叶纨纨、叶小纨、叶小鸾等均是名动一时的才女。《午梦堂全集》便是叶绍袁于崇祯九年(1636)为其妻女等人精心编辑的一部诗文合集。这些才女们大多从小接受系统的文艺教育。恽珠自述：“余年在龆龀，先大人以为当读书明礼，遂命与二兄同学家塾，受四子《孝经》《毛诗》《尔雅》诸书。少长，先大人亲授古今体诗，谆谆以正始为教，余始稍学吟咏。”②吴绡回忆：“余自稚岁，僻于吟事，学蔡女之琴书，借甄家之笔砚，缃素维心，丹黄在手二十余年。冬之夜，夏之日，驩虞愁病，无不于此发之。”③她们均通过漫长的努力才取得些许成就，不仅在诗词文章上刻苦钻研，也力求精通多种才艺。如黄媛介“髫龄即娴翰墨，好吟咏，工书画，楷书仿黄庭经，画似吴仲圭，而简远过之”④；吴绡“自诗文书画以及百家技艺无不通晓”⑤；吴娟“诗词婉畅，书体遒劲，画法出入倪米间而得意外之韵，写竹石墨花标韵清远”⑥；王端淑“善书画，长于花草，疏落苍秀”⑦等。

才媛文化的盛行，加速了女性本位意识的觉醒。才女们有意识地通过文学创作来表达所感所思所想，为女性发声。如明末女诗人陆卿子大呼：“诗故非大丈夫职业，实我辈分内物也。”⑧一些女性文人还主动将精力投入到收集女性作品的事业中。如女诗人兼学者王端淑用25年的时间专心编选了一部收有800多位女诗人作品的选集《名媛诗纬》，而其初衷在于“不忍一代之闺秀佳咏，淹没烟草”⑨，这也预示了女性文学的繁荣。

① (明)叶绍袁：《午梦堂集》，冀勤辑校，北京：中华书局1998年版，第201页。

② (清)恽珠：《国朝闺秀正始集》卷首“弁言”，清道光十一年(1831)红香馆刻本。

③ 胡文楷：《历代妇女著作考》(增订本)，上海：上海古籍出版社1985年版，第106页。

④ (清)王蕴章：《然脂馀韵》卷三，《清诗话访佚初编》本，台北：新文丰出版公司1987年版。

⑤ (明)王端淑：《名媛诗纬初编》卷十三《正集十一》，清康熙山阴王氏清音堂刻本。

⑥ (明)姜绍书：《无声诗史》卷五，《丛书集成续编》第101册，台北：新文丰出版公司1989年版，第660页。

⑦ (清)吴德旋：《初月楼续闻见录》卷一，《丛书集成三编》第76册，台北：新文丰出版公司1997年版，第543页。

⑧ 胡文楷：《历代妇女著作考》(增订本)，上海：上海古籍出版社1985年版，第176页。

⑨ (明)丁圣肇：《名媛诗纬序》，(明)王端淑：《名媛诗纬初编》，清康熙山阴王氏清音堂刻本，第1页。

二、明清妇女文学的繁荣及其表现

古代历史上的女性作家代不乏人，只是到了明清时期，妇女文学才真正走向繁荣。明清女性作家不仅在以往女性已有涉猎的诗词文赋等抒情言志类文体上取得了辉煌成绩，还在叙述类、批评类文体上也有突破，出现了女性散曲作家、戏剧作家、弹词作家、小说家以及文学批评家等。

先看成就突出的女性词。明万历之后，女性词坛出现了前所未有的热闹景象，女词人及其作品数量剧增，出现了沈宜修、叶纨纨、王微、柳如是、徐灿、顾贞立等杰出女词人，成就也超过了除李清照以外的唐宋女词人。甚至有学者认为清词整体上的复兴最初乃是由于明末清初女性词的推动所致，认为女性在词的复兴运动中扮演了重要的角色。① 进入清代，女性词迎来了发展的最高潮，女性词人大量涌现，不仅出现了熊琏、庄盘珠、李佩金、孙荪意、钱斐仲、关锳、赵我佩、沈善宝、谈印梅、吴尚熹等一大批独具特色的女词人，还产生了对女性词在内容情蕴和艺术创造力上富有代表性与开拓性的女词人吴藻和顾春。② 明清两代，女词人多自有词集刊刻，还有大量女性词合集选本行世。如明后期周之标曾收录14位晚明女性词人的作品，结集成两本名为《女中七才子》的词选，将这14位女词人比拟为明代文学史上著名的"前七子"与"后七子"。③ 清代出现了《古今名媛百花诗馀》《本朝名媛诗馀》《众香词》《林下词选》《小檀栾室汇刻闺秀词》《闺秀词钞》等大型女性词选本。

女性词之外，明清女性诗也格外引人关注。胡文楷《历代妇女著作考》一书辑明代妇女238人，其中90%以上为女诗人，隆庆、万历以后几占半数。清代闺阁诗坛更为兴盛，徐世昌编《清诗汇》200卷，其中有10卷是闺阁作品，计485人；施淑仪编《清代闺阁诗人徵略》十卷，收录1274人；胡文楷《历代妇女著作考》采清代妇女3500余人，其中90%以上亦为女诗人。这样庞大的女诗人群体和作品数量很直观地反映了明清女诗人的繁荣和鼎盛。由于明清女诗人作品多、成就突出，故而当时编选、评点女性诗集成为一种流行时尚，如江盈科撰写《闺秀诗评》，钟惺编撰《名媛诗归》，郑文昂编选《名媛汇诗》，邹漪编选《红蕉集》，袁枚编选《随园女弟子诗选》，陈文述刊刻《碧城仙馆女弟子诗》，黄秩模编

① 美国学者孙康宜认为柳如是协助陈子龙创立了云间词派，促使没落了近300年的词得以复兴，促成了晚唐五代词风的再兴；并认为柳如是为陈子龙所作的多首情词(及陈子龙为她所作的词)，为词这个特别强调浓烈情感与凝练文字的文类，开拓新的格局，对词风再盛有着巨大的影响力。参见孙康宜：《文学经典的挑战》，南昌：百花洲文艺出版社2001年版，第189、192页。

② 邓红梅：《女性词史》，济南：山东教育出版社2000年版，第22~23页。

③ 胡文楷：《历代妇女著作考》(增订本)，上海：上海古籍出版社1985年版，第884页。

选《国朝闺秀诗柳絮集》等。明清女诗人扩大了以往女性诗的表现范围，她们多能像男性诗人一样秉持“诗史”的观念，将视线投向广阔的社会生活，在离乱诗、边塞诗、爱国诗等题材上大有突破。

值得注意的是，明清女性在戏曲、弹词、小说等文体上也多有突破，取得了不俗的成就。

女性大量创作散曲始于明代，且明代以前女性写散曲者多为乐妓，明代则开始出现闺阁散曲家。据统计，明代女散曲家多达30余人①，存世作品140余首(套)②。不仅出现了被称为“曲中双璧”③的闺阁散曲大家黄娥和徐媛，还涌现了一批染指散曲创作的闺阁名媛，如沈静专、梁孟昭、沈蕙端、叶小鸾、王端淑等。清代女性散曲创作继续发展，出现了吴绡、顾贞立、孙云凤、吴逸香、方玉坤、朱恕以及著名女散曲家吴藻等。

就戏曲来说，第一位写戏曲的女性作家是明代马守贞，她有传奇《三生传》，但保存不全。目前完整保存下来的第一部女性戏曲作品是叶小纨创作的杂剧《鸳鸯梦》。而女剧作家阮丽珍撰写并由其父阮大铖修改而成的《燕子笺》，风行一时，影响甚大。清代从事戏曲创作的女性更多，有近20人，知名女性剧作有王筠《繁华梦》、何珮珠《梨花梦》、吴兰徵《绛蘅秋》、吴藻《乔影》、刘清韵《小蓬莱仙馆传奇》等。④

涉足弹词创作也是明清闺秀的一大创举。弹词作为一种民间文学形式，其受众主要为女性，但以往多被归为“下里巴人”之流，为精英文化所摒弃。但在明代中后期，随着山歌、话本、宝卷等民间文学的兴盛，弹词创作也迎来了它的黄金时期。无锡陶贞怀是第一位创作弹词的闺阁作家，她的《天雨花》在乾嘉年间与陈端生的《再生缘》并称，不仅“闺阁中咸喜观之”，而且受到男性文人的热捧，还被同乡杨蓉裳推为堪与《红楼梦》相提并论的著作，即所谓“南花北梦”。⑤ 陶贞怀之后出现了女性创作弹词的热潮，涌现了《再生缘》(陈端生撰、梁德绳续)、《玉钏缘》(无名氏母女二人撰)、《笔生花》(邱心如撰)、《玉连环》(朱素仙撰)、《凤双飞》(程蕙英撰)、《梦影缘》(郑贞华撰)、《精忠传弹词》(周颖芳撰)等一大批高质量的弹词作品。

女性创作小说起步很晚，至清代后期才有女性尝试进行小说创作的记载。这一方面是因为小说历来被认为“难登大雅之堂”，为上层文人所轻视；另一方面也是因为当时的流行小说多有“猥鄙荒诞”甚至“诲淫诲盗”之嫌，女性不敢也不愿涉足小说创作。直到道光年间才有女性写小说的记载，相传女诗人汪端曾写过《元明佚史》，但是否写完或出版过则存

① 王莉芳：《明代女曲家研究》，华南师范大学硕士学位论文，2005年。

② 赵义山：《明清散曲史》，北京：人民出版社2007年版，第273页。

③ 郑振铎：《插图本中国文学史》，北京：人民文学出版社1957年版，第971页。

④ 郭延礼：《明清女性文学的繁荣及其主要特征》，《文学遗产》2002年第6期。

⑤ (清)陈文述：《西泠闺咏》卷十五，光绪十三年西泠翠螺阁重刻本。

疑。现存第一部女性小说为满族著名词人顾太清创作的《红楼梦影》，该小说署名“云槎外史”，共24回，写于咸同年间，光绪三年(1877)出版。此后，女性创作小说变得流行，有陈义臣《谪仙楼》、王妙如《女狱花》、邵振华《侠义佳人》等。这些小说均系章回体。有学者指出，女性在弹词、小说创作上的繁荣和持续发展，“填补了中国古代女性叙事文学的空白”①。

此外，明清女性还大规模介入文学评论，不仅产生了很多女性诗话、词话、诗文序跋等文学批评类作品，还开创性地产生了女性戏剧评论。印行出版的女性批评类著作如方维仪《宫闱诗评》、熊琏《澹仙诗话》、钱斐仲《雨花庵词话》、王端淑《名媛诗纬》、沈善宝《名媛诗话》等，不仅在女性文人中备受重视，也得到了男性文人的关注。明清女性首次参与戏剧评论，涉及当时知名剧作20余种，多感性发挥，少理性论述，重“人情”而轻“文理”，这是明清女性戏剧批评的一大特色，抑或是一个缺陷。②

三、明清女性文学的创作活动

明清女性文学的一大特点是，文学创作活动体现出逐渐社会化的倾向。与以往女性创作不同的是，明清女性创作不再是个体化“自艾自怜”“自娱自乐”式的情感抒发，而呈现出群体性迸发的态势，文学创作成为女性社会交往的重要方式。这种社会化倾向有两个发展阶段：第一阶段为闺内吟咏，第二阶段为闺外结社。

(一)闺内吟咏

闺内吟咏的出现主要有赖于世家大族的文化熏陶和开明的女性教育方式。明清江南地区经济文化的发达造就了许多世家望族，它们具有丰厚的文化传统和家学承传，族内女性享有更多受教育的机会，从小接受父兄、师长的指导，刻苦学习和钻研文学创作，渐有作品流传。当家族内部能文的女性达到一定数量时，族内女性进行文学交流成为可能，闺内吟咏迅速兴起并大行其道。

闺内吟咏在明清文学家族十分普遍，吟笺和唱，往来不绝。有学者统计，明清时期全国出现了70余家涌现女性文人群体的文学家族。③ 尤其在江南，世家大族云集，家族女性文人群体庞大。以常州地区为例，就有庄氏、恽氏、左氏、张氏、杨氏等家族纷纷出现女性文人群体。这些家族女性文人群体，以血缘、亲缘关系为纽带，进行文学创作，出现了

---

① 童李君：《〈凤双飞〉对女作家弹词小说写作模式的创新》，《明清小说研究》2010年第4期。

② 郭延礼：《明清女性文学的繁荣及其主要特征》，《文学遗产》2002年第6期。

③ 李贵连：《试论明清女性文学创作主体的家族化及其根本原因》，《内蒙古大学学报(哲学社会科学版)》2011年第4期。

母女、姐妹、姑嫂、妯娌、婆媳、祖孙等相互交错的闺阁文学交流网。这种闺阁文学交流网的形成，一方面能增强个体进行文学创作的积极性，促使其创作水准在不断交流和反馈的过程中得以提高；另一方面以群体的面貌出现，也能提高女性创作的社会关注度和影响力。

明末以家族闺阁吟咏最甚者，当推吴江叶氏、沈氏诸闺秀。叶氏家族的女性文人群体以叶绍袁妻子沈宜修与其长女叶纨纨、次女叶小纨、三女叶小鸾为核心，此外还有五女叶小繁、儿媳沈宪英等女性擅诗词，诸闺秀所作皆刻入《午梦堂全集》。梁乙真曾说"午梦一堂，骈萼连珠，俨然为东南妇女文学之盟主"①，给予午梦堂家族女性群体极高的评价。沈氏家族中，沈宜修及其妹沈智瑶、堂妹沈倩君、表妹兼弟妇张倩倩等皆能诗。吴江叶氏、沈氏的闺阁文风，足以反映明末世家大族闺内吟咏的盛况。②

清初浙江山阴的祁氏女性文人群体也值得关注。祁氏闺秀以祁彪佳之妻商景兰及其女德渊、德琼、德茝，子妇张德蕙、朱德蓉，妹妹商景徽和甥女徐照华等为中心，声势颇大，成就突出。朱彝尊《静志居诗话》云："商夫人有二媳四女咸工诗，每暇日登临，则令媳女辈载笔床砚匣以随，角韵分题，一时传为胜事。"③乾嘉时期，吴中地区的计氏、邱氏、宋氏、周氏、柳氏、王氏、吴氏等女性家族文人群也颇负盛名。柳亚子在《松陵女子诗征序》中说："于计则栉生、阮芝、清涵、琴史，以及芝仙、心度、南初、青睐、七襄、小娥、蕊仙、芸仙；于邱则心香、宛怀、翠寒、紫烟，以及镜湖、菊秋、葵仙、颂年、宝龄、双庆、兰卿、锄经；于宋则柔斋以及香溪、珠浦、琅腴、玉遮；于周则葆文、畹兰、兰娟、咏之；于柳则蓉塘、翠峰；于王则倚云、佩言；于吴则柔卿、安卿、允卿。"④此外，常州张氏女词人群体也值得注意，张琦妻汤瑶卿及四女均能词，兼及亲属，成就突出。

家族吟咏为女性文人的人生打开了一扇新的窗户，使她们在唱和中审视自我，促进情感交流及创作水平的提升。然而，闺内吟咏也存在一些局限，如成员相对固定、创作空间相对狭小、题材内容经常重复等。

（二）闺外结社

随着女性生活圈和社会交际网络的不断扩大，局限于家族内部的闺内吟咏已不能满足女性文人参与社会生活的需求。在这种情形下，女性文人开始突破血缘、亲缘的限制，联络更多闺友组建诗社、文社等文学团体，成立新的文学交流圈，走出闺阁，迈向广阔的社

① 梁乙真：《清代妇女文学史纲》，上海：上海书店1990年版，第375页。

② 钟慧玲：《清代女诗人研究》，台北：里仁书局2000年版，第29页。

③ （清）朱彝尊：《静志居诗话》卷二十三，台北：明文书局1985年版，第388页。

④ 柳亚子：《松陵女子诗征序》，载费善庆等：《松陵女子诗征》，吴江费氏华萼堂刻本，1918年。

会。明清时期，女性诗社、文社大量涌现。较为著名的有名媛诗社、蕉园诗社、清溪诗社、随园女弟子群体、秋红吟社等。

名媛诗社活跃于明末，以桐城方维仪及其姊方孟式、堂妹方维则为骨干，方维仪弟媳吴令仪及其胞姐吴令则，以及其他亲友眷属围绕周围。名媛诗社成员的创作多受明末战乱影响，其作品不再局限于闺阃，时有家仇国恨之抒发，颇有巾帼民族气节。

蕉园诗社形成于清初，主要活跃于杭州特别是西溪一带。代表性成员有徐灿、林以宁、朱柔则、柴静仪、钱凤纶、顾姒、冯娴、张昊、毛媞等，因活动时间不同，故有所谓“蕉园五子”“蕉园七子”的雅称。蕉园诗社在清初负有盛名，《国朝闺秀正始集》载：“亚清(林以宁)……与同里顾启姬姒、柴季娴静仪、冯又令娴、钱云仪凤纶、张槎云昊、毛安芳媞倡‘蕉园七子之社’，艺林传为美谈。”①

蕉园诗社之后，名动士林者属乾隆年间的清溪吟社。清溪吟社有“吴中十子”之称，社员与文人任兆麟关系密切，以任兆麟妻张允滋为首，成员多为江苏吴县人，如张芬、陆瑛、李嫩、席蕙文、朱宗淑、江珠、沈纕、尤澹仙、沈持玉等。该社在任兆麟的指导下，选录了《吴中女士诗钞》付梓行世。该社文学活动频繁，除诗札往来外，还有诗课活动，社员常相聚吟榭，以某题进行创作训练，并由任兆麟或其他文人为诸女作品进行点评。②

与清溪吟社几乎同时的随园女弟子群体也极负盛名。该群体以袁枚为师，聚集于苏州、杭州等地，大约有 50 人，成就突出者有席佩兰、金逸、严蕊珠、王倩、孙云凤、孙云鹤、骆绮兰、吴琼仙等。袁枚为其刻有《随园女弟子诗》，不少女弟子还有别集流传于世。

秋红吟社活动于道光年间，由满族女诗人顾太清与汉族女诗人沈善宝共同倡立。该诗社以顾太清、沈善宝、项屏山、许云林、钱伯芳五位为核心，周边围绕着各地在京为官者的夫人、女儿，有满族女诗人，如栋鄂武庄(辅国公祥竹轩夫人)、栋鄂少如(顾太清五儿媳秀塘之母)、富察蕊仙、西林霞仙(顾太清妹)等；也有汉族女诗人，如许云姜(许云林妹，扬州阮元儿媳)、石珊枝(吴县许乃普儿媳)、李纫兰(钱仪吉儿媳)等。秋红吟社在中国古代女性文人群体中有着特殊的地位和作用，它“同时突破了血缘、地缘、民族畛域和社会阶层的限制，成为清代八旗文坛及清代女性文坛上一个颇富特点的女性结社”③。

除此之外，道光年间以陈文述为师的碧城女弟子群体，以及湖南湘潭郭润玉创办的梅花诗社、成都曾氏姊妹的浣花诗社、江西会昌沈珂的湘吟社、海宁陈菊贞姊妹的惜阴社等

① (清)恽珠：《国朝闺秀正始集》卷四，清道光十一年(1831)红香馆刻本。

② 楼特钦：《清溪吟社的诗社活动探微》，《名作欣赏》2018 年第 21 期。

③ 李杨：《“秋红吟社”考》，《满族研究》2017 年第 4 期。

也值得关注。

明清女性文人突破闺阁吟咏，以结社方式走向广阔的社会生活，使得她们的眼界更为开阔，对社会生活的关注和思考更为深刻，故而她们的创作不再局限于伤春悲秋、离愁别恨，其内容范围的广度和感情表达的深度都较以前的女性文学有重大突破。

四、明清女性文学的创作特征

明清女性文学的一大特点是，表现出了男性化或他者化的倾向。由于这一时期女性受教育程度大大超过前代，她们的社会活动范围明显扩大，她们对自身命运有更多思考，迫切追求男女平等，并模仿男性文人生活方式和从事文学创作。表现在文学领域，则出现了“闺音雄唱”和“拟男”现象。“闺音雄唱”与“男子作闺音”相反，是女性模仿男性的口吻进行文学创作，抒发巾帼不让须眉的豪情壮志，在女性诗词文赋中表现突出。而“拟男”现象则主要指女性通过女扮男装甚至是变性的方式来获得与男性一样的生存环境和社会地位，在戏曲、弹词、小说中屡屡出现，如陶怀珍的弹词《天雨花》、王筠的传奇《繁华梦》、吴藻的杂剧《乔影》、陈端生的弹词《再生缘》、邱心如的弹词《笔生花》、何佩珠的杂剧《梨花梦》等。

“闺音雄唱”与“拟男”现象，使明清女性的创作在客观上呈现出男女双性①的特点。一方面，她们模仿了男性文人，像男性一样尽可能地参与社会生活、进行理性思考，在创作中表现出超越女性身份的特征；另一方面，她们又不能完全摆脱自己的生理性别特点，在创作中仍然表现出女性实际的生活状态。即使在家庭生活这类传统闺秀题材中，明清女性也因有了更多的理性思考和更高的人生追求而显示出了创新。因而，具有男性化倾向、拥有男女双性特点的明清女性文学表现出了迥异于以往女性文学的独特面貌。这在以下主题中可以得到充分体现：

（一）性别遗恨心理

与以往女性创作不同的是，明清女性文学作品较多表现出了女性对自身性别的遗恨心理。张昊《与五妹玉霄》云：“自恨作女身。”袁棠《寄二兄香亭》谓：“堪嗟侬不是男儿。”贺双卿《与舅书》道：“愿来世为男子身。”她们有感于男尊女卑的社会现实和女性遭受的不平等待遇，对自己身为女性感到悲哀和无奈。为了排解这种性别遗恨心理，明清才女常常通过模仿文人名士的生活方式或干脆作男装打扮来抚慰自己。她们喜欢与名士交往，追求艺术化的自由生活，并以拥有名士风度为荣。金蕊《谢李端明夫人》记载：“愚姐妹登山揽

① 参见孙康宜：《文学经典的挑战》，南昌：百花洲文艺出版社2001年版，第306页。

胜，过候兴居，结构出自新裁，点缀尤饶余韵；且明湖照映，绿树参差，净几无尘，琴书满案，诚闺秀而兼名士者矣。"[①]她们以闺秀获得名士称号而自豪。陈维崧《妇人集》曾称周琼"诗才清俊，作人萧散，不以世务经怀。傀俄有名士态"[②]，这是对才女极高的褒奖。一些大胆的才女还常常作男装打扮，塑造儒雅化的形象。最著名的便是柳如是，她曾身着男装去拜访陈子龙，并与陈子龙以兄弟相称而未被识破身份，对此王国维《〈题湖上草〉其三》赞道："幅巾道服自权奇，兄弟相呼竟不疑。莫怪女儿太唐突，蓟门朝士几须眉。"后来她又打扮成儒生公子的样子，一个人到虞山半野堂去拜访文坛大家钱谦益。顾苓《河东君传》记载："崇祯庚辰冬，(柳如是)扁舟访宗伯(钱谦益)。幅巾弓鞵，着男子服。口便给，神情潇落，有林下风，宗伯大喜，谓天下风流佳丽，独王修微、杨宛叔与君鼎足而三。"[③]才女作男装打扮，既便于走出闺阁，与外界交往，又能通过"换装"快速实现"变性"，抚慰自己的性别遗恨心理，故而在当时十分普遍。《上虞县志》称："(陈兰君)好作男子装，无儿女态。"《杭郡诗辑》亦载："(徐德音)幼时尝饰男子装对客，衣上墨渖斑驳。"清末秋瑾也曾作男子装扮走访好友、观赏戏剧，在当时的北京引起轰动。

为了消解性别遗恨，女性作品中出现了很多打破性别界限、洗去"女儿态"、立志"吐豪气"的情感抒发和新女子形象塑造。吴藻《金缕曲》词曰："愿掬银河三千丈，一洗女儿故态。收拾起断脂零黛，莫学兰台愁秋语，但大言打破乾坤隘。拔长剑，倚天外。"宗婉《大江东去·海舶书怀》词云："万顷琉璃人倒影，濯尽脂香粉腻。振袖临风，飞觞酹月，大有髯苏意。铜琶铁板，许侬也吐豪气。"她们希望"打破乾坤隘""濯尽脂香粉腻"，做个"许侬也吐豪气"的名士。女剧作家、弹词家纷纷通过塑造"洗脱女气"、跻身男性行列出人头地的女子形象，在文学的幻境中实现社会性别转换的理想。如齐彦槐给吴藻《乔影》题辞道："词客愁深讬美人，美人翻恨女儿身。安知蕙质兰心者，不是当年楚放臣?"王元常为其女王筠的《繁华梦》作序时指出："女筠，幼禀异质，书史过目即解，每以身列巾帼为恨，因撰《繁华梦》一剧，以自抒其胸臆。"

(二)对家国命运的关怀

明清女性大多具有开阔的眼界和文人化的思维能力，她们对家国命运有更多的思考和关怀。她们忧心国事民生，如熊琏《百字令·题江西吴退庵先生诗草》词云"愁中展卷，讶伤心、字字穷途滋味。时俗争高薪米价，纸上珠玑不贵。孤棹空江，荒山斜日，木叶纷纷

---

① (明)金蕊：《谢李端明夫人》，载西湖陈简侯编：《晚明百家尺牍·写心集》，襟霞阁主人重刊，上海：中央书店1926年版，第313页。

② (清)陈维崧：《妇人集》，(清)冒褒注，上海：商务印书馆1936年版，第38页。

③ (清)顾苓：《河东君传》，载何仲琴编：《艳语》(第3版)，上海：广益书局1928年版，第15页。

坠。艰辛客况，白头未了尘累”，剖析了康熙王朝下层文人的贫困生活。她们想像男性一样参与国家大事，抒发建功立业的豪情壮志。如柴静仪《风入松·拟塞上词》曰“茫茫塞草不知春，画角那堪闻！金闺总是书难寄，又何用、归梦频频。几曲琵琶送酒，沙场自有红裙”，表现了红粉才媛的戎装梦。以往边塞题材几乎为男性所垄断，明清时期女性开始大量涉足边塞题材的诗词创作，王华姜、柴静仪、熊琏、王筠、吴藻、左锡璇、沈善宝等均有边塞题材的作品，表达了她们驰骋沙场的英雄梦想。① 一些才女还用实际行动践行自己的报国之志，涌现出一批女英雄、女侠客、女将军。如明末刘淑，她曾学习兵法剑术，明亡之后她倾尽家财招募了一旅兵马，自己披甲训练，欲以保卫家乡、报效明社，后在自知无力回天的情况下解散部属，自己造“莲舫”庵，归心佛门，郁郁而终。特殊的人生经历使得她的诗词胆气不让男子。她在《喟然》诗中曰“欲取原珠赤水澜，烟霞无主怅征鞍。偶驰杨柳楼边马，误却芙蓉镜下冠。幕府坚城无侠女，未央佩剑少奇男。藏香隐玉乾坤内，袖里青霓贯斗寒”，写出了自己驰骋沙场的豪情以及报国无望的一腔悲愤。

在国破家亡的特殊历史时期，明清女性纷纷表现出了毫不逊色于男性文人的节操和气魄。明末徐灿和清末秋瑾可堪为代表。明亡之后徐灿词风大变，她超越了闺阁词人的格局，表现出深厚的家国情怀。如《青玉案》曰：“鲸波碧浸横江锁，故垒萧萧芦荻浦。烟水不知人事错，戈船千里，降帆一片，莫怨莲花步。”《踏莎行》云：“故国茫茫，扁舟何许？夕阳一片江流去。碧云犹叠旧河山，月痕休到深深处。”这些作品感怀故国，饱含兴亡之感、亡国之悲、爱国之情。亡明遗民的经验和感受使得徐灿词获得巨大成功，被陈维崧誉为“南宋以来，闺房之秀，一人而已”②。清末秋瑾是著名革命志士、民主斗士，她的眼界和气魄比之前代徐灿等女遗民更上一层楼。她敢于直陈时弊，大声疾呼妇女解放，创作了很多脍炙人口的爱国诗词。如《鹧鸪天》谓：“祖国沉沦感不禁，闲来海外觅知音。金瓯已缺总须补，为国牺牲敢惜身！嗟险阻，叹飘零。关山万里作雄行。休言女子非英物，夜夜龙泉壁上鸣。”《满江红》云：“身不得，男儿列；心却比，男儿烈。算平生肝胆，因人常热。俗子胸襟谁识我？英雄末路当折磨。莽红尘、何处觅知音？青衫湿！”这些作品极力表达了她矢志报国的宏愿和坚定的信念。邓红梅说：“(秋瑾)将词史上啼红怨绿、脂融粉腻的主导性题材和情意内容完全打破，充实进了一个具有民主精神的爱国者的高尚襟怀与苦闷热情。这全新的内容，是以前的女性词努力寻求而未得的，是对于以往女性词词情的补充与提高。”③

---

① 许博：《清代“新”边塞词及其文化内涵摭论》，《东南大学学报》(哲学社会科学版)2016年第5期。

② (清)陈维崧：《妇人集》，(清)冒褒注，上海：商务印书馆1936年版，第7页。

③ 邓红梅：《女性词史》，济南：山东教育出版社2000年版，第582页。

(三)对男女平等的追求

在夫妻关系中，明清女性迫切追求男女平等，她们向往亦师亦友的夫妻关系和相互提携的情感生活。沈宜修与丈夫叶绍袁“伦则夫妇，契兼朋友”①的夫妻情感即堪称模范。沈宜修与丈夫情投意合，“琼枝玉树，交相映带”②，他们吟诗作对、相互唱和，为当时文人所欣羡。叶绍袁生性耿直、不善为官，沈宜修便欣然赞同丈夫辞官归乡，与其安然隐居于汾湖。虽辞官导致家道中落、经济状况窘迫，但他们仍安贫乐道，一起诵读鲍照《愁苦行》自以取乐。沈宜修还时常宽慰丈夫“慎勿忧贫，世间福已享尽，暂将贫字与造化藉手作缺陷耳”③，豁达地为丈夫着想，解除他的思想包袱。沈宜修因儿女接连夭亡抑郁而死后，叶绍袁也在明亡之后出家为僧，郁郁而终。他们的一生完美诠释了夫妻恩爱、相知相守、同甘共苦的真谛。

基于对平等关系的追求，才女们反对丈夫纳妾，认为这是对感情的背叛。如明末徐灿，她与丈夫陈之遴曾度过了一段令人称羡的婚姻生活，丈夫纳妾之后她没有保持默许、容忍的态度，而是不断在创作中表现自己的愤懑和不满。如《忆秦娥·春感次素庵韵》词曰：“春时节。昨朝似雨今朝雪。今朝雪。半春残暖，竟成抛撇。销魂不待君先说。凄凄痛还如咽。还如咽。旧恩新宠，晓云流月。”以此表达身遭“抛撇”的怨悔和痛苦。对于丈夫的仕途和社会生活，才女们也可建言献策，施加影响。如顾姒《满江红·泊淮示夫子》词云：“穷愁味，君尝遍。人情恶，君休叹。问前村有酒，金钗弃换。举案无辞今日醉，题桥好遂他年愿。听三更，怒浪起中流，鱼龙变。”劝慰夫君勿因一时困顿而气馁。徐灿《满江红·将至京寄素庵》词谓：“春尚在，衣怜薄。鸿云尽，书难托。叹征途顑颔，病腰如削。咫尺玉京人未见，又还负却朝来约。料残更、无语把青编，愁孤酌。”对丈夫出仕新朝、背弃誓约表示责怪，抒发难言的心痛。她们于丈夫而言，不再是卑微的依附关系，而是可以平等对话的存在。孙康宜指出，当时“丈夫和妻子之间如才子佳人般彼此互馈诗词的情形越来越寻常，夫妻之间不论在文学或情感上都有相互提携的作用”④。

(四)“母教”的责任感

中国历来有“母教”的传统，“课子诲女”是为母者的本分。明清时期，由于女性受教育程度提高，才女群体扩大，女性在“母教”这一职责领域发挥了更大的作用。她们常常不

① (明)叶绍袁：《午梦堂集》，冀勤辑校，北京：中华书局1998年版，第211页。

② (清)钱谦益：《列朝诗集小传》(第2版)，上海：上海古籍出版社2008年版，第753页。

③ (明)叶绍袁：《亡室沈安人传》，《甲行日注》，毕敏点校，长沙：岳麓书社2016年版，第154页。

④ 孙康宜：《文学经典的挑战》，南昌：百花洲文艺出版社2001年版，第205页。

仅可以教授儿女道德礼仪，还能在科举、诗文、才艺等方面进行指导，对子女成人成才影响巨大。如《道光武进阳湖合志》记载恽珠“相夫子有政声，训子以实学”①。常州派张琦也曾谓“余自少南北奔驰”②，“四女晓文义能诗，皆孺人之教也”③，称赞其妻汤瑶卿在教育子女上的贡献。

明清女性对儿女的教育十分重视、非常严格。如庄仲方《映雪楼藏目考》记载庄德芬“生子九岁而夫死，亲课极严。其子思駉卒成进士，官浔州知府”。顾贞立作词《念奴娇·甲辰送麟儿就试，有“北堂人未老，青鬓约金冠”之句，回首十年，依旧头颅如许，可胜三叹》谓：“回首。辛苦三迁，鸡窗十载，千里经风雪。倚闾高堂愁日暮，望断凤城双阙。杏雨黏衣，曲江春暖，此愿知何日。少年莫负，花明柳暗时节。”她年复一年地督促儿子读书应试，盼其早中进士，达成所愿。对子女的谆谆教导、殷切期盼、深深怜爱，使得明清文学中女性的形象变得更为丰满和立体，她们不再是无声的男性的附属品，而是家庭的中流砥柱，是教育子女的功臣。

(五)交游唱和的图景

明清女性的社会活动范围逐步扩大，她们的交际圈由家庭向外不断延伸，闺秀才媛之间交游唱和成为普遍现象。明清才女中出现许多交际达人，如明末王端淑交游广泛，她与王静淑(王端淑长姐，字玉隐)、黄皆令、胡紫薇(号浮翠主人)、陶固生、赵东玮等人关系亲厚，常有诗词唱和，并时有互访、社集活动。黄媛介与当时的才媛也多有交往，在家族内部，她与其姊黄媛贞(字皆德)、从姊黄德贞(字月辉)多有赠答；在家族之外，她还与沈纫兰(字闲靓)、柳如是、商景兰(字媚生)、祁德琼(字修嫣)、祁德茝(字湘君)、张德蕙(字楚纕)、朱德容(字赵璧)等名媛相唱和。可见，当时闺秀们的交际圈已十分可观，故《众香词》谓“香闺酬唱，启祯间称一时之盛”④。

在频繁的交游唱和中，才女们产生了深厚的知交之谊。她们基于女性命运的思考，有一种命运同感的觉悟，彼此相知、关爱、互勉。关锳《高阳台·送沈湘佩入都》词云：“泪雨飘愁，酒潮流梦，惜花人又长征。见说兰桡，前头已泊旗亭。垂杨元是伤心树，怎怪他、踠地青青。向天涯、一样缠绵，各自飘零。”用“一样缠绵，各自飘零”点出了当时女性普遍的悲剧命运，超越一般的送别词，有更深的情感蕴藏，体现了“交深嫌言浅”的姐妹情谊。红颜早逝于才女们而言更有感同身受的哀痛。韩菊瑛撰《忆江南》惋惜零祉媛(字芷沅)早逝：“聪明误，才藻损年华。胜有新编工柳絮，堪嗟薄命比桃花。鸾驭返烟霞。”哀

① (清)李兆洛：《道光武进阳湖合志》卷三一，清道光二十三年刊本。
② (清)张琦：《丁亥中秋对月诗序》，《宛邻诗》卷二，宛邻书屋刊本。
③ (清)张琦：《亡室汤孺人行略》，《宛邻诗》卷后，宛邻书屋刊本。
④ (清)徐树敏、钱岳选：《众香词·乐集·女宗》，上海大东书局影印本，1933年。

叹天妒英才、红颜薄命。才女们对婚姻不幸也有更透彻的领悟，劝慰女子看淡薄情，保持通达的心态。如沈宜修作词《桃源忆故人》劝慰婚姻不幸的表妹："盈盈一水同吴越，愁看东风吹歇。世事浮云升灭，休问凉和热。"

妇女文学的繁荣和发达，在中国古代文学史上占有一席之地，应该被重新发掘和书写。这不仅意味着女性文学史需要被重构，以便人们看到更为清晰、准确的女性文学发展脉络，同时也表明女性文学的价值需要被重新体认。但正如康正果所说："仅仅出于同情妇女的善意立场，或偏袒妇女的感情用事，还不能建立真正属于女性的研究。"①准确体认女性文学创作的价值，首先必须关注性别差异，挖掘女性创作的独创性与特殊性；同时也应淡化性别差异，因为女性文学的成就还应在全面的文学史上进行考量。只在女性内部建立文学价值标准或者建立单独的女性文学价值标准，对于客观评价女性文学创作都是不利的，它意味着女性文学无法与男性文学相提并论，女性文人无法与男性文人相竞争。因此，正确的女性文学价值体系应该是入于性别又出于性别、与男性文学并置的综合文学价值标准。

附录二　中国当代文学中的女性写作

在中国当代文学史上，不同时期的女性诗人的写作，最能体现"女性写作"的特征。女性诗人的写作，在呈现出一种独特的感觉和想象的世界的同时，也讲述着女性命运和诗歌写作本身的难题。从舒婷等"朦胧诗"诗人，到翟永明、唐亚平等"第三代"诗人中的女性群体，到世纪之交崛起的巫昂、伊丽川、沈杰等"70后"女诗人，再到现在风头正劲的"80后""90后"女诗人，在女性经验、意识的言说和诗歌写作本身等方面，呈现出不同的面貌。

一、女性写作

"女性写作"也是中国当代文学中的重要部分，其意义自然十分重要，而其内在特征也迥异于缺乏性别意识的、男性作家的写作。西方"女性写作"的主要倡导者埃莱娜·西苏(Helene Cixous)曾认为"妇女必须写作，必须写自己，必须写妇女。……妇女必须把自己写进本文——就像通过自己的奋斗嵌入世界和历史一样"②。女性通过"写作"把自己"嵌

① 康正果：《风骚与艳情》导言，上海：上海文艺出版社2001年版，第8页。

② [法]埃莱娜·西苏：《美杜莎的笑声》，见张京媛：《当代女性主义文学批评》，北京：北京大学出版社1992年版，第188页。

入”世界和历史，是一个有关创痛的故事，这个景象类似于“陈列在修道院廊内镶着边框沾着血迹的床单”。在《〈空白书页〉和女性创造力问题》一文中，苏珊·古芭(Susan Gubar)，这位美国著名的女权主义批评家曾谈及女性写作的两个特点：“首先，许多女性把对于自己身体的体验感受作为唯一可用来造就艺术的媒介，因而大大缩短了女艺术家和艺术的距离。其次，女人身体所提供的一个首要的隐喻是血，它最能引起共鸣，从而文化创造力往往表现为对于创痛的经验。”①

埃莱娜·西苏曾赞叹女性的写作：“真正打动我的是它们无限丰富的个人素质：就像你无法谈论一种潜意识与另一种潜意识相类似一样，你无法整齐划一、按规则编码、分等分类地来谈论女子性特征。妇女的想象力是取之不尽用之不竭的，就像音乐、绘画、写作一样，她们涌流不息的幻想令人惊叹。”②法国女权主义者尚戴尔·夏瓦伏在其《语言的肌体》一文中也认为，女子的语言和真正女性的写作实践将清晰地表现肉体：“为了使书重新和肉体和快感建立联系，我们必须使写作非理智化……这种语言发展下去不会退化、干涸，不会回到不近人欲的学究气——为我们所不屑的奴性十足的话语。”③

女性写作的优势是以丰富的“潜意识”想象和某种“非理智化”语言来言说个体的感觉、经验，在这种独特的言说中展现自我与世界的真实。有学者曾以中国当代著名诗人翟永明(1955年生)为例，谈及当代女性写作需注意的一些问题，他说翟永明的诗“并不从一个先验的或理念化的女性主义立场出发，而是通过比较自觉的性别意识观照，寻求女性身份的这个认同，敞开历史与现实的女性境遇，展开女性的文化想象。她的诗歌与过去多年的女性诗歌不一样，过去的许多女诗人遵循的是男性的话语成规，顺从男性读者的趣味，承认男性批评派给她的角色，写优美的感伤的精致的抒情。但翟永明不一样，翟永明真正进入了女性的自然感觉世界和心灵世界”④。“……翟永明始终在躲闪女性主义的狭隘性，她想发挥的是女性性别的优势，而不想成为一个愤怒的玛杜莎。她说过，她追求的是‘通过作品显示女性的能力和感受，并试图接受艺术最为深刻和广泛的问题——人类普遍的命运及人生价值’。”⑤杰出的女性写作需要的是“以女性的经验去展开想象，结构一种普

---

① ［美］苏珊·古芭：《〈空白书页〉和女性创造力问题》，韩敏中、盛宁译，见王逢振、盛宁、李自修：《最新西方文论选》，桂林：漓江出版社1991年版，第289~290页。

② ［法］埃莱娜·西苏：《美杜莎的笑声》，见张京媛：《当代女性主义文学批评》，北京：北京大学出版社1992年版，第188页。

③ ［美］伊莱恩·肖沃尔特：《荒原中的女权主义批判》，韩敏中译，见王逢振、盛宁、李自修：《最新西方文论选》，桂林：漓江出版社1991年版，第267页。

④ 荒林、王光明：《两性对话——20世纪中国女性与文学》，北京：中国友谊出版社2001年版，第248页。

⑤ 荒林、王光明：《两性对话——20世纪中国女性与文学》，北京：中国友谊出版社2001年版，第251页。

遍的、人民和民族的经验，既再现了沉埋已久的女性经验，又使普遍的经验获得具体深度”①。

二、“朦胧诗”与女性经验的崛起

作为“朦胧诗”诗人的主要代表，舒婷因其诗中独特的女性经验和丰富的个人经验，有着北岛、顾城、江河、杨炼等其他“朦胧诗”诗人所无法替代的重要性。

在朦胧诗人的作品里，我们经常读到一种形象感人且悲壮的英雄主义情怀。如北岛的诗句：“我，站在这里/代替另一个被杀害的人/为了每当太阳升起/让沉重的影子像道路/穿过整个国土……”②“……我来到这个世界上，/只带着纸、绳索和身影，/为了在审判之前，/宣读那些被判决的声音：/告诉你吧，世界/我——不——相——信/纵使你脚下有一千名挑战者，/那就把我算作第一千零一名……”③又如江河的诗句：“在英雄倒下的地方/我起来歌唱祖国//我把长城庄严地放上北方的山峦/像晃动着几千年沉重的锁链/像高举起刚刚死去的儿子/他的躯体还在我的手中抽搐/我的身后，有我的母亲/民族的骄傲。苦难和抗议/在历史无情的眼睛里/掠过一道不安/然后，深深地刻在我的额角上/像一条光荣的伤痕……”④这些既有绝妙意象、境界又激情四溢的诗句确实激动人心。

作为一个处在特定历史时期内的诗人，他(她)的写作必定要承担历史，或者他(她)的写作必定要被历史强行进入。作为一名女诗人，舒婷早期的写作同样具有北岛、江河他们的英雄之气。“……从海岸到巉岩，/多么寂寞我的影；/从黄昏到夜阑，/多么骄傲我的心。/‘自由的元素’呵，/任你佯装的咆哮，/任你是虚伪的平静，/任你掳走过去的一切/一切的过去——/这个世界/有沉沦的痛苦/也有苏醒的欢欣。”⑤这首1973年2月所作的《致大海》是舒婷早期的诗作之一。生长在海边的诗人，借着对大海的抒情，表达着对历史转型时期人们复杂心态的感喟。但舒婷和其他“朦胧诗”诗人不同的是：她以其女性特有的身份和体验，写出了极端压抑社会氛围下人们对性别关系、情爱状态的正常想望。直至今天，人们仍然经常可以听到许多场合有人朗诵舒婷名作《致橡树》(1977年3月27日)：

---

① 荒林、王光明：《两性对话——20世纪中国女性与文学》，北京：中国友谊出版社2001年版，第281页。

② 北岛：《结局或开始——献给遇罗克》，见北岛、舒婷、顾城、江河、杨炼：《五人诗选》，北京：作家出版社1986年版，第175~177页。

③ 北岛：《回答》，见北岛、舒婷、顾城、江河、杨炼：《五人诗选》，北京：作家出版社1986年版，第159~160页。

④ 江河：《祖国啊，祖国》，见阎月君等：《朦胧诗选》，沈阳：春风文艺出版社1985年版，第207页。

⑤ 舒婷：《舒婷的诗》，北京：人民文学出版社1994年版，第4~5页。

“我如果爱你——/绝不像攀援的凌霄花，/借你的高枝炫耀自己；/我如果爱你——/绝不学痴情的鸟儿/为绿荫重复单调的歌曲……我必须是你近旁的一株木棉，/作为树的形象和你站在一起……”①在一个新的时代到来之前，舒婷对爱情的歌唱预先表达了人们渴望已久的心声。尽管在今天看来，《致橡树》可能只是一首普通的爱情诗，但是特定的历史时期给予了它丰厚的意义。

舒婷的爱情诗一方面是新时期女性解放的美妙预言，另一方面也是新时期文学人性解放话语的独特部分。从女性视角、女性经验出发，舒婷接下来写了一些反映女性生存和命运的诗作，无疑是中国当代文学后来出现的突出女性自身经验、从女性视野看问题的“女性主义写作”的先声。这些诗作，反映了舒婷这位写诗的女性对几千年受男权话语辖制的漫长历史的反思，也反映出一个当代女性诗人在这个男权话语已经历史化、文化化的社会中艰难生存的真切体验。

《惠安女子》(1981年4月)②应该是舒婷最重要的诗作之一：

野火在远方，远方/在你琥珀色的眼睛里//以古老部落的银饰/约束柔软的腰肢/幸福虽不可预期，但少女的梦/蒲公英一般徐徐落在海面上/呵，浪花无边无际//天生不爱倾诉苦难/并非苦难已经永远绝迹/当洞箫和琵琶在晚照中/唤醒普遍的忧伤/你把头巾一角轻轻咬在嘴里//这样优美地站在海天之间/令人忽略了：你的裸足/所踩过的碱滩和礁石/于是，在封面和插图中/你成为风景，成为传奇

夕阳里赤足站在海水中的惠安女子，头巾的一角轻轻地咬在嘴中，对于观看风景的人，该是一幅多么优美的图画！但是，对于这个被观看者而言，她真实的梦想、她隐秘的痛苦谁人能知？天生不爱倾诉苦难，并不代表苦难已经消失。当惠安女子赤足站在海水中，确实很美，但她的身体(“裸足”)在碱滩和礁石上的疼痛谁人能知？女性在中国历史的地位正是如此，长期以来，她们只能处于“被观看”的位置，青春的身体被陈腐的历史话语所书写，成为男人眼中固定的风景(因为男人需要她们这样)，而她们个体的痛苦，却被历史忽略了。她们肉身的真切疼痛换来的是历史化的美学图景，这是何等大的悲剧！“惠安女子”在这个意义上成为中国女性的美丽和苦难命运的象征。

在《惠安女子》当中，舒婷完成了一次对男权话语左右下的审美眼光的深刻嘲讽，“看上去很美”的惠安女子，实际上是充满“苦难”的。接下来的《神女峰》(1981年6月)③，舒

① 阎月君等：《朦胧诗选》，沈阳：春风文艺出版社1985年版，第54页。

② 北岛、舒婷、顾城、江河、杨炼：《五人诗选》，北京：作家出版社1986年版，第289~290页。

③ 阎月君等：《朦胧诗选》，沈阳：春风文艺出版社1985年版，第93页。

婷再次为传统文化中对女性的思维/审美定势对女性形象的“塑造”与“评价”而深深愤怒，进而大声呐喊。在一次游览长江三峡的旅程中，当客轮经过著名的风景点“神女峰”，对于这块只不过被赋予了“相传一个痴情女等她的丈夫一直等到自己变成了石头”的贞节之义的石头，船上的人们一阵欢呼，但是诗人却在这欢呼声中黯然退场：“美丽的梦留下美丽的忧伤/人间天上，代代相传/但是，心/真能变成石头吗/为眺望远天的杳鹤/而错过无数次春江月明”。肉的心变成贞节的石头，这是人在贞节话语中的极端异化。诗人在这个事件当中完成了一次对中国女性命运的思索与顿悟，她由此豁然开朗，平常的风景在她的眼里有着与象征“贞节”的神女峰截然相反的意味：“沿着江岸/金光菊和女贞子的洪流/正煽动新的背叛”。最后，诗人似乎是对中国所有在男权话语压迫中的女性呼喊：“与其在悬崖上展览千年/不如在爱人肩头痛哭一晚”。

诗人在这里张扬的是真实的人性。对于新时期的文学，这种赤裸裸地追求真实幸福的吁求是宝贵的。对于中国1978年之后的女性思想解放，舒婷的诗歌在某种意义上起到了推波助澜的作用。在《致橡树》里，诗人阐明的是一种男女平等的爱情观；在《惠安女子》中，诗人提醒人们反省我们对女性的审视眼光，应关注女性内在的生存之艰难；在《神女峰》中，舒婷则直接煽动人们对传统评判女性的专制话语的“背叛”。从《致橡树》到《神女峰》及其后的一些诗作，舒婷的写作是一部中国女性生存状况的反思史。新的女性经验的呈现，也预示着女性诗歌写作中一种“新的美学原则在崛起”①。从个人经验到女性经验，到更丰富、更具综合性的个人经验，再到现代个体生存经验，舒婷作为一位女诗人，为当代诗歌向一种逼近诗歌本体的状态的进发，提供了富有积极意义的启示。

三、“第三代”与女性经验的深化

从1984年到1986年，中国诗坛被几个“黑色”女人所惊醒，“第三代”诗人中的几位女性，翟永明、唐亚平、伊蕾等，在诗歌里大量描绘“黑色”的意象与境界，展现了全新的女性意识图景。她们三人中，伊蕾的“黑色”是最为明亮的，主要是颂扬对既有道德的反叛、爱与性的自由，等等；翟永明则倡导一种“黑夜意识”，并将之视为女性诗歌的本体：“一个个人与宇宙的内在意识——我称之为黑夜意识——使我注定成为女性的思想、信念和情感承担者，并直接把这种承担注入一种被我视为意识之最的努力之中。这就是诗。”②而唐亚平的“黑色”可以说处于居中的状态，兼有伊、翟二人的特征，但她在风格上显得更奇

① 孙绍振：《新的美学原则在崛起》，《诗刊》1981年第3期。

② 翟永明：《黑夜意识》，见翟永明：《女人》，桂林：漓江出版社1986年版，第1页。此文为组诗《女人》(20首)的序言。

诡、神秘一些，也更有语言意识、诗歌本体意识。

其实，女性诗人自舒婷以来，便掀起与传统道德、男权话语作斗争的序幕，她们走向这"黑色"是一种必然，这是女性长期被男性话语所遮蔽的内在体验，相对于男性话语所给定的意义的清晰，这是一种陌生的"黑""黑夜"。女性要凸显自己生命的本真状态，她们必然要回归自我、自我的深处，要从舒婷那种向社会、向外在呼求解放、反抗的方式中超越出来，要建立女性独立的话语体系——要从一个女性被讲述的年代过渡到由女性来讲述的年代。伊蕾《独身女人的卧室》作为当代诗歌中的名作，其价值正在于凸显了一个渴求有"一间自己的屋子"的"独身女人"形象(这也是当代"女性主义者"的隐喻)。

如果说舒婷在《神女峰》中的感叹"与其在悬崖上展览千年/不如在爱人肩头痛哭一晚"还是早期遮遮掩掩的女性宣言的话(女性要的是真实的生命状态，而不是男权话语对女性意义的评定，如"望夫石""神女峰""鹿回头"之类的牌坊)，那么伊蕾的写作则是更激进的诗学革命。在中国当代诗歌中，很少有伊蕾作品所呈现的那样直露的性爱想象。① 和翟永明的"女性黑夜"的晦涩高深相比，伊蕾的诗歌中展现的是一种明白、炽热的情景，一种新的女性形象在诗歌中的诞生。伊蕾显然明白，人最重要的自由是爱的自由，而这个时代男权对女性的压制最严重的就在于爱与性，在这个私人领域，男性社会早已预备好了厚厚的道德硬壳，冲破它就意味着被伤害。

唐亚平的《黑色沙漠》组诗从"黑夜"开始、到"黑夜"结束，中间经历了一系列黑色的意象、心态，作者自己的意识、潜意识中流出不可遏止的当下生活感受、往事回想、死亡冲动、爱的想象、对肉身的逃离、孤独、彷徨、犹疑、绝望等诸多存在主义式的感受，结合着女性独有的身体体验，传达出作者许多对于生命、生存的精彩描述和独特体验。② 女性的精神突围、女性的压抑与孤单有力地显现出来。由于这些"黑色"诗篇，女性苦闷、压抑、内部奔突不止的生命状态获得了自己的命名。

和舒婷、傅天琳以及前期伊蕾的抒情方式相比，唐亚平、翟永明的抒情方式被称为"自白式"，它不是情感由内而外浪漫主义投射的抒情方式，而是专注于女性的精神世界，特别是女性意识最深处的潜意识世界。她们显然是受到美国"自白派"女诗人普拉斯、塞克斯顿等的直接影响，但中国女诗人们有着自己的发挥，她们受到启示之后有着进一步的写作策略，那就是对语言、对诗歌本体的自觉。很明显，在舒婷、伊蕾等人的大部分诗作中，诗歌的意义主要还是依赖于女性解放、呼吁社会的道德命题、时代命题，至于诗歌本身，仍是处在非自觉的状态。而唐亚平在《自白》中表明：女性仅追求"一间自己的房屋"、

① 伊蕾：《三月的永生》(组诗节选)，见谢冕、唐晓渡：《苹果上的豹：女性诗卷》，北京：北京师范大学出版社1993年版，第53~55页。

② 谢冕、唐晓渡：《苹果上的豹：女性诗卷》，北京：北京师范大学出版社1993年版，第120~122页。

外在的环境，是不够的，她还必须有自己的语言，只有建立起自己的语言体系，才能真正地与男性话语体系相抗衡。女性作家如果不从语言入手，建立自己的语言(诗学意义上的)体系，难保在表情达意时不被先在的男权话语意义所“强暴”。自觉的语言意识和女性的生命状态的自觉意识(如翟永明对生命的“黑夜意识”)联系在一起，使当代的女性诗歌写作回到女性的身体，向内转，深入女性、人的意识与潜意识，开掘身体的体验，展开个人的独特想象。唐亚平、翟永明等人的写作是“朦胧诗”以来女性诗歌、女性经验呈现的深化。

附录三　西方女性文学

在20世纪妇女解放运动发展的历史背景下，女性文学逐渐成为文学研究的重要内容之一。何谓女性文学？女性文学应具备三个基本特点：一是女性作家的创作，二是表现女性的生存境遇，三是现代意义上的女性视角与意识。只具备前两点的作品从严格意义上来说并不能称为女性文学，因为最为关键的是第三点——现代女性视角与意识。所谓的“现代女性视角与意识”，是指女性作为不同于男性、不依赖于男性的现代独立主体的性别视角、思想意识，其特征是：反对传统的男权制对女性的压抑和束缚；摆脱传统的男权价值规范，以现代的女性立场、女性视角、女性话语看待女性生存境遇和社会历史人生。[①] 女性文学的研究对象主要是书写有关女性故事的女作家的文学作品。

在全世界范围内女性解放运动已经延续了百年之久。在各行各业中，杰出的现代女性人数不少，但相比于在世界文坛上男性作家的数目，著名的女性作家却为数不多。整个20世纪，百年之内获诺贝尔文学奖的女性作家仅有9位。但到了21世纪，短短的20年就有7位女作家获此殊荣。世界各国不同民族、不同肤色，越来越多的女性作家成为文学写作的主力军之一。女性作家用文学的笔触发出自己的声音，积极参与民族家国的建构，她们所取得的文学成就绝不逊色于同期的男作家。但是，在以男权为中心的社会里，女性文学的发展之路却充满了艰辛和曲折。本节将依据不同的时间段，历时性和共时性地梳理和考察三个不同时期西方女性文学的发展状况。

一、早期的西方女性文学

悠久的西方女性文学的历史最早可以追溯到古希腊时期的著名女诗人萨福(Sappho，B C 6)，她的文学成就被同时代的人认为可以与希腊诗人荷马相提并论，其抒情诗中大量书

① 方长安、张为民：《走不出的男权阴影——张洁小说新论》，《文艺评论》2006年第3期。

写了个人爱情等主题，被誉为诗歌女神。萨福留下来的诗作共9卷，但毁于严格律例的中世纪基督教会伦理道德观。虽然流传于后世的诗作寥寥无几，但可一斑窥豹，看出她是一位极具诗才的女诗人，对生命和艺术具有深刻的独特感受。

中世纪是一个漫长的，以神为中心的时代。在以男权为特点的社会里，女权无从谈起，受过教育的女子更加微乎其微，但还是有一些致力于人与神之间对话，被称为"女先知"的女性群体。她们用文字记录了人与神之间的对话，比如瑞典的圣波吉塔(St. Birgita，1303—1372)、意大利锡耶纳的圣凯瑟琳(Catherine of Siena，1347—1390)、英国的朱利安(Julian of Norwich，1342—1416)和玛杰里·坎普(Margery Kempe，1373—1438)。这几位全心侍奉上帝的女子，用自己的行动和著述来鼓励女性在个人信仰上寻求自我人生价值。虽然她们的著作不能算作严格意义上的女性文学，但在特殊时期也是女性进步的标志。

在中世纪被奉为经典读物的《圣经》中出现了不少具有贤良特质、更具有智慧的女性形象，如路得、亚比该、以斯帖、哈拿等。这说明即便在男权社会中，女性也是参与建构社会和家庭的重要力量，承担着伦理道德的角色。另外，《圣经》中并不尽然是严肃的基督教教义，很多章节的文字是充满文学性书写的。比如旧约中著名的《雅歌》(*Song of Songs*)也被阐释为伟大的爱情诗歌。良人和佳偶之间的对话成为男女之间最美的爱情誓言，女性大胆表达对男性的爱慕和喜悦。在以神为中心的禁欲时代，个人的爱情表达被视为禁忌。虽然对《雅歌》有很多种宗教阐释，但不能否认其爱情表达的炽烈和勇敢。

文艺复兴时期文学表述逐渐转向"人"，女性也大胆发出了自己独特的声音，虽然充满了女性在特殊生存环境下的悲凉与哀怨，但微弱的声音也足以表达女性对社会和自我的看法。美国文学史上第一位女诗人安妮·布拉德斯特里特(Anne Bradstreet，1612—1672)的第一本诗集《第十位缪斯横空出世》(*The Tenth Muse Lately Sprung up in America*，1650)，就是记录诗人自己与环境做抗争的诗歌，显现着诗人的智慧、理想和信念。在欧洲大陆有英格兰公爵夫人玛格丽特·卡文迪什(Margaret Lucas Cavendish，1623—1673)、安妮·金斯米尔·芬奇(Anne Kingsmaill Finch，1661—1720)等女性，用稚嫩的笔尖写下了属于自己的文字和诗句。

真正意义上的西方女性文学的开端，出现在18世纪的欧洲。在法国启蒙思想的影响下，英国女作家玛丽·沃斯通克拉夫特(Mary Wollstonecraft)1790年创作了《为人权辩护》(*A Vindication of Rights of Man*，1790)，1792年出版了另一论著《为女权辩护》(*A Vindication of Rights of Woman*，1792)。她提出了性别平等、女子应自尊自强的观点，被认为是一位女权运动的先驱之一，英国妇女在20世纪初获得了与男性平等的选举权，与她在百年前的努力分不开。

玛丽·雪莱(Mary Shelly)是英国浪漫主义时代伟大的诗人雪莱的妻子，1823年写出了震惊文坛的世界首部科幻小说《弗兰肯斯坦》(*Frankenstein*：*or*，*the Modern Prometheus*，

1823)。英国最早的现实主义儿童文学家玛利亚·埃奇沃思(Maria Edgeworth)关注儿童成长，著有道德故事集《父母的助手》(*The Parent's Assistant*, 1796)，与教育家身份的父亲合作完成教育方面的著作《实用教育》(*Practical Education*, 1798)。同时代大洋彼岸新大陆的玛格丽特·富勒(Sara Margaret Fuller, 1810—1850)是美国早期的女权运动领袖，作家和评论家。1839—1844 年她为波士顿女性开办“谈话课堂”，有助于女权运动的展开。她前后在杂志做过编辑和文学评论。她著有《湖区夏日》(*Summer on the Lakes*, 1844)、《论文学和艺术》(*Papers on Literature and Art*, 1846)、《国内和海外记》(*At Home and Abroad*, 1856)和《生活内外》(*Life Without and Life Within*, 1859)。

二、19 世纪的西方女性文学

19 世纪是西方女性文学的勃发时期。四位英国女作家简·奥斯丁(Jane Austin, 1775—1817)、乔治·艾略特(George Eliot, 1819—1860)、夏洛蒂·勃朗特(Charlotte Bronte, 1816—1855)和艾米莉·勃朗特(Emily Bronte, 1818—1848)被认为是西方女性文学创作的先驱，她们开启了女性小说创作的繁荣时代。虽然她们的大部分写作题材局限于狭小的个人和家庭生活，但塑造出的女性形象并非都是符合传统道德文化的温顺、柔和、没有自我的女性，相反是一些个性明显，具有反抗传统精神的新女性形象。奥斯丁著名的小说《傲慢与偏见》(*Pride and Prejuce*, 1813)中班尼特家里的二女儿伊丽莎白，充满智慧、自尊自强；夏洛蒂·勃朗特的小说《简·爱》(*Jane Eyre*, 1847)中的贫穷家庭女教师简为了获得平等尊严，毅然抛弃爱情；艾米莉·勃朗特的小说《呼啸山庄》(*The Wuthering Height*, 1847)中残忍凶狠的希刺克利夫本身就是弱女子作家艾米莉的化身，她用此文学形象大胆发泄她内心久被压抑的沉重苦痛，与奥斯丁在语言幽默的故事背后所关注的女性“经济与婚姻”的沉重话题异曲同工。乔治·艾略特是英国维多利亚时代的女作家，敢于挑战基督教，以自由思想而著称。她的第一部故事集是《教士生活图景》(*Scenes of Clerical Life*, 1958)，第一部小说是《亚当·比德》(*Adam Bede*, 1859)，重要作品有《弗洛斯河畔的磨坊》(*The Mill on the Floss*, 1860)等。其小说《米德尔马契》(*Middlemarch*, 1871—1872)描写了英国乡村生活中，一个名叫多萝西·布鲁克的女性在追求知识和性别平等的过程中遭受的麻烦。

被誉为美国最优秀的女现代诗人的艾米莉·迪金森(Emily Dickson, 1830—1886)开创的新颖的诗歌让读者耳目一新，她常常以死亡、疾病、孤独等为诗歌主题，一生创作了 2000 多首作品，生前只有少数诗句面世。另外在新大陆，名叫哈里特·比彻·斯托(Harriet Beecher Stowe)的女性作家创作的有关黑人悲惨生活的小说《汤姆叔叔的小屋》(*Uncle Tom's Cabin*, 1852)在美国 19 世纪中期废奴运动中起到了推波助澜的作用，正是这个“用一本小书，引发了一场战争和两场运动”的美国女作家不仅仅影响了美国，而且影响了欧洲。1848年以后伊丽莎白·凯迪·斯坦顿(Elizabeth Cady Stanton，1815—1902)与苏珊·布朗奈尔·安东尼(Susan Brownnell Anthony，1820—1906)合作共同著述，以各种方式为妇女解放运动做出了长达半个世纪的工作努力，有效地发起了美国女权主义的第一次浪潮，呼唤妇女的选举权。另一位同样杰出的女作家凯特·肖班(Kate Chopin，1850—1904)，以她的小说《觉醒》(*Awakening*，1899)而被冠以时代“觉醒者”的称号。在那个年代她竟然用超前的勇气写出了女性的性压抑和性需要，被社会所攻击和指责。但女性主体意识的苏醒，大大开拓了女性文学的写作规范。19世纪和20世纪之交，美国夏洛特·帕金斯·吉尔曼(Charlotte Perkins Gilman，1960—1935)创作了被追认为女性主义文学经典作品的《黄色墙纸》(*The Yellow Wallpaper*，1892)，这是她的半自传体小说，深入探究了女性的情感和内心独特的感受，讲述女人只有通过发疯才能宣泄内心的积郁，作者成为女性自由意志的代言人。小说中的女主人在无法排遣内心疾患时，只能面对自己身心被困锁的家中的黄色墙纸，通过各种幻觉，达到精神和情感上的解脱。这部小说真实地反映了在男权社会中的女性生活的精神困境。

三、20世纪的西方女性文学

如果说19世纪是西方女性文学之滥觞，女作家用笔和纸开始表达女性对于平等权利的强烈诉求，那么20世纪的女性文学则可以说出现了繁荣的景象，进一步推动了女性解放运动的进程。最有名的是英国女作家弗吉尼亚·伍尔芙(Virginia Woolf，1882—1941)的随笔《一个人的房间》(*A Room of One's Own*，1929)，被认为是20世纪最有影响力的女性文学理论作品之一。她认为一个女性为了能安心和静心写作，必须拥有属于自己一个人的房间和足够的金钱。一个人的房间是保持女性精神独立的空间，是妇女走出家庭和繁重家务劳动的第一步，在一个安静的房间里，她才能自由地思索和思考。而足够的金钱才能保证她不依赖男人而自由自在地生活。这种独立的女性观念是对维多利亚时代传统的女性道德观的颠覆，也就是说女性只有在经济独立的前提下，才能获得精神自由，才能成为真正的自己。她强调女性的主体意识，为摆脱男权的压迫作出了建议。她的系列小说《远航》(*The Voyage Out*，1915)、《达洛卫夫人》(*Mrs. Dalloway*，1925)、《到灯塔去》(*To the Lighthouse*，1927)都是通过女性内心情感的变化而描述她们的生活和时代以及她们的世界观。伍尔芙因其意识流创作被认为与法国的普鲁斯特和英国的乔伊斯一样都是开创文学先河的作家。伍尔芙认为女性作家在创作中尽量不要受男作家的影响，应该形成自己的一套语言体系，表达自己的精神世界。她还认为女性作家更擅长感知人的内心情感变化，按照内心的变化而书写文学是女作家相对于男作家的优势。伍尔芙不仅提出了自己的文学观念，有自己的文学创作，还评论其他女性作家的作品。

伊迪丝·华顿(Edith Wharton，1862—1937)是美国社会20世纪初最重要的现实主义女作家之一，与马克·吐温、亨利·詹姆士、西奥多·德莱瑟齐名。伊迪丝的大部分小说都是写她生活的那个年代纽约上流社会的风俗和旧事。她的成名作《欢乐之家》(*The House of Mirth*，1905)，奠定了她作为一流作家的地位。她运用优美的文笔对人性的剖析和对社会的讽刺，形成了自己批判现实的独特风格。另一部她的重要作品《纯真年代》(*The Age of Innocence*，1920)获得了1921年美国普利策奖。

生态主义女性作家薇拉·凯瑟(Villa Cather，1873—1947)是一位极力歌颂大自然之美的文学书写者，她的边疆拓荒主题书写，对大草原和旷野的热爱，都成为她很多作品的背景。1900年她开始发表短篇小说，有三个著名的短篇故事集《精灵花园》(*The Troll Garden*，1905)、《青春和美艳的美杜莎》(*Youth and the Bright Medusa*，1920)和《无常人生》(*Obscure Distinies*，1932)，她还有自己的诗集《四月的黄昏》(*April Twilight*，1903)。

妇女运动的第二波浪潮发生在20世纪中期。法国著名女性主义理论家西蒙娜·德·波伏娃的著名女性理论著作《第二性》(*The Second Sex*，1949)被奉为女权运动的理论圭臬，“女人不是天生的，而是社会建构的”观点彻底地颠覆了西方传统女性观。这种观点认为，女性作为男权社会的“他者”，如何能从自身的视角来看待自己，最重要的就是妇女要明白男女的差异。妇女要获得真正意义的解放，就必须正视同男性的自然差异，同男人建立起平等合作的关系。女性的特质是在历史发展进程中逐步形成的，作为一个自由的主体，女性并非被动的接受者。所以，要超越女性的“内在性”和“他者”，妇女迈出的第一步是必须摒弃她们内化了的女性意识，即实现“超越性”，在写作过程中尽量摒弃过度的女性语言，“去性别化”是第二波女权主义浪潮的关键词之一。

埃莱娜·西苏(Helen Cixous，1937—)、朱莉亚·克里斯蒂娃(Julia Kristiva，1941—)以及露西·伊里嘉蕾(Luce Irigaray，1930—)，这三位法国著名的女性主义理论家活跃在20世纪后半叶，并影响了欧美女性文学的发展。西苏在1975—1977年发表了一系论文和著作，探讨女性主义的方方面面，诸如女性气质、女性文本和女性主义等具体问题。她的观点是女人需要女人来书写，她鼓励女性书写自己的世界，女性通过写作，可以建立一个属于自己的独立空间，以此抵达精神自由。“阴性书写”“白色墨水”成为西苏女性主义理论的关键词。而克里斯蒂娃在其《灵魂的新病痛》(*New Maladies of the Soul*，1993)提出了“多元性别身份”的概念。她对波伏娃《第二性》中女性“去性别”的观点进行了解构，倡导一种基于个人独特性之上的“多元女性主义”理论，并从文化、语言和文本中建构女性的意义。她们不再强调男女的对立或一元论，而是要求性别差异的政治必须由多元化的差异来取代。她们注重女权、女性和女人的统一，使女人不再成为与男性对立的“准男性”，而是女人成为女人，男人成为男人。伊里嘉蕾的女性主义思想“性别差异论”体现在她的著作

《他者女人的反射镜》(*Speculum of the Other Woman*, 1974)和《这一性别并非唯一》(*This Sex Which Is Not One*, 1977)。

女作家多丽丝·莱辛(Doris Lessing)是当代英国被誉为继伍尔芙之后最伟大的女性主义作家。2007年在她88岁高龄的时候，获得了诺贝尔文学奖。其代表作60万字的长篇《金色笔记》(*The Golden Notebook*, 1962)探讨了一系列女性问题。这部小说的主人公女作家安娜以“自由女性”身份所书写的五本不同颜色的笔记提出了“何为自由女性”的问题，进一步反映了女性在男权社会的精神挣扎和在困境中的艰难探索。20世纪初加拿大女作家露西·莫德·蒙哥马利(Lucy Maude Montgomery, 1874—1942)在其小说《绿墙上的安妮》(*Anne of Green Gables*, 1908)里塑造了红头发女孩“安妮”的形象，这个大自然的女孩儿的形象已经成了加拿大文化符号，并影响了加拿大“琪客文学(Chick Literature, 指一种独立特行的女性文学)”的发展和繁荣。

20世纪美国非裔女性文学在1993年随着黑人女作家托尼·莫里森(Toni Morrison, 1931—)获得诺贝尔文学奖而开始受到广泛的关注。早在20世纪30年代的哈莱姆文艺复兴时代，黑人女性作家以佐拉·尼尔·赫斯顿(Zora Neale Hurston)为代表，就已经在受“双重压制”的社会和文化语境下发出少数族裔女性的独特声音。佐拉使用黑人方言来表达黑人社区的生活、爱情以及自我的独特感受，认识自我的主体精神成长过程。其作品《他们眼望苍天》(*Their Eyes Were Watching God*, 1933)取得了很高的文学艺术成就，完成了对“奴隶叙事”小说中过度哀叹种族、性别和阶级所带来的不公命运的超越，不再停留在对“以白人为中心”的社会政治结构的不满和谴责上。《他们眼望苍天》中的女主人公珍妮三次不同婚姻的遭遇故事表明了哈莱姆文艺复兴运动中女性追求自我解放的观念。女性必须摆脱传统女性角色中任人摆布的被动形象，要想获得个人的幸福，必须首先获得男女地位的平等。佐拉在20世纪70年代被追认为“美国非裔女性文学之母”。继佐拉之后，另外一位得到美国文坛认同的非裔女作家爱丽丝·沃克(Alice Walker, 1944)是重新发现佐拉文学价值的女性作家和评论家，活跃在20世纪70—80年代。她的文学价值不仅仅是寻找到了美国非裔女性文学的祖母，而且她的著名女性理论“女性(Womanism)”提出了非裔女性的特征。她的著名小说《紫色》(*The Color Purple*, 1983)获得了美国国内的最高文学奖项：普利策奖、国家图书奖和全国书评家协会奖。“姐妹情谊”成为她文学观的关键词。非裔女性要想获得个人的幸福，可以通过姐妹之间的亲密合作来对抗“双重压制”。《紫色》小说的女主人公正是通过和另外一名女性的共同努力才摆脱了卑贱、无声、动物一般的受虐生活，最后成为自己命运的主宰者，这部作品很好地诠释了爱丽丝·沃克的女性(womanism)观。

前文提到的托尼·莫里森是一位非常活跃和重要的美国非裔文学女性作家，她1993年被瑞典皇家学院授予诺贝尔文学奖，是美国非裔女作家中第一位获此殊荣的人。获奖理由是：她“在小说中以丰富的想象力和富有诗意的表达方式使美国现实的一个极其重要方面充满活力”。她早在 1966 年在纽约兰登书屋做编辑时，就主编了《黑人之书》(*Black Book*，1974)，该书涵盖了黑人 300 年的历史，被称为美国黑人史的百科全书。她的创作从 1970 年起已经延续很多年，共发表了 10 部长篇小说：《最蓝的眼睛》(*The Bluest Eyes*，1970)、《所罗门之歌》(*Song of Solomon*，1977)、《秀拉》(*Sula*，1973)、《柏油娃娃》(*Tar Baby*，1981)、《宠儿》(*Beloved*，1987)、《爵士乐》(*Jazz*，1992)、《天堂》(*Paradise*，1999)、《爱》(*Love*，2003)、《恩惠》(*A Mercy*，2008)和《家园》(*Home*，2012)。莫里森的意义在于她的获奖引起美国非裔文学研究的热潮，她的写作不仅是美国非裔女性文学的典范，而且她具有国际视野的文学观突破了其种族和性别写作的臼窠。

附录四　大众媒介中的女性形象塑造

大众媒介内容中的女性形象塑造是早期女性主义的研究内容，也是最早被女性主义研究者带入媒介研究的课题。而其中妇女的刻板印象是被广泛关注的研究议题。

一、大众媒介中的女性形象研究起点

1963 年，贝蒂·弗里丹(Betty Friedan)写作了书籍《女性的奥秘》(*The Feminine Mystique*，1963)。这本书点燃了 1963 年的女性运动。这本书针对的就是家庭妇女的工作应该被如何看待。弗里丹在写作这本书之前参加了一个女校的 15 周年聚会，在聚会上她给 200 个同校女性发放了调查问卷。调查结果证实了她的假设，大多数美国女性并不开心，而且不知道为何不开心。她把调查结果投递给女性杂志，但是由于她的调查结论与当时的传统女性假设相反，所以她的文章连续被 3 家杂志社拒绝发表。因此，贝蒂·弗里丹就用了 5 年的时间研究并写作了《女性的奥秘》一书。

在这本书里，弗里丹指出了一个非常简单的逻辑。什么是女性的奥秘？如果这种女性的奥秘首先是将女人看作一个具有无限人类潜力的人，与男人平等的人，那么任何妨碍她充分发挥这些潜力的东西就必然成为必须解决的问题。所以女性应该接受高等教育和参与政治，她应该在法律和道德方面不再遭受歧视和偏见。

但我们的历史告诉我们，女人的奥秘并不是这样定义的。由于人们只按其性角色看待妇女(即女性首先是女人)，因此对她充分发挥潜力的障碍，妨碍她完全参与社会事务的偏见也就不再成为问题。比如，女人因为照顾家庭而失去了参与公共事务的时间和精力，被看作是理所当然的。因为她是女人嘛，当然应该要先把家庭照顾好。所以，剩下的问题就是那些干扰她完成女性角色和职责的问题该如何被调整。因此，职业成为问题，教育成为问题，政治兴趣，甚至对妇女智力和个性的承认也成了问题。

可见，贝蒂·弗里丹在《女性的奥秘》中提出这个思维逻辑问题，是希望为妇女问题的根本性质重下定义。女人应该首先被定位为人，再通过女性的自我选择决定她是否要做一个社会定义的女人；而不是首先是被定义为女人，然后才成为人。一旦所作所为不符合社会定义中首先定义的女人，就被看作是非女人，比如女强人等词汇的使用。而贝蒂·弗里丹在书中反对的是，这种定义已经成为文化的一部分。文化既是似乎与我们无关的上层建筑，又是我们人人参与其中的每日生活。这样的思维逻辑一旦成为文化的一部分，就会成为我们思维的一部分，我们会毫不犹豫地实施它，不会再为此自省和更新。

可见贝蒂·弗里丹的这本女权主义著作部分地为我们解释了媒介中女性形象塑造具有刻板成见的原因。而且，事实上她这本书就部分建立在关于女性杂志的内容分析基础之上，以控诉媒介对不愿充当“快乐家庭主妇”的妇女灌输不安全感、恐惧感和挫折感。

二、大众媒介中女性刻板印象的形成

从20世纪60年代开始的女性运动已经要面对一个更为棘手的问题。年轻女子已经对男女政治平等习以为常，但是对人格独立、自尊自强有不同的看法。这个时候面对的问题是，当社会已经达到一定富裕程度的时候，女人要什么？过去是要求男女平等，那么现在如果家里有经济基础了，女性的女人气质应该如何表现？媒体中的女性形象往往告诉人们，真正有女子气质的妇女不想要职业、高等教育、政治权利——旧式的男女平等主义者所奋力追求的独立和机会。有些大龄妇女对当初放弃这些理想所经历的痛苦记忆犹新，但年轻妇女中大多数人甚至不再想到它们。

1978年，塔奇曼(Tuchman)出版了《炉床与家庭：媒介中的妇女形象》(*Hearth and Home: Images of Women in the Mass Media*, 1978)。这本书专门论述媒介中的女性形象，在“性别与传播”研究史上具有里程碑意义。在这本书的前言《大众媒介对妇女的象征性歼灭》(*The Symbolic Annihilation of Women by the Mass Media*)中，塔奇曼根据拉斯韦尔(Harold Lasswell, 1948)的论点提出了两个假设：其一是大众媒介以象征方式反映社会主流价值，为了商业利益，追求最大数量的受众；其二是在大众传播媒介中，女性注定要遭受象征性歼灭和琐碎化(Symbolic Annihilation of Women)的命运。也就是女性被责难、被琐碎化到炉灶和床这两个地方，甚至不被媒介呈现，在《中国式离婚》《金婚》这种现实主义题材的电视剧中尤其突出。我们知道，受众是媒介运转的必备条件，为了吸引尽可能多的受众，媒介必须反映社会价值标准，以吸引更多受众的消费。在这一假设的指导下，大众媒介必然选择反映社会中占主导地位的社会价值标准，将社会的状况“象征性地表现”出来。这意味着，大众传媒在表达这一“真实”的同时，必然掩盖其他“真实”。因此，它导致了一种实质上的“象征性的歼灭”。而在这种“象征性的歼灭”的过程中，媒介所表现的性别陈规再生产、并强化了传统文化中早已规定的男女关系的不平等。因为我们知道，根据拉斯韦尔的观点，当今大众媒介已经取代往日的教堂而扮演着年轻人与普通民众教师的角色，其功能之一是传递社会文化遗产，特别是主流文化遗产，而性别角色是其中极为重要的部分。所以，媒介只能一再确认父权制社会中妇女必须扮演的妻子、母亲、主妇或者花瓶美人的角色。如果这种状况被打破，也只能是滞后于社会发展的突破。

这样一来，媒介中的女性形象就不可避免地充满了刻板印象(stereotype)。所谓刻板印象，美国社会心理学家 Hilton 将其定义为：指对某一个群体的特征所作的归纳、概括的总和。它并不一定有事实依据，也不考虑个体差异，仅仅是存在于人们头脑中的一些固定看法，但对人们的认知和行为却能产生重大的影响。中国传播学学者卜卫的定义为：刻板印象是人们对某个社会群体形成的过分简单化的、滞后于现实变化的以及概括性的看法。

这样的例子在媒体中不胜枚举，比如“快乐家庭主妇”形象。在卜卫 1997 年的调查中，女性主要在服装美容类、家庭用品类、食品饮料类广告中任主角。几乎所有洗衣机、洗衣粉广告都是女性出现，而科技电子产品广告中女性角色出现占比只有 14.9%。而且，有趣的是，在广告中，旁述的声音又多以男性为主，因为男性的声音显得更为可靠，女性是寻求建议者。我们在媒体中见到这些已经成为刻板印象的女性形象，并不以为有问题。它已经成了视觉习惯。

在这里，刻板印象的性别歧视演变成了塑造女性气质的意识形态：美丽、苗条、性感、温柔的女性是受欢迎的、惹人喜爱的、能够幸福的女性。这其实给了其他妇女很大压力(Gauntlett，2002)。越来越多的媒介研究中开始采用心理分析、结构主义和符号学所提供的分析工具来对媒体文本进行意识形态分析(Coward，1984)，且多采用个案研究的方法。这方面的经典研究是英国女性主义传播学者默克罗比(Angela McRobbie)对少女杂志 *Jackie* 的研究。她运用符号学方法分析视觉以及语言符号，解读出杂志表现的四套隐含符码：时尚、美貌、浪漫与流行歌曲、个人与家居生活。研究发现：*Jackie* 为少女提供了一步步自我完善的详细步骤，但这个自我完善的主体不是独立的、自主的、追求自我价值的女性，而是未来的妻子和母亲。而在这种培养过程的背后，起作用的是流行文化的意识形态，即对青春期女性气质的单一的男权意识形态建构。但这种文本的论述研究过于单面化，缺乏多义性和受众解读的关照。相关的经典个案研究还有莱恩·昂(Len Ang)对美国肥皂剧《达拉斯》(*Dallas*)的研究以及拉德威(Radway)对言情小说的研究。而这两项研究同时也是受众阐释研究的经典。

但是，这样去理解媒介中的女性形象也有一个问题。毋庸置疑，刻板印象研究直观的可辨性，确实发挥了警醒社会偏见的功能，但这类研究现在已经走向自我重复，已经不再具有令人惊讶、不安和重整思考的能力。更重要的是，这种研究认为有什么样的刻板印象，就会导致什么样的社会化模式，但这一逻辑建立在这样的假设上：媒介内容的意义与效果是明确的，受众只是被含蓄地、概念化地当作有些被动的、仅仅消费媒介信息的大众。因此这类研究无法深入探究媒介的内容与观众的经验，忽略了对受众的研究，消减了将“社会性别”与“(生物)性别”区分开来的实际社会意义。

三、新媒体发展与性别歧视现象的延伸

新媒体环境并非一个全新的空间，而是过去空间延续的一个虚拟地段。在新媒介看似无可比拟的优势和势不可挡的影响力的背后却可能是这样一番景象：新媒介加工旧媒介，以适合今天的方式重新包装。如果你退几步远望正在发生的事情，你就会发现，互联网的新表达或新内容寥寥无几。

事实上，现实社会中存在的女性声音缺失、女性形象被歪曲、女性话语权被剥夺等情况同样在新媒体环境中蔓延。有学者认为在中国网络环境中，传播主体、文本内容和受众三个层面上均存在女性缺席现象。也有学者总结了网络中女性形象的共性并发现女性仍然是作为弱者和边缘人群被再现：她们没有“自身感”，在她们的身上感受不到身为女性的灵动与自信，她们或者狂妄丑陋、或者悲惨绝望的形象构成了一道奇特而诡异的网络女性奇观。以 2013 年下半年发生在社交网站 Twitter 上的一起性别暴力事件为例：在英国女权主义者卡罗琳·克里亚多·佩雷斯等人的推动下，英国央行宣布自 2017 年起将简·奥斯汀的头像取代达尔文的头像印在新版的 10 英镑纸币上。但是此消息一经传开，卡罗琳以及数名推动者甚至一些无关的女性公众人物都接连在推特上受到频繁的恐吓与威胁。虽然此后 Twitter 推出了一系列的管控措施，但是此次事件波及范围之广也促使学者们开始思考新媒介与女性权益保护之间的复杂关系，他们认为，在新媒体时代，技术赋权使得普通网民具备了更强的表达意识和传播能力，一旦公众获得了这种大众自传播(mass self-communication)的能力，再加上网络匿名性的纵容和相关法律法规的缺失，那些在传统媒体环境中不常出现的极端言论就会大行其道。① 换句话说，新媒体技术是一把双刃剑，而一旦它被某些男权至上者所掌握，由于缺乏职业把关人的约束，这种群体攻击性的言论和行为对女性带来的歧视与伤害甚至会更甚于传统的大众媒介。

“这是最好的时代，也是最坏的时代。”狄更斯在《双城记》中开头的这段描述也可以用来形容新媒体时代的到来。目前的高校性别教育处于新时期新媒体环境的冲击之下，机遇与挑战并存，可谓任重道远。

① 参见黄雅兰、陈昌凤：《自由的困境：社交媒体与性别暴力》，《新闻界》2013 年第 24 期。

推荐阅读文献

中华人民共和国国务院：《中国妇女发展纲要(2021—2030 年)》，2021 年。

中华人民共和国国务院：《平等 发展 共享：新中国 70 年妇女事业的发展与进步》白皮书，2019 年。

法律出版社法规中心：《中华人民共和国妇女权益保障法案例解读本》，北京：法律出版社，2010 年。

顾秀莲：《20 世纪中国妇女运动史》(上卷)，北京：中国妇女出版社，2008 年。

顾秀莲：《20 世纪中国妇女运动史》(中卷)，北京：中国妇女出版社，2013 年。

顾秀莲：《20 世纪中国妇女运动史》(下卷)，北京：中国妇女出版社，2013 年。

李傲：《性别平等的法律保障》，北京：人民出版社，2009 年。

俞湛明、罗萍：《社会性别与女性发展》，武汉：武汉大学出版社，2010 年。

彭珮云：《中国特色社会主义妇女理论与实践》，北京：人民出版社，2013 年。

同雪莉、郑安云：《女性性别意识发展与心理健康》，北京：中国社会科学出版社，2019 年。

后　记

经过近一年的努力，《社会性别与妇女发展》2021 年新版教材终于和大家见面了。本书的编写工作由武汉大学妇女与性别研究中心主任赵雪梅研究员、马克思主义学院丁俊萍教授、经济与管理学院李燕萍教授牵头，汇聚了中心不同学科领域关注社会性别与妇女发展研究的近 20 位专家的集体智慧结晶，他们在繁忙的工作之余完成了本书的撰稿工作。

在筹备和编写工作中，编写组先后召开了三次较大规模的研讨会和多次的小组讨论，从总体策划到每一章节的内容，不同学科和专业的老师在一起交融碰撞，最终形成了统一的思路，编纂者和中心工作人员都为本书付出了艰苦的努力。

本书的具体分工如下：

前言：赵雪梅、丁俊萍；第一章：倪素香；第二章：李楠(第一、二节)、李燕萍(第三、四节)；第三章：丁俊萍；第四章：李楠(第一节)、倪素香(第二节)、刘亚敏(第三节)；第五章：崔应令(第一节)、郁之虹(第二节)、刘志英(第三节)；第六章：余永跃；第七章：项焱；第八章：洪莎莎(第一节)、洪莉(第二、三节)。附录：陈水云(附录一)，荣光启(附录二)，邹小娟(附录三)，纪莉(附录四)。赵雪梅、丁俊萍、李燕萍承担本书的大纲审定和统稿工作。

感谢编写组所有老师的辛勤劳动，感谢武汉大学妇女与性别研究中心学术委员会顾问罗萍教授的关心和支持，感谢中心办公室成员姜星莉、陈琦、周立超、伍林、余丽老师和武汉大学党委组织部谌启航、张锋老师为本书编写做了很多具体、细致的工作，也感谢武汉大学妇女与性别研究中心全体成员的积极参与。

感谢研究生代枫、张奇、王诗婧、刘秀华、林靖云、王双燕、阮睿颖、李忆辛、郭彬聪、李素廷、隋欣鸿、邓明静、雷英、冯缘、李鑫同学，他们参与了部分章节的写作工作。

最后，也要感谢武汉大学本科生院、人文社会科学研究院、马克思主义学院以及武汉大学出版社有关同志的支持和帮助，他们为本书最后的审定和校对提出了很多宝贵的意见，并支持本书最终得以完成！

赵雪梅、丁俊萍、李燕萍

2021 年 8 月 28 日于珞珈山